青岛大学学术专著出版基金资助

张然 孙婧 范辉 著

再工业化与绿色制造

中国社会科学出版社

图书在版编目(CIP)数据

再工业化与绿色制造 / 张然，孙婧，范辉著. -- 北京：中国社会科学出版社，2024.8
ISBN 978 - 7 - 5227 - 3694 - 5

Ⅰ.①再…　Ⅱ.①张…②孙…③范…　Ⅲ.①制造工业—绿色经济—经济发展—研究—中国　Ⅳ.①F426.4

中国国家版本馆 CIP 数据核字（2024）第 107617 号

出 版 人	赵剑英
责任编辑	郭　鹏
责任校对	刘　俊
责任印制	李寡寡

出　　版	中国社会科学出版社
社　　址	北京鼓楼西大街甲 158 号
邮　　编	100720
网　　址	http://www.csspw.cn
发 行 部	010 - 84083685
门 市 部	010 - 84029450
经　　销	新华书店及其他书店
印　　刷	北京明恒达印务有限公司
装　　订	廊坊市广阳区广增装订厂
版　　次	2024 年 8 月第 1 版
印　　次	2024 年 8 月第 1 次印刷
开　　本	710 × 1000　1/16
印　　张	15.5
插　　页	2
字　　数	220 千字
定　　价	89.00 元

凡购买中国社会科学出版社图书，如有质量问题请与本社营销中心联系调换
电话：010 - 84083683
版权所有　侵权必究

摘　　要

再工业化战略已成为发达国家常态化发展战略之一，从实践效果来看，该战略不仅持续增强发达国家本国实体经济的竞争力，而且通过国际市场竞争对发展中国家制造业产生一定程度的压制。中国制造业正处于转型升级关键时期，其中，制造业绿色化转型升级是实现"双碳"目标的必由之路，再工业化战略实施已成为中国制造业绿色转型升级不可忽视的外部冲击因素。

该书首先在梳理发达国家再工业化发展历程基础上定性分析其影响效果，并构建再工业化战略综合指数评价体系对美日欧再工业化战略进行定量评估。其次，在定性分析中国制造业绿色化转型升级现状基础上构建中国制造业绿色竞争力评价体系，对全国和各省域制造业绿色竞争力进行定量测度。最后，通过构建基准回归模型、中介效应模型、因果关系模型，检验再工业化战略实施对中国制造业绿色化转型升级的影响效应。

计量结果发现：从直接影响效应来看，发达国家再工业化战略不仅对中国整体制造业绿色化转型升级已产生显著的负向影响，而且对中国不同地区制造业绿色化均产生负向影响，但不同地区制造业绿色化受影响程度存在明显的异质性。从间接影响效应来看，中国不同地区技术水平差异和地区间人力资源流动会进一步加剧再工业化战略所产生的负面影响效果。进一步分析发现，再工业化战略与部分地区制造业绿色化转型升级已形成双向影响关系。

　　基于此，政府层面应高屋建瓴甄别机遇，行业层面应积极谋求合作，共建行业内和行业间绿色化平台，企业层面应积极开源节流，三方和衷共济，应对再工业化外来冲击，进一步推进中国制造业绿色化转型升级。

目录

绪 言 / 1
    第一节　研究背景及意义 / 1
    第二节　国内外研究综述 / 5
    第三节　研究内容与研究思路 / 48

第一章　理论基础与概念界定 / 50
    第一节　理论基础 / 50
    第二节　概念界定 / 66

第二章　发达国家再工业化战略实施现状及测算 / 69
    第一节　发达国家再工业化战略基本
　　　　　　　文件 / 69
    第二节　发达国家再工业化实施基础
　　　　　　　指标分析 / 75

第三节 发达国家再工业化战略综合
指数测算 / 110

第三章 中国制造业发展历程及基本面特征分析 / 120
第一节 中国制造业发展历程分析 / 121
第二节 典型省份制造业基本面分析 / 125

第四章 中国制造业绿色化现状及绿色竞争力测度 / 146
第一节 中国制造业绿色化现状分析 / 146
第二节 中国制造业绿色竞争力测度 / 170

第五章 再工业化战略对绿色制造影响研究 / 184
第一节 再工业化战略对绿色制造影响
机理 / 184
第二节 再工业化战略与绿色制造相关性
与耦合度 / 185
第三节 再工业化战略对绿色制造直接
影响效应 / 190
第四节 再工业化战略对绿色制造间接
影响效应 / 197
第五节 再工业化战略对绿色制造因果
关系探讨 / 201

第六章 对策建议 / 207
第一节 政府层面：高屋建瓴，甄别
机遇 / 207
第二节 行业层面：纵横交织，搭建
平台 / 212

第三节 企业层面：卧薪尝胆，开源节流 / 216

第七章 | 结论与展望 / 220

参考文献 / 222

后　记 / 239

绪 言

第一节 研究背景及意义

一 研究背景

回溯历史，工业革命在人类发展史中起到了关键的作用，发达国家在工业革命中崛起，并在之后的工业化进程中不断强化工业的优势，以长期保持经济领先地位。但在20世纪80年代之后，发达国家国内将经济重心转向金融、房地产等服务型产业，制造业向发展中国家转移，"去工业化"趋势明显，国内产业空洞化日益严重。制造业比重过低使得发达国家难以维系日益庞大的虚拟经济，2008年美国金融危机是国内虚拟经济与实体经济严重失衡的集中体现，基于此，发达国家均调整产业结构政策，"再工业化"战略被重新提出并实施。2017年以来，美国特朗普执政以后，更是喊出"美国优先"口号，并出台基建计划、能源计划以及金融监管、税收等一系列措施，进一步加剧美国外资回流趋势，从而在发达国家中掀起新一轮"再工业化"高潮。新一轮"再工业化"伴随着互联网+技术的普及和大数据时代的来临，唱响了数字技术为驱动、新能源和智慧化高科技为核心的新工业革命主旋律。而2020年新冠疫情"黑天鹅事件"的发生，使资本对外流出成本和风险陡增，"再工业化"空间区域和产业领域进一步扩展，制造业回流可能成为未来较长一段时间的基本态势。

去工业化	再工业化	全面再工业化
再工业化改造	制造业、基础设施、新能源	高科技制造业、新能源、数字技术

20世纪70至80年代 ⟹ 2008年美国金融危机 ⟹ 2017年"美国优先"战略

图0-1　发达国家再工业化阶段划分

"再工业化"一词首先由西方学者提出，是针对发达国家工业比重下降、工业品竞争力不足及工业投资移至海外等状况提出的一种"回归性"战略，在经历近半个世纪的演进发展，其内涵得到不断补充和完善。20世纪70年代，发达国家为振兴传统重工业基地，包括美国东北部地区、德国鲁尔地区、法国洛林地区、日本九州地区等实施了重新改造，由此拉开再工业化进程的序幕。之后在20世纪80年代，日本与美国在制造业领域竞争加剧，为提升制造业国际竞争力，美国学者主张将"再工业化"作为一种积极的产业政策，并通过市场机制推动国内产业调整升级，从而使得"再工业化"成为产业调整的重要战略。2008年美国金融危机爆发，并继而给整体世界经济带来断崖式下跌，实体经济与虚拟经济失衡造成的"头重脚轻"弊病暴露无遗，各发达国家重新审视其产业政策和发展模式。美国总统奥巴马提出经济"基业长青"，通过引导企业创新和税收改革来加速国内制造业发展和鼓励企业家回归；德国政府则通过直接向私营企业发放研发补贴等形式扶持国内制造业发展和吸引资本回流；英国政府以贸工部为主管部门，加大高新科技研发，并通过实施新能源、可再生能源、生物能源计划等促进国内制造业升级和鼓励国外资本回归；日本政府一方面加强公私合营，另一方面改革现有职业教育培训，力图保持其制造业优势地位，尤其是

绪　言

2012年海啸地震后，日本进一步强化国内船舶、机械等基础制造业发展。2017年之后，美国总统特朗普提出"美国优先"战略，通过在基础设施建设、能源产业、金融监管和税收政策等方面实施一系列改革计划，不断强化其反全球化发展思路，在大力发展美国实体经济的同时鼓励国外资本回国，以推动其制造业整体升级。由此可见，发达国家再工业化已成为当前世界经济资本流动和产业发展的常态，发达国家将不断致力于提高、挖掘和拓展扶助国内工业发展、夺回国外工业资本的强度、深度和广度，这必将对全球化背景下发展中国家或地区制造业的发展带来一定程度的影响。

制造业是中国国民经济的立国之本、兴国之器、强国之基。总书记多次强调要做强实体经济，抓好制造业。改革开放以来，中国制造业一直保持快速增长趋势，为国民经济发展注入持续的动力源和稳定剂。但制造业发展一方面对资源投入要求高，另一方面在生产过程中因废弃物排放对环境产生较大的压力，因此，中国政府针对制造业发展制定了《中国制造2025》，形成"1+X"的制造业发展规划体系，绿色制造作为规划体系的重要内容，为制造业转型明确了基本方向。但美国金融危机及之后西方国家实施的再工业化战略给中国制造业绿色转型带来直接竞争和持续压力，为保障中国制造业绿色化进程顺利进展，中华人民共和国工业和信息化部等四部门联合发布《绿色制造工程实施指南(2016—2020年)》，完善绿色制造法规和标准等基本制度，以绿色产品、工厂、园区和绿色供应链为"牵引"，全面提升制造业绿色竞争力。

从中国省域制造业发展规模和速度来看，山东省一直是公认的"制造大省"，2019年，山东省工业增加值为2.3万亿元，占全国的7.2%。山东省是全国唯一拥有全部41个工业大类的省份，山东"百强企业"中制造业占比超过70%，山东省上市企业中，制造业企业超过75%，制造业始终是山东省经济的命脉。但山东省制造业面临的问题是大而不强，制造业整体核心竞争力不足。为提升核心竞争力，山东省制造业一方面自力更生，引导加强省内企业科技创新与协作，另一方面对外开放，吸引外国资本、技术、人才等来鲁设厂，国外资本对山东省制造业核心竞争力提升起到重要作用。但2008年以来，随着发达国家再工业化战略的实施和不断深化，山东省制造业吸引外资项目和到账金额比例呈下降趋势。根据山东省商务厅统计，2012年之前，山东省制造业FDI项目数及到账资金占FDI总项目数和到账资金比重均超过50%，但2012年之后，山东省制造业FDI项目数及到账资金占FDI总项目数和到账资金比重下降到20%左右。

由此可见，发达国家再工业化战略已对其海外制造业投资产生较强的回流效果，使得其国内制造业对中国制造业发展产生一定的竞争关系和替代效应，并对中国制造业绿色转型带来直接影响。从省域范围来看，这种竞争关系和替代效应对中国各省域制造业绿色转型如何产生影响，其影响程度如何，对山东省制造业国际竞争力进一步提升又会产生怎样的障碍？解决这些问题对中国由制造大国跨越到制造强国有着重要的理论和现实意义，对中国整体制造业发展及绿色转型均有关键性的参考价值。

二 研究意义

改革开放以来，中国制造业持续快速发展，不仅在全国范围内已建成门类齐全、独立完整的产业体系，而且在2010年之后制造业规模赶超美国，成为名副其实的制造业大国。为推进制造业由大向强跨越发展，实现中国制造向中国创造、中国速度向中国质量以及中国产品向中国品牌转变，中国制造业已形成2025和2035两阶段式顶层规划，绿色制造是中国制造业整体规划的重要转型内容。山东省作为中国制造大省，在中国制造业由大向强转变进程中应积极"走在前列"，不仅保持其整体规模经济优势，而且要形成技术、人才、资本等整体核心竞争力。但当前世界经济形势复杂化，发达国家再工业化战略对中国制造业资本流入、结构调整、产业布局、贸易流向等均产生重要影响，发达国家再工业化战略及其影响进行剖析，发掘其机遇并规避其风险，对山东省乃至中国制造业转型和绿色竞争力的提升有重要的理论和现实意义。

本研究的理论意义在于：第一，设计评价体系将发达国家再工业化战略用指数量化，衡量再工业化战略在时间跨度上的演变及空间范围的差异，从而在一定程度上推进再工业化战略定性描述与定量评估有机结合的研究进程。第二，设计评价体系对制造业绿色转型进行综合评估，并基于全国及各省域制造业数据，利用多指标综合指数量化样本期间制造业绿色化进程中竞争力基本态势，可动态化多角度剖析制造业绿色进程中国际竞争力动态特征。第三，对再工业化战略指数和制造业绿色竞争力指数进行相关性、因果性检验，全面探讨两者之间动态关联性，从而为再工业化背景下中国制造业绿色转型提供理论参考。

本研究的现实意义在于：第一，再工业化战略已成为发达国家产业政策、投资政策的基本思路，该战略对全球投资格局及制造业布局都将产生重要的影响，中国作为制造大国，同时又处在制造业升级转型的关键时期，本研究通过全面评估再工业化战略可能产生的正面负面效果，可为相关部门制定政策应对外部冲击提供定量参考。第二，尽管世界经济形势不明朗，但中国制造业发展过程中所面临的竞争是全球性的，推进国内制造业绿色转型并提升制造业国际竞争力任重而道远，本研究通过构建多指标评价体系，剖析制造业绿色转型中核心竞争力的短板和瓶颈，为制造业提升行业内部竞争力提供量化依据。第三，新形势下国家提出双循环新发展格局，综合考察再工业化背景下国内典型省份制造业绿色转型中面临的机遇与挑战，可充分发挥制造业在国内大循环中的中坚作用，并引领相关产业在国内国际双循环中形成协作共赢的新局面。

第二节　国内外研究综述

美国金融危机之后，多个发达国家逐步实施并持续推进再工业化战略，对世界投资格局和产业分布已产生显著的影响，国内外学者对该战略及其影响已展开广泛的研究。围绕再工业化战略与制造业绿色化转型升级相关主题，对国内外文献梳理来看，主要集中于三个方面：一是归纳综合发达国家再工业化战略内涵、演变，并对其影响进行综合评价；二是围绕国家或区域制造业竞争力的评价方法、影响因素、提升途径等进行多角度研究；三是集中于再工业化战略对制造业竞争力的综合影响。

一　发达国家再工业化战略相关研究

发达国家于 20 世纪中叶在国内已基本建立起完善的工业体系，自 20 世纪后半叶开始，随着经济全球化的发展，国外基础设施日臻完善和国内竞争压力日益突出，发达国家工业资本走向大规模对外输出道路，但由此给发达国家带来国内产业空洞化和过度服务化的隐患。国外学界很早就开始关注国内工业不均衡和资本外流的现象，并围绕该现象向政界提出再工业化主张，此后该主张得到学界共鸣和政界关注，再工业化战略相关研究随之成为产业经济学、投资学、世界经济等领域热点研究之一。梳理来看，现有文献对再工业化战略基本面的研究可归纳为两个方面。

（一）发达国家再工业化战略基本内涵研究

经历半个多世纪的变迁，发达国家产业政策随着全球经济环境变化而不断改变，再工业化战略内涵在不同时代也有了较大不同，梳理来看，关于再工业化战略内涵的研究可以分为两个阶段。

第一阶段，自 20 世纪 60 年代末至 20 世纪 90 年代末，再工业化战略作为发达国家不同类型工业平衡发展战略，以振兴传统工业部门为主要目标。

溯源来看，发达国家再工业化相关解释源于 20 世纪 60 年代末的维特斯特词典，被解释为一种产业扩张性经济政策，通过政府实施关联性战略实现新旧工业部门的平衡、复兴和增长。鉴于 20 世纪 70 年代美国国内经济增速下降和支出结构的不平衡，即消费与投资比例严重失衡，部分学者提出通过实施再工业化战略，重视基础设施建设、工业固定资产更新及资源利用升级等,有效提升传统实体产业地位并促进整体经济提速。针对美国传统工业向境外迁移而导致国内结构性失业剧增的问题,Peet(1982)[1] 提出应在国内实施向传统工业倾斜的再工业化战略,引导传统工业技术升级,对传统工业工人提供就业援助和社会保障,实现朝阳产业与夕阳产业协同发展格局。Miller 等(1984)[2] 与 Bradford(1984)[3] 均认为再工业化战略是调整国内产业格局以实现其均衡发展的积极性产业政策,但在政策保障环节,Miller 主张依赖市场竞争机制促进传统工业优胜劣汰,而 Bradford 则认为政府税收优惠、转移支付、技术援助等政策是支持传统工业发展的关键环节。Rothwell 等(1985)[4] 提出再工业化战略应以促进传统制造业转型为基本目标,在此过程中,传统工业应积极引进并创新技术,改变生产工艺和经营模式,通过再工业化实现整体换代。

国内学者在20世纪80年代开始关注再工业化战略,佟福全(1982)[5] 对美国再工业化战略进行了全面研究和评价,指出再工业化战略是美国应对国内物价上涨、劳动生产率下降和对外商品竞争力下降的积极性政策。章嘉琳(1987)[6] 在考察美国产业空心化现状后指出,美国再工业化战略是改变当前其国内各产业失衡的积极政策。进入90年代后,彭再德等(1998)[7] 继续关注美国产业结构调整政策,并对其再工业化战略进一步剖析,在解读其动因和基本方向之后,对我国产业

---

[1] Peet R., "The Deindustrialization of America", *Antipode*, 1982, 14 (7): 129–142.
[2] Miller J. C., Walton T F, Kovacic W E, et al., "Industrial policy: Reindustrialization through competition or coordinated action", *Yale J. on Reg.*, 1984, 2 (2): 298–314.
[3] Bradford Jr C. I., "US Adjustment to the Global Industrial Challenge", *Reindustrialization: implications for US industrial policy*, 1984, 46: 78–103.
[4] Rothwell R., Zegveld W., *Reindustrialization and technology*, New York: ME Sharpe, 1985: 30–60.
[5] 佟福全:《美国的"再工业化"战略》,《世界经济》1982年第7期。
[6] 章嘉琳:《美国工业的"空心化"及其后果》,《人民日报》1987年10月29日第7版。
[7] 彭再德、黄宝平:《美国产业结构调整动因、方向及借鉴》,《上海综合经济》1998年第5期。

结构调整思路提出借鉴参考。综合来看，该阶段再工业化战略是作为发达国家产业政策的平衡性手段，处于辅助和补充性地位。第二阶段，自本世纪初至今，尤其是经历2008年全球性金融危机的强化，以奥巴马政府2010年8月签署《制造业促进法案》为标志，再工业化战略被定义为应对国内产业空心化并引领其国内产业结构升级优化以实现其整体经济复兴的重要战略。

Random House Webster's English Learner's Dictionary (2006) 将再工业化定义为通过政府政策扶持和企业设备升级推动工业乃至经济整体复兴的战略。Brandes (2008)[1] 针对发达国家制造企业整体竞争力下滑的趋势，认为制造业需积极应对新环境，通过再工业化提升制造业整体竞争力，而再工业化的关键是以高性能定制型产品替代低成本价格竞争型产品。Pollin 等 (2010)[2] 指出再工业化是低端制造业向高端制造业提升的关键途径，而低碳清洁能源的投入使用是低端向高端蜕变的核心环节。Tikhomirova (2016)[3] 则采用系统论方法从全球视野考察了再工业化，指出再工业化战略是发达国家通过产业转型升级应对新经济环境所带来竞争与挑战的主动求变。Kalugina (2018)[4] 则在沿袭再工业化已有研究基础上，分地区探析了再工业化的驱动力与障碍，并将城市再工业化界定为以技术升级、新能源使用、人才聚集等引领的高层次产业发展和区域竞争战略。

2000年以后，国内学者对发达国家再工业化新动态越发关注，并

---

[1] Brandes F., "The future of manufacturing in Europe: A survey of the literature and a modeling approach", *The European Foresight Monitoring Network* (*EFMN*): Brussels, 2008, 13: 321 – 323.

[2] Pollin R., Baker D., "Reindustrializing America: A Proposal for Reviving US Manufacturing and Creating Millions of Good Jobs", *The Murphy Institute/City University of New York*, 2010, 19 (2).

[3] Tikhomirova Olga, The Systems Approach in a Global Perspective: The New Economy and Reindustrialization. *Journal of Organisational Transformation & Social Change*, 2016, 13 (2).

[4] Kalugina, Nefedkin, Fadeeva. The Drivers of and Barriers to Rural Reindustrialization. *Problems of Economic Transition*, 2018, 60 (4).

绪　言

进行了新的研究和解读。杨仕文（2007）[①]将再工业化界定为发达国家整体产业升级的主动求变过程，即发达国家在完成工业化后，由于国内外形势变化，国内服务业兴起并逐渐替代制造业成为主流产业，但服务业比例过高弊端日益显现，从而导致发达国家重新审视并调整产业结构，依托新技术、新能源等新型要素的注入，实现国内制造业再兴以及整体产业的更新换代。金碚等（2009）[②]认为再工业化是金融危机后发达国家改善国内产业过度服务化的新尝试，通过持续改善市场环境和提升研发优势，开发新型技术型或能源型制造业，进而不断强化国内工业实体经济。罗凯等（2010）[③]认为以美国为代表的发达国家所实施的再工业化战略是通过吸引海外制造业撤回以创造国内就业新岗位、筑牢国内产业新基点并促进其国内经济复苏的中长期战略，该战略对世界经济形势和国际产业结构均会产生深远影响。刘煜辉（2010）[④]认为美国再工业化是消除金融危机影响而采取的再平衡战略，这种平衡体现在中美之间的供需方面，以弱化美元为保障促进国内新能源、新材料等低碳产业增量提质。刘戒骄（2011）[⑤]则认为再工业化在一定程度上一种平衡性战略，旨在平衡国际投资与国内投资、国内服务业与制造业、新兴制造业与传统制造业等不同部门之间的关系，从而治愈产业空心化的后果，保持本国经济持续向上。芮明杰（2012）[⑥]在梳理相关研究的基础上，认为再工业化战略是发达国家在经历产业结构过度失衡导致的金融危机后对自身发展道路的重新调整，但这种调整并不是对传统工业道路的复制，而是通过吸引国外投资回归的同时，以互联网、清洁能源、人

[①] 杨仕文：《美国非工业化研究》，江西人民出版社2009年版。
[②] 金碚、刘戒骄：《美国"再工业化"的动向》，《中国经贸导刊》2009年第22期。
[③] 罗凯、刘金伟：《解读美国再工业化战略，浅谈我国产业结构调整对策》，《中国产业》2010年第5期。
[④] 刘煜辉：《弱美元再平衡下的中国抉择》，《南风窗》2010年第4期。
[⑤] 刘戒骄：《美国再工业化及其思考》，《中共中央党校学报》2011年第2期。
[⑥] 芮明杰：《发达国家"再工业化"的启示》，《时事报告》（大学生版）2012年第1期。

工智能技术等新兴产业引领产业结构升级和提升整体产业竞争力。侯芙蓉（2013）[①]从再工业化可能产生影响的角度，指出再工业化是以美国为代表的发达国家"治愈"金融危机及其后遗症的关键配方，通过吸引本国海外投资撤回和重建国内实体产业基础两种途径共同提升国内实体产业比例和促进整体产业更新换代。张晨等（2016）[②]对危机后美国经济复苏进行了重新考察，指出尽管危机后美国国内仍然有支持再金融化的声音，但再工业化将会是美国经济复苏和振兴的基本战略。苏立君（2017）[③]认为发达国家在20世纪70年代之后实施的去工业化是由于经济全球化和技术革命全球性扩散引起的，金融危机后的再工业化本质是使海外低端制造业回归的同时保持国内高端制造业竞争力，推动逆全球化可有效吸引海外制造业资本撤回。蔡敏等（2020）[④]认为美国产业发展并非均由市场决定，再工业化战略是政府精心设计主导并通过各种法案支持，旨在以技术创新和制度创新互动互促支持中小企业提升创新能力和产学研政紧密合作的新一代产业发展政策。

综合相关研究可以看出，再工业化战略在不同阶段在战略目标、应对难题、实施途径、战略地位等多个方面存在明显的差别，相较上世纪区域与产业调整的主动求变，本世纪再工业化战略则是发达国家缓解金融危机压力和铲除危机根源的秘药良方。

（二）发达国家再工业化实施效果评价研究

再工业化战略已历时半个多世纪，但比较而言，新世纪以来各发达国家普遍实施的再工业化显然更具冲击性，尤其是金融危机之后，发达

[①] 侯芙蓉：《美国"再工业化"战略分析》，硕士学位论文，吉林大学，2013年，第1—4页。

[②] 张晨、冯志轩：《再工业化，还是再金融化？——危机后美国经济复苏的实质与前景》，《政治经济学评论》2016年第6期，第171—189页。

[③] 苏立君：《逆全球化与美国"再工业化"的不可能性研究》，《经济学家》2017年第6期。

[④] 蔡敏、李长胜：《美国重振制造业完全依靠自由市场吗？——论重振过程中的美国产业政策》，《政治经济学评论》2020年第5期。

国家再工业化战略不仅在国内重新规划产业结构布局，而且吸引海外实体投资撤回，其对发达国家和整体世界经济所产生影响的广度、深度和期间必将全面超越第一阶段再工业化战略，这对正处于工业化进程中的发展中国家会带来一系列新的难题和考验。基于此，国内外学者对再工业化战略的实施效果展开了广泛和深入的研究。

尽管再工业化战略全面实施会存在多种不确定性，但多数学者认为再工业化战略对发达国家产业优化及经济复苏有显著的积极效果。瑞恩（2009）① 研究后认为美国产业结构中金融类虚拟经济比例过高，缺乏实体经济支撑，实施再工业化战略已在一定程度上提升了实体经济整体占比，并明显强化了美国国家经济自主和自信。McCormack（2010）② 指出发达国家去工业化造成技术研发和资本积累大量向海外转移，从而对国家高新技术和国防工业等构成威胁，再工业化实施后强化了美国在高新技术领域的领先地位。Rüdiger Wink 等（2016）③ 专注于研究德国所实施的再工业化和再回弹路径，在比较德国三个城市基础设施建设再工业化效果基础上，认为再工业化对保持德国制造业传统优势已产生积极影响。Kornev（2019）④ 探讨了再工业化对俄罗斯经济增长的影响效果，研究发现再工业化在转型期国家中依然能发挥出较为显著的功效，俄罗斯已通过重新布局和建设在重点城市构建出更加优化的产业结构。Friedman（2020）⑤ 通过对俄罗斯 Kemerov Oblast 地区构建资源领

---

① 乔·瑞恩、西摩·梅尔曼、周晔彬：《美国产业空洞化和金融崩溃》，《商务周刊》2009 年第 11 期。

② McCormack R., "The plight of American manufacturing: since 2001, the US has lost 42, 400 factories—and its technical edge", *American Prospect*, 2009, 21 (2).

③ Rüdiger Wink, Laura Kirchner, Florian Koch, Daniel Speda, "There are Many Roads to Reindustrialization and Resilience: Place-based Approaches in Three German Urban Regions", *European Planning Studies*, 2016, 24 (3).

④ Kornev A., "How the Russian Economy Can Grow Based on Its Reindustrialization", *Problems of Economic Transition*, 2019, 61 (6).

⑤ Friedman Yu A., Rechko G. N., Loginova E Yu. "Transformation of the Development Model for Kemerovo Oblast as a Resource Territory", *Regional Research of Russia*, 2020, 10 (4).

域发展模型，进一步验证了俄罗斯再工业化对其产业转型升级的积极效果。

  国内学者对发达国家再工业化实施效果也进行了综合分析，多数学者肯定了再工业化对发达国家经济发展和产业优化的积极作用。金碚等（2010）[1]认为美国再工业化战略使海外产业回归并调整，在一定程度上扭转了金融危机所造成的扭曲，本国产业得到保护和强化，国内需求得以恢复，整体经济已步入正轨。周院花（2010）[2]研究发现金融危机后美国再工业化过程中，制造业回归在传统制造业基础上结合了国内服务业优势，从而在美国国内打造出更具竞争力、更具融合性的新型产业结构。赵刚（2011）[3]、孟祺（2012）[4]研究后发现，美国再工业化战略通过吸引海外资本回归，同时重新强化国内新型制造业地位，已对美国制造业产业地位、劳动生产率和国际竞争力产生明显提升效果。姚海琳（2012）[5]认为发达国家再工业化成为世界经济新的浪潮，并已对危机后发达国家经济复苏与持续发展起到促进作用。黄建安（2014）[6]在对美国奥巴马政府"再工业化"梳理基础上，认为再工业化标志着金融危机后美国政策的重大转变和重要转向，以政府干预、创新引领、贸易保护、国家安全等为战略要点，对美国产业结构和贸易保护已产生正向效果。戴玲等（2016）[7]在对美国再工业化战略、德国"工业 4.0"解构基础上，引入"熊彼特创新理论"阐释再工业化内在机理，研究

---

[1] 金碚、刘戒骄：《美国"再工业化"观察》，《决策》2010 年第 Z1 期。
[2] 周院花：《美国去工业化与再工业化问题研究——对中国工业发展的一些启示》，硕士学位论文，江西财经大学，2010 年，第 33—39 页。
[3] 赵刚：《美国再工业化之于我国高端装备制造业的启示》，《中国科技财富》2011 年第 9 期。
[4] 孟祺：《美国再工业化对中国的启示》，《现代经济探讨》2012 年第 9 期。
[5] 姚海琳：《西方国家"再工业化"浪潮：解读与启示》，《经济问题探索》2012 年第 8 期。
[6] 黄建安：《美国"再工业化"政策举措、战略特点以及对中国的影响》，《浙江学刊》2014 年第 6 期。
[7] 戴玲、张卫：《基于熊彼特创新视角的再工业化作用机制研究》，《科技管理研究》2016 年第 2 期。

发现再工业化通过对传统工业"创造性毁灭",已对其国内产品、技术、组织、市场、原料等产生创新和升级效果。余珮(2017)[①]采用 KPWW 算法对美国再工业化战略对其制造业显性比较优势和 GVC 位置进行测算,研究发现再工业化战略对美国制造业总体和中间品显性比较优势以及高新技术嵌入 GVC 位置均产生提升作用。王展祥(2018)[②]认为 20 世纪中后期随着发达国家去工业化战略的实施,制造业在经济发展中的发动机作用被削弱,但再工业化战略实施重新塑造发达国家与发展中国家产业链模式和贸易秩序,使制造业再度成为推动发达国家产业升级和经济持续增长的发动机。蔡敏等(2020)[③]认为再工业化战略经政府设计各种法案支持,对中小企业技术创新能力提升和产学研合作已产生明显提升效果。

但也有部分学者对全面再工业化战略实施效果提出质疑。从国外相关文献来看,Kucera 等(2003)[④]认为再工业化战略尽管可有效提升美国传统实体工业的占比和地位,但部分实体工业已不具有国际竞争力,再工业化导致国家整体资源配置效率下降。Tregenna(2009)[⑤]认为经济发展应依赖自由市场以及产业和科技间的结合,而再工业化是在政府主导下的产业调整优化战略,可能会对市场机制下企业技术创新带来不利影响。Seliverstov(2017)[⑥]通过对俄罗斯 Novosibirsk Oblast 再工业化发展项目研究分析后发现,再工业化对当地工业部门已产生集聚效应,但在

[①] 余珮:《美国再工业化背景下中美制造业嵌入全球价值链的比较研究》,《经济学家》2017 年第 11 期。
[②] 王展祥:《制造业还是经济增长的发动机吗》,《江西财经大学学报》2018 年第 6 期。
[③] 蔡敏、李长胜:《美国重振制造业完全依靠自由市场吗?——论重振过程中的美国产业政策》,《政治经济学评论》2020 年第 5 期。
[④] Kucera D., Milberg W., "Deindustrialization and changes in manufacturing trade: Factor content calculations for 1978 – 1995", *Review of World Economics*, 2003, 139 (4).
[⑤] Tregenna F., "Characterising deindustrialisation: An analysis of changes in manufacturing employment and output internationally", *Cambridge Journal of Economics*, 2009, 33 (3).
[⑥] Seliverstov, "Development of the Program for Reindustrialization of the Economy of the Novosibirsk Oblast", *Problems of Economic Transition*, 2017, 59 (5).

产业优化与升级方面并没有取得实质性进展。Kalugina 等 (2018)① 在对俄罗斯农村地区再工业化现状分析基础上，指出俄罗斯再工业化主要驱动力和障碍，并认为当前农村产业升级和优化仍存在劳动力缺失和技术创新不足等障碍。Destek (2021)② 通过计算土耳其生态足迹数据以检验再工业化与去工业化对生态环境的影响，研究发现再工业化对土耳其产业结构升级有促进作用，但也在一定程度上对生态环境质量带来了压力。

国内学者对发达国家再工业化也从多个角度提出质疑。陈万灵等 (2009)③ 认为发达国家政府主导实施的再工业化战略掺杂过多的政治考虑，而且从其产生和发展历程来看，再工业化往往是经济衰退和失业率上升之后被动的亡羊补牢，其实施效果难以保证。陈宝明 (2010)④ 认为发达国家再工业化战略对其国内产业结构会产生优化作用，但这种作用具有一定的短期性和不平衡性，从长期来看，再工业化战略对全球经济发展、产业结构和资源配置等均可能产生不利影响。赵彦云等 (2011)⑤ 认为美国再工业化在一定程度上会带动国内高端产业快速发展，但海外投资回撤对其合作国家经济发展会带来不利冲击，从长期来看，这种不平衡又会对美国自身发展带来负面影响。杨长湧 (2011)⑥ 从系统角度对发达国家再工业化实施进行了评估，再工业化对发达国家子系统会产生复苏效果，但会增加发达国家与发展中国家系统间货物和技术贸易壁垒、政府采购障碍等，影响到世界经济整体提升和格局优

---

① Kalugina, Nefedkin, Fadeeva, "The Drivers of and Barriers to Rural Reindustrialization", *Problems of Economic Transition*, 2018, 60 (4).

② Destek Mehmet Akif, "Deindustrialization, reindustrialization and environmental degradation: Evidence from ecological footprint of Turkey", *Journal of Cleaner Production*, 2021, 296.

③ 陈万灵、任培强：《经济危机下贸易保护主义新趋势及其对策》，《对外经贸实务》2009 年第 6 期。

④ 陈宝明：《发达国家再工业化政策影响及我国的对策建议》，《中国产业》2010 年第 2 期。

⑤ 赵彦云、秦旭、王杰彪：《"再工业化"背景下的中美制造业竞争力比较》，《经济理论与经济管理》2012 年第 2 期。

⑥ 杨长湧：《美国重振制造业战略对我国可能的影响及我国的对策研究》，《国际贸易》2011 年第 2 期。

化。杨建文（2012）[①]、唐志良等（2012）[②] 指出美国再工业化是政府主导下以政治、经济等手段对本国产业结构和市场规模的重新设计，对本国就业、产出均会产生显著拉动作用，但势必会导致美国与其他国家制造业竞争加剧、原料资源短缺以及生产与贸易领域重叠，从而给全球经济发展带来诸多不安定因素。李滨等（2014）[③] 研究表明美国再工业化实施并没有阻止制造业外流，美国国内制造业比重和产值仍呈现出相对下降趋势，制造业产品逆差仍在扩大，可见美国再工业化战略并没有取得明显成效。王丽丽等（2015）[④] 认为美国再工业化实质是追求制造业部门相对产出地位的上升，但由于美国经济长期积淀造成的金融服务业比重过高，制造业地位提升将面临资本边际收益递减的难题，因此，美国再工业化战略缺少长期实施的经济基础。张彬等（2015）[⑤] 基于对二战后以及1995—2009年两阶段美国人力资本存量分析，并基于VAR对人力资本存量与人均GDP影响进行脉冲分析，发现美国当前人力资本存量与再工业化战略需求存在矛盾，使得政府政策推进受到约束。孙丽（2018）[⑥] 重新对日本去工业化与再工业化政策进行审视和比较，认为日本在去工业化与再工业化之间出现了摇摆与混沌，从而使得再工业化效果大打折扣，国内泡沫经济、产业空洞、制造业竞争力下降反而加剧，重振制造业竞争力应依赖对再工业化道路的坚定。孙彦红等（2020）[⑦] 指出再工业化已成为发达国家经济政策的优先方向，但从欧盟再工业化实

---

① 杨建文：《发达国家"再工业化"能走多远？》，《社会观察》2012年第6期。
② 唐志良、刘建江：《美国再工业化对我国制造业发展的负面影响研究》，《国际商务》（对外经济贸易大学学报）2012年第2期。
③ 李滨、张雨：《评估奥巴马的"再工业化"战略》，《国际观察》2014年第6期。
④ 王丽丽、赵勇：《理解美国再工业化战略——内涵、成效及动因》，《政治经济学评论》2015年第6期。
⑤ 张彬、桑百川：《美国人力资本结构与再工业化的需求矛盾》，《经济与管理研究》2015年第5期。
⑥ 孙丽：《日本的"去工业化"和"再工业化"政策研究》，《日本学刊》2018年第6期。
⑦ 孙彦红、吕成达：《欧盟离"再工业化"还有多远？——欧盟"再工业化"战略进展与成效评估》，《经济社会体制比较》2020年第4期。

施效果来看,其制造业内部结构并没有得到明显优化,工业投资增势不稳也使得再工业化传导渠道不顺畅,同时,该战略受支出限制导致其核心支柱不稳固,因此,欧盟以推进再工业化提升经济整体竞争力并没有取得实质性进展。

综合来看,国内外学者持续关注并研究了发达国家再工业化战略实施效果,与上世纪第一阶段再工业化战略相比,发达国家在金融危机之后普遍实施的再工业化更具引领性和针对性,对发达国家国内产业结构优化与经济复苏已产生正面效果,同时促进其国内制造业技术创新和国际竞争力提升。但由于再工业化战略有明显的短期性和政治性,外加发达国家经济对服务业有较强的依赖惯性,从长期来看发达国家产业结构仍存在不确定性,同时会加剧整体世界经济的不平衡。

二 制造业竞争力评价及绿色转型相关研究

制造业是一个国家综合实力的根本,但制造业绿色转型是一个较新的课题,相关研究多以对制造业竞争力评价为基本依据,进而评估该区域制造业绿色化程度的高低。围绕制造业竞争力评价课题,国内外学者已展开多区域、多层面和多角度的研究,梳理来看,相关研究主要基于制造业竞争力不同评价方法,在定性或定量评价基础上指出影响制造业竞争力的相关因素及其提升途径。

(一) 基于定性方法对制造业竞争力评价研究

从相关文献评价方法来看,国内外学者主要采用定性评价和定量评价两大类。定性分析方法主要利用二手资料和调研分析法对整体制造业、不同类型行业或企业进行评价,包括 SWOT 分析法、波特竞争力分析法以及价值链分析法等。

从国外相关研究来看,Ferraz(1986)[①] 采用多因素分析方法,对

---

① Ferraz J. C., "Determinants and consequences of rapid growth in the Brazilian shipbuilding industry", *Maritime Policy & Management*, 1986, 13 (4).

绪 言

20世纪80年代中国制造业竞争力进行评价,结果发现以国有企业为代表的中国制造业整体竞争力处于快速增长势头,但技术成熟度可能会成为制约其竞争力进一步提升的因素。Bertram 等(1997)[①] 采用钻石模型对制造业国际竞争力进行描述性评价,长期来看,改善生产要素、战略、需求以及产业支持等相关条件可进一步提升制造业整体竞争力水平。Lamb 等(2002)[②] 依据制造业增加值规模与技术水平对制造业竞争力进行评估和预测,并指出通过合理分配生产投入来提升整体效率。Neil 等(2002)[③] 对英国汽车行业企业竞争力进行综合性评价,并指出提升各类型汽车企业竞争力的基础路径。Kuroiwa(2003)[④] 将网络使用作为新的外生变量纳入制造业竞争力评估体系中,并基于此评估结果提出以网络使用为基础构建提升制造业竞争力的技术提升路径。Samuel 等(2004)[⑤] 在梳理相关文献基础上,从客户需求、市场、技术和竞争对手行为等不确定因素提出概念框架,并评估制造业战略竞争能力的跟踪体系,并在对制造业竞争力进行定期评估基础上,以制定保持和提升制造业竞争力的有效措施。Christian(2005)[⑥] 采用1990—2000年数据,对国内外企业在不同行业和时间内竞争力进行排名,并结合企业相对特有优势与比较优势构造四种优势组合分布,以此提出扩张、合理化、退出和迁移等调整策略。Jasminka 等(2005)[⑦] 研究了克罗地亚为

[①] Bertram V., Weiss H., "Evaluation of competitiveness in shipbuilding", *Hansa*, 1997, 13 (6).

[②] Lamb T., Hellesoy A., "A shipbuilding productivity predictor", *Journal of ship production*, 2002, 18 (2).

[③] Neil Barlow, Peter Chatterton, "Improving the Competitiveness of Companies in the UK Automotive Sector", *Industry and Higher Education*, 2002, 16 (5).

[④] Kuroiwa Satoshi, "Competitiveness Enhancement of Manufacturing Industry by Using IT", *Journal of The Society of Instrument and Control Engineers*, 2003, 42 (7).

[⑤] Samuel Leung, W. B. Lee, "Strategic manufacturing capability pursuance: a conceptual framework", *Benchmarking: An International Journal*, 2004, 11 (2).

[⑥] Christian Bellak, "Adjustment strategies of multinational enterprises to changing national competitiveness", *International Journal of the Economics of Business*, 2005, 12 (1).

[⑦] Jasminka Sohinger, Darko Horvatin, "Foreign direct investment and competitiveness in transition economies: the case of Croatia", *Int. J. of Entrepreneurship and Small Business*, 2005, 2 (3)

代表的转型国家中 FDI 与产业竞争力之间的关系，国内劳动力成本高和制造业附加值低导致 FDI 倾向于流入服务业，这使得克罗地亚制造业出口竞争力提高不明显。Steven（2006）[1] 针对当前国内市场所面临的不公平竞争，基于对欧盟产业内和贸易政策的相互作用，设计并评估当前横向政策下企业竞争力调整的程度。James 等（2007）[2] 基于战略认知的变革程度与竞争对手的同质与异质性，从认知群体规范程度与组织绩效方面对企业竞争力进行综合评价。Ravi 等（2008）[3] 对全球竞争和贸易自由化背景下企业生产率进行了研究分析，以 1980—1981 年前全球化时期与 1990—1991 年后改革时期为观测期进行对比，并依据不同时期企业生产率的评估结果提出提升企业全要素生产率的对策。Turgrul 等（2009）[4] 从灵活性和效率、战略属性、行业趋势等十一大类属性对美国电子制造业竞争力进行评估，并由此指出通过技术收购等途径提升组织和运营竞争力以及市场和新产品开发竞争力。Hulya 等（2010）[5] 对非洲经济体工业发展历程进行梳理，并基于非洲资源禀赋特点对劳动生产率与制造业国际竞争力之间关系进行研究，由此指出非洲劳动力供给约束会降低整体制造业竞争力。Baba 等（2012）[6] 选取竞争力提升、业务增长、市场份额开发、年销售额和利润增加等方面对制造业企业人

---

[1] Steven McGuire, "No more euro – champions? The interaction of EU industrial and trade policies", *Journal of European Public Policy*, 2006, 13 (6).

[2] James M. Bloodgood, William H. Turnley, Alan Bauerschmidt, "Intra-industry shared cognitions and organizational competitiveness", *Strategic Change*, 2007, 16 (6).

[3] Ravi Kiran, Manpreet Kaur, "Global competitiveness and Total Factor Productivity in Indian manufacturing", *Int. J. of Indian Culture and Business Management*, 2008, 1 (4).

[4] Tugrul U. Daim, Dundar F. Kocaoglu, "Exploring the role of technology evaluation in the competitiveness of US electronics manufacturing companies", *Int. J. of Technology Management*, 2009, 48 (1).

[5] Hulya Dagdeviren, Hatim A. Mahran, "A tale of industrial stagnation from Africa", *International Review of Applied Economics*, 2010, 24 (4).

[6] Baba Md Deros, Nizaroyani Saibani, Bahrim Yunos, Mohd Nizam Ab. Rahman, Jaharah A. Ghani, "Evaluation of Training Effectiveness on Advanced Quality Management Practices", *Procedia-Social and Behavioral Sciences*, 2012, 56.

力资源等培训计划进行综合评估,以此分析相关计划对制造业竞争力影响程度。Abdulla 等(2013)[①] 基于当前日益激烈的国际竞争,利用联合国工业发展方法分析小国和岛屿经济体制造业竞争力,研究发现大国经济在保持自身经济地位过程中,小国制造业竞争力迅速丧失而被淘汰。Deepika 等(2013)[②] 基于供应链绩效探讨了印度汽车零部件制造业竞争力的决定因素,选取 24 个竞争力驱动因素构建竞争力决定因素评价体系,研究指出竞争力因素会相互依赖,工人的技能、企业的环境、政府法规等因素是需要重点关注的决定因素。Suvalee 等(2014)[③] 通过对行业高管和行业客户进行两阶段调查,分析影响美国纺织制造行业竞争力的关键因素,结果发现美国制造商在劳动力技能、产品种类、客户关系、创新技术、产品质量等方面竞争优势明显,而实施技术和管理战略是保持其竞争力优势的途径。Nicolas 等(2015)[④] 基于中小企业所面临的全球化竞争进行归纳研究,通过梳理分析大约 50 个工业案例,从策略角度对中小制造业企业竞争优势进行评估,并指出通过强化质量管理可有效提升企业整体竞争优势。Claudine 等(2016)[⑤] 对澳大利亚和瑞典两国两个时期的制造业企业竞争力进行对比分析,结果发

[①] Abdulla Rashid Abdulla, Hongzhong Zhao, "Technology Sophistication and Industrial Diversification are the Key for Global Manufacturing Competitiveness", *Applied Mechanics and Materials*, 2013, 2279.

[②] Deepika Joshi, Bimal Nepal, Ajay Pal Singh Rathore, Dipti Sharma, "On supply chain competitiveness of Indian automotive component manufacturing industry", *International Journal of Production Economics*, 2013, 143 (1).

[③] Suvalee T. Tangboonritruthai, William Oxenham, Nancy L., Cassill, Erin D., Parrish, Joanne Yip, "The Integration of Technology and Management in the Competitiveness of the United States Short Staple Yarn Manufacturing Industry", *Journal of Textiles*, 2014, 2014.

[④] Nicolas Gardan, Yvon Gardan, "Improving the Competitiveness of the SME's using Trade Knowledge and Simulation Based Design", *British Journal of Economics, Management & amp; Trade*, 2015, 6 (3).

[⑤] Claudine Soosay, Breno Nunes, David John Bennett, Amrik Sohal, Juhaini Jabar, Mats Winroth, "Strategies for sustaining manufacturing competitiveness", *Journal of Manufacturing Technology Management*, 2016, 27 (1).

现尽管竞争环境和竞争程度有较大不同,但市场环境要素及其竞争战略选择对制造企业竞争力有直接影响,竞争环境决策选择与企业内部能力建设对企业竞争力提升有重要作用。Gustavo 等(2017)[①] 以机器人技术、物联网、增强现实等背景对工业 4.0 进行回顾,分析工业 4.0 在飞机制造行业的发展趋势与创新,并由此指出工业 4.0 从企业生产力、产品质量、成本等多方面强化了企业整体竞争力。Kornev 等(2019)[②] 在当前开放市场经济条件下,分析制造企业纵向一体化部门之间转型与竞争力提升的途径,研究指出国内制造业补贴可依据企业竞争力回归自然租金的再分配。Sander 等(2020)[③] 基于工业 4.0 在网络物理生产系统(CPS)的应用展开研究,通过分析网络物理生产系统适应性和应对复杂性层面对制造企业竞争力进行评估,并指出采用棕色地带和 CPS 扩展以提升当前系统整体竞争力。Dou 等(2021)[④] 基于高质量产业发展要求,以钻石理论为框架对 G20 成员国制造业可持续竞争力进行评估,研究发现知识产权、信息技术对不同类型国家制造业竞争力影响并不一致,并由此对制造业竞争力可持续发展提出建议。

国内学者采用定性方法对制造业竞争力也展开了多方面的研究,尤其是 2000 年之后相关文献更为集中。穆荣平(2000)[⑤]、穆荣平等(2001)[⑥] 选取多指标分别设计高技术产业和医药产业国际竞争力评价

[①] Gustavo Franco Barbosa, Rafael Vidal Aroca, "Advances of Industry 4.0 Concepts on Aircraft Construction: An Overviewof Trends", *Journal of Steel Structures & Construction*, 2017, 3 (1).

[②] A K Kornev, S I Maksimtsova, "On Increasing the Competitiveness of Existing Manufacturing Industries", *Studies on Russian Economic Development*, 2019, 30 (6).

[③] Sander Lass, Norbert Gronau, "A factory operating system for extending existing factories to Industry 4.0", *Computers in Industry*, 2020, 115.

[④] Dou Zixin, Wu BeiBei, Sun Yanming, Wang Tao, "The Competitiveness of Manufacturing and Its Driving Factors: A Case Study of G20 Participating Countries", *Sustainability*, 2021, 13 (3).

[⑤] 穆荣平:《中国通信设备制造业国际竞争力评价》,《科学学研究》2000 年第 3 期。

[⑥] 穆荣平、蔡长塔:《中国医药制造业国际竞争力评价》,《科研管理》2001 年第 2 期。

绪　言

体系，对中国通信设备制造业和医药制造业国际竞争力进行评价，指出相较发达国家，中国通信设备制造业在资源转化、市场化及技术投入和创新能力方面，中国医药制造业在研发投入强度、生产集中度和市场营销管理等方面仍存在较大差距。陈红儿等（2001）[①] 在界定区域产业竞争力内涵基础上，筛选出区域产业竞争力指标以构建评价模型，并依据该模型对浙江省产业竞争力进行评价。龚奇峰等（2001）[②] 在借鉴荷兰格林根大学所建立ICOP方法基本思路和应用条件基础上进行适应性改进，利用改进型方法评价上海工业竞争力，并依据结果对上海工业竞争力优劣势进行分析。邵一明等（2003）[③] 采用案头调研，在文献分析基础上选取研发投入、生产能力、成本、资金能力等多个指标构建船舶制造业评价模型，并基于专家打分得到评价结果。曹乾等（2005）[④] 基于波特钻石模型构造要素条件、需求条件等核心要素为指标的竞争力评价体系，基于该体系对中国船舶制造业行业国际竞争力进行评价，结果发现相较日韩等造船强国，中国船舶制造竞争力差距在扩大。游达明等（2006）[⑤] 构建区域竞争力综合评价体系对我国不同区域汽车制造行业竞争力进行综合评价与比较，由此探究提升我国各区域汽车制造整体国际竞争力的路径。唐德才等（2007）[⑥] 系统评述了制造业竞争力评价的理论渊源及当前主流研究思路，指出波特钻石理论尽管存在以本国基地

---

① 陈红儿、陈刚：《区域产业竞争力评价模型与案例分析》，《中国经济问题》2001年第5期。

② 龚奇峰、彭炜、于英川：《工业竞争力评价方法及其应用》，《中国软科学》2001年第9期。

③ 邵一明、钱敏、张星：《造船行业竞争力评价模型及实证分析》，《科学学与科学技术管理》2003年第9期。

④ 曹乾、何建敏：《中国造船业国际竞争优势的培育路径——波特竞争优势理论和模型在造船业中的应用》，《船舶工程》2005年第1期。

⑤ 游达明、赖流滨：《我国汽车制造区域竞争力综合评价体系研究》，《统计与决策》2006年第2期。

⑥ 唐德才、李廉水、徐斌：《制造业竞争力理论研究述评》，《东南大学学报》（哲学社会科学版）2007年第3期。

为核心的缺陷，但为竞争力评价提供了基本框架，我国制造业应在对竞争力静态评价基础上，增加运用动态方法对制造业竞争力长远发展趋势进行评价。谭宏（2007）[①]从生产要素、制度要素和产业环境方面构建制造业国际竞争力评价模型，基于对中国造船工业竞争力评估基础上提出竞争力提升对策。明娟等（2007）[②]梳理并比较了国内外产业竞争力评价方法，采用因子分析法对广东省制造业产业竞争力进行评价，研究发现广东省资本和技术密集型制造业产业具有比较优势，而资源密集型和污染型产业竞争优势丧失。马道明等（2007）[③]基于经济发展与资源环境矛盾背景，从经济实力、资本实力、对外开放水平和资源节约实力构建产业竞争力评价体系，对江苏省12种高资源消耗型产业竞争力进行评价，并从产业结构调整、重点行业规划和行业管理优化提出调控策略。陶俪佳等（2007）[④]采用波特竞争优势模型选取多个要素对中国制造业国际竞争力进行评价，指出应从改善生产要素和劳动力要素、提高国内外需求、增加企业集聚效应等方面提升制造业国际竞争力。林俊兑（2007）[⑤]采用传统SWOT分析方法，从劳动力成本、原材料成本、企业运营效率等方面对船舶制造行业竞争力进行综合分析，结果发现中国仍具有明显的劳动力成本优势。门贵斌（2008）[⑥]依据区域产业竞争力理论构建装备制造业竞争力评价体系，采用主成分分析和因子分析对大连市装备制造业进行综合评价，并基于评价结果对重点行业发展提出对

[①] 谭宏：《中国造船企业国际竞争力研究》，博士学位论文，南京航空航天大学，2007年，第56—67页。

[②] 明娟、王子成、张建武：《广东制造业产业竞争力评价与分析》，《经济地理》2007年第4期。

[③] 马道明、黄贤金：《江苏省高资源消耗型产业甄别与竞争力评价研究》，《中国人口·资源与环境》2007年第5期。

[④] 陶俪佳、张光明：《基于钻石模型的中国船舶工业国际竞争力研究》，《船舶物资与市场》2007年第2期。

[⑤] 林俊兑：《中国和韩国造船产业竞争力对比分析》，硕士学位论文，对外经济贸易大学，2007年。

[⑥] 门贵斌：《大连装备制造业竞争力评价的实证分析》，《企业经济》2008年第5期。

策。李梦觉（2009）[①] 基于对荷兰格兰根大学 ICOP 方法改进基础上，选取相对价格水平、劳动生产率、全要素生产率等多个指标，对不同地区、不同行业按同一分类标准化后评价比较，并依据评价结果提出地区工业对策。崔艳娟等（2009）[②] 基于对装备制造业产业竞争力内涵的界定，构建装备制造业产业竞争力评价模型，并在对各指标分解基础上提出装备制造业竞争力的基本研究范式。崔艳娟等（2010）[③] 选取以传统工业省辽宁为研究样本，依据其所构建产业竞争力评价体系，在评价辽宁装备制造业竞争力基础上与其他省市进行横向对比，并提出竞争力提升对策建议。袁红英（2012）[④] 基于中国政府 GPA 谈判背景，在全面分析政府采购市场开放后对区域产业所带来机遇与挑战基础上，对山东省玻璃、陶瓷、家具、纺织、钢铁、汽车、化学、医用仪器等多个产业国际竞争力进行评价并比较，并指出各行业应对的基本策略。江心英等（2012）[⑤] 以循环经济为理论框架构建"树形结构"制造业企业竞争力评价体系，并从四个层面对制造企业的经济效益、生态效益和社会效益进行全面评估。梁运文等（2013）[⑥] 基于专业化与利润传导机制，选择制造业价值增值率、产品盈利率、资产获利率等指标对中国制造业分行业态势进行定位，研究发现中国制造业各分行业全过程强竞争力并没有形成。张曦等（2013）[⑦] 采用多因素综合分析构建行业科技竞争力评价

[①] 李梦觉：《基于 ICOP 法的工业竞争力评价研究》，《统计与决策》2009 年第 1 期。
[②] 崔艳娟、王杰、裴雪峰：《区域装备制造业产业竞争力评价体系研究》，《科技管理研究》2009 年第 12 期。
[③] 崔艳娟、孙晓程、王杰：《辽宁装备制造业产业竞争力评价》，《工业技术经济》2010 年第 4 期。
[④] 袁红英：《GPA 背景下山东省制造业国际竞争力分析与评价》，《山东社会科学》2012 年第 5 期。
[⑤] 江心英、周嫒嫒：《基于循环经济背景下的制造业企业竞争力评价指标体系的构建》，《科技管理研究》2012 年第 15 期。
[⑥] 梁运文、芮明杰：《垂直专业化、利润创造与中国制造业发展困境战略突破》，《产业经济研究》2013 年第 4 期。
[⑦] 张曦、赵国浩：《我国 35 个工业行业的科技竞争力比较研究》，《工业技术经济》2013 年第 5 期。

体系，全面评价了我国 35 个工业行业科技竞争力，研究发现各行业间科技竞争力迥异，高技术密集型行业比较优势明显，资源密集型行业存在较大比较劣势。苏颖宏（2014）[①] 通过梳理新加坡制造业发展历程，以竞争力理论为框架对新加坡制造业行业竞争力变迁进行评价，在分析新加坡制造业比较优势和竞争优势基础上探析其贸易竞争力持续上升的动力源。赵丹琪等（2017）[②] 采用多因素综合赋权方法，选取五个维度 23 个指标对长江中游高技术产业竞争力进行综合评价，相较长三角城市，长江中游城市整体竞争力处于初级水平，而对区域内细分产业比较可知各产业比较优势差异明显，据此可针对性制定差异发展策略。苏红键等（2017）[③] 基于产业组织理论结构—行为—绩效框架构建 SCP 地区制造业竞争力评价体系，对国内多省域制造业竞争力全面评价，基于评价结果差异将各省制造业竞争力分为五种类型，据此分析造成竞争力差异的主要影响因素，并提出改善相关因素对策。刘晋飞（2018）[④] 采用因子分析构建制造业企业竞争力评价体系，全面评价珠三角制造业跨境电商企业竞争力，研究发现各类型电商企业竞争力差异明显，跨境营销能力和技术采纳能力是差异重要影响因素，适当提升技术采纳强度和市场营销能力是竞争力提升关键。孙薇等（2019）[⑤] 构建经济、科技、社会、生态等四维度绿色竞争力评价体系，对江苏省制造业及细分行业进行分阶段评价，研究发现不同阶段中绿色科技政策对制造业绿色竞争力影响有一定差异，长期来看，江苏制造业需寻求新的绿色增长点以提升

[①] 苏颖宏：《新加坡制造业贸易竞争力发展评价分析——基于比较优势和竞争优势的动态均衡》，《南洋问题研究》2014 年第 3 期。

[②] 赵丹琪、陈为：《长江中游城市群高技术产业竞争力评价及比较优势分析》，《科技管理研究》2017 年第 16 期。

[③] 苏红键、李季鹏、朱爱琴：《中国地区制造业竞争力评价研究》，《中国科技论坛》2017 年第 9 期。

[④] 刘晋飞：《制造业跨境电商企业竞争力的指标体系构建与评估》，《改革》2018 年第 5 期。

[⑤] 孙薇、侯煜菲、周彩红：《制造业绿色竞争力评价与预测——以江苏省为例》，《中国科技论坛》2019 年第 4 期。

其整体竞争力。韩海燕等（2020）[①] 基于黄河流域高质量发展战略背景，采用多指标综合赋权构建制造业竞争力评价体系，对黄河流域各省制造业竞争力进行评价比较，结果发现各省制造业竞争力在全国排名有较大不同，技术密集度和能源密集度差异明显，技术创新及优化空间布局可有效推动黄河流域制造业高质量发展。黄顺春等（2021）[②] 梳理了制造业高质量发展评价相关文献，并从评价维度、评价范围和指标选取等角度进行归纳总结，指出我国制造业竞争力推进与制造业高质量发展具有较好的协同共进特征，但同时在竞争力研究中适当加入开放性、共享性、品牌建设等指标的建设。

综合来看，制造业竞争力定性评价采用SWOT、竞争力模型、多因素综合评价、SCP框架等多种方法，密切结合新实施的产业政策、高质量发展政策等为外生性政策变量，围绕多个区域层面和多个行业层面进行了多角度综合性评价，并通过横向与纵向对比寻求制造业竞争力的差异性及差异产生的因素。

（二）基于定量方法对制造业竞争力评价研究

随着定量方法的不断发展，纯定性分析文献数量呈下降趋势，定性分析与定量分析相结合的研究文献数量明显增加。整体来看，国内外学者在评价过程中所采用的定量方法分门别类，主要包括综合赋权分析法、数据包络分析法、主成分分析法、级数突变法、因子分析法、全息雷达图分析法等。

从国外相关研究来看，制造业竞争力定量研究主要集中于2000年之后。John等（2001）[③] 对制造企业与工厂绩效之间的定量关系进行研

[①] 韩海燕、任保平：《黄河流域高质量发展中制造业发展及竞争力评价研究》，《经济问题》2020年第8期。

[②] 黄顺春、张书齐：《中国制造业高质量发展评价指标体系研究综述》，《统计与决策》2021年第2期。

[③] John Gordon, Amrik S. Sohal, "Assessing manufacturing plant competitiveness – An empirical field study", International Journal of Operations & Production Management, 2001, 21 (1/2).

究,基于对加拿大和澳大利亚制造企业成功与失败案例的实地调研,以22项绩效指标为定量分析依据,识别出各类型制造企业竞争力差异的原因。Pretorius等(2003)[1]以南非汽车工业发展计划为政策背景,基于文献研究和财务数据调研,对南非七家汽车制造商盈利能力和竞争力进行评价,指出南非本土汽车制造商应强化当代管理技术的应用。Thorsten等(2004)[2]基于对欧洲制造业敏捷性的考察以定量评价企业国际竞争力,评价环节包括企业产品设计、制造系统设计、操作系统配置等,并指出提升特定组合的敏捷性可有效提升制造业整体竞争力。Godfrey等(2005)[3]基于PIE分析框架,定量评价了国际标准(ISOs)制定实施对中国南方和东南地区出口导向型制造业的国际竞争力,分析发现ISOs与企业成长周期直接相关,企业竞争力的持续提升可有效降低实施新ISOs所带来的额外成本和负面影响。Victoria(2007)[4]对小企业间点对点合作进行了评价,通过对小企业合作过程中第三方合作动机与驱动因素的定量测算,发现小企业间可通过现有技术及产品设计的创新来维持或改善其供应链地位。Luciano(2008)[5]基于李嘉图-密尔模型对低收入国家中制造业产品出口竞争力进行评价,研究发现在低收入国家中控制工人从传统自给部门向现代部门转移过程中的成本,将会对高收入国家制造业竞争力产生溢出效

---

[1] Pretorius, I. M., Visser, S. S., Bibbey, F. J., "Contemporary management accounting for the sustainable competitiveness of the South African motor manufacturing industry", *Meditari: Research Journal of the School of Accounting Sciences*, 2003, 11.

[2] Thorsten Blecker, Gunter Graf, "Assuring the Competitiveness of European Manufacturer through Changeability in Manufacturing", *Zagreb International Review of Economics and Business*, 2004 (1).

[3] Godfrey Yeung, Vincent Mok, "What are the impacts of implementing ISOs on the competitiveness of manufacturing industry in China?", *Journal of World Business*, 2005, 40 (2).

[4] Victoria Hanna, "Exploiting complementary competencies via inter-firm cooperation", *Int. J. of Technology Management*, 2007, 37 (3/4).

[5] Luciano Boggio, "Long-run effects of low-wage countries growing competitiveness and exports of manufactures", *Structural Change and Economic Dynamics*, 2008, 20 (1).

应。Andrea 等（2009）[①]考察了碳定价政策导致的能源价格变动对美国能源密集型制造业产业竞争力的影响，通过对钢铁、铝、化工、造纸等典型化石燃料工业的数据分析发现，碳定价气候政策对未来 20 年美国能源密集型制造业竞争力有重大影响，而影响程度会因低碳或无碳技术的使用出现差异。Harry（2010）[②]研究了技术变革在生产率增长与制造业竞争力变动过程中的作用，通过拟合 1968—1999 年澳大利亚 38 个制造业部门双重成本函数对技术变革进行估算，研究发现各行业技术变革均显著节省了劳动力成本，但对资本或原料成本的节约程度有较大差异。Ali 等（2010）[③]采用便利抽样和多元分析研究了马来西亚制造业数字化供应链集成能力对企业竞争力的影响，结果发现供应链流程整合的三维度对企业竞争力均具有显著的统计学意义，但信息流整合比实体流整合和财务流整合的影响程度更大，指出马来西亚制造业进一步加强卓越运营、收入增长和客户关系方面的能力，同时加大信息技术基础设施建设。Han 等（2011）[④]研究了温室气体减排对高耗能制造业竞争力的影响程度，以制造企业进口价格和工资为自变量，通过 ECM 模型测算高耗能制造企业定价能力分析制造企业对减排的抗压能力，结果发现石油产品、化工产品、非金属矿产品、纺织和汽车等具有价格决定权，在应对减排方面更具有竞争力。Daniela 等（2011）[⑤]采用随机前沿模

[①] Andrea M., Bassi, Joel S Yudken, Matthias Ruth, "Climate policy impacts on the competitiveness of energy-intensive manufacturing sectors", *Energy Policy*, 2009, 37 (8).

[②] Harry Bloch, "Technological Change in Australian Manufacturing", *Australian Economic Review*, 2010, 43 (1).

[③] Ali Hussein Zolait, Abdul Razak Ibrahim, V. G. R. Chandran, Veera Pandiyan Kaliani Sundram, "Supply chain integration: an empirical study on manufacturing industry in Malaysia", *Journal of Systems and Information Technology*, 2010, 12 (3).

[④] Han Minjeong, Kim Youngduk, "Competitiveness of Energy Intensive Manufacturing Industries on Greenhouse Gas Mitigation Policies: Using Price Setting Power Model", *Environmental and Resource Economics Review*, 2011, 20 (3).

[⑤] Daniela Schettini, Carlos R, Azzoni, Antonio Paez, "Neighborhood and Efficiency in Manufacturing in Brazilian Regions", *International Regional Science Review*, 2011, 34 (4).

型分析了巴西不同区域制造业竞争力的地理特征，利用马尔科夫空间转移矩阵对 2000—2006 年期间巴西 137 个地区典型企业区域效率进行测算，结果发现地理因素对制造业竞争力有重要影响，竞争性较强的相邻区域会产生较为明显的拉动效应。Veera 等（2011）[①] 基于供应链管理实践，设计便利抽样和自我管理调研问卷对马来西亚电子行业供应链绩效进行考察，并采用基于方差的结构方程模型对供应链实践与绩效进行定量检验，以此为提升电子行业供应链绩效提出新的思路。Maria（2011）[②] 基于全球化和经济一体化背景对波兰制造业部门竞争力进行评价，并定量研究研发支出和创新支出对制造业总增加值、销售产值和劳动生产率的影响，指出通过技术聚合提升波兰制造业整体竞争力。Son 等（2012）[③] 基于制造业在韩国经济中的主体地位，通过收集制造现场数据和指标对韩国中小型制造企业生产率进行测算，研究中小企业现场和实际管理因素对生产效率的影响，并从现场管理角度指出提升中小制造企业竞争力的途径。Irene 等（2013）[④] 采用广义矩阵面板模型评估欧元区制造业竞争力，论文选取 1970—2007 年样本数据对欧洲企业和行业国际竞争力进行测算，从相关系数估计值可知劳动力和资本报酬变化并没有完全传递给制造业竞争力。Sam 等（2013）[⑤] 基于全球绿色经济兴起大背景，选取 2005—2007 年 8 个国家 110 个制造业部门

---

① Veera Pandiyan Kaliani Sundram, Abdul Razak Ibrahim, V. G. R. Chandran Govindaraju, "Supply chain management practices in the electronics industry in Malaysia", *Benchmarking: An International Journal*, 2011, 18 (6).

② Maria Grzelak, "Innovation Activity and Competitiveness of Manufacturing Divisions in Poland", *Comparative Economic Research*, 2011, 14 (1).

③ Son Soo Hyun, Seo Shin Won, Lee Hyoung Wook, Bae Sung Min, "Connecting Productivity Index to Shop-Floor Manageable Indices to Enhance Competitiveness of Manufacturing Industry", *Advanced Science Letters*, 2012, 13 (1).

④ Irene Fafaliou, Michael L, Polemis, "Competitiveness of the Euro Zone Manufacturing: A Panel Data Analysis", *International Advances in Economic Research*, 2013, 19 (1).

⑤ Sam Fankhauser, Alex Bowen, Raphael Calel, Antoine Dechezleprêtre, David Grover, James Rydge, Misato Sato, "Who will win the green race? In search of environmental competitiveness and innovation", *Global Environmental Change*, 2013, 23 (5).

专利数据与国际贸易和产出数据，测算各国制造业部门绿色竞争力水平及影响因素，研究发现绿色创新、各部门比较优势以及部门产出量是各部门提升绿色竞争力的关键因素，从国家层面看，日本和德国最有可能从绿色经济中提升制造业竞争力水平。Nezal 等（2014）[1] 研究企业创新经营战略对企业竞争力提升的中介作用，采用结构方程模型对马来西亚201家公司采用创新运营策略后的调查数据进行分析，结果发现该创新运营战略对小型制造企业竞争力提升尤为重要。Aleksandra 等（2015）[2] 以1995—2009年间19个欧盟国家制造业数据为基础，采用空间面板计量模型，研究欧盟制造业出口竞争力与加工业竞争力之间的变动关系，研究发现国外需求规模、国内需求价值、ULC水平、外国市场开放程度、部门劳动生产率等与欧洲制造业出口竞争力有相关性。Daniela 等（2015）[3] 指出保持制造业竞争力应保证在部门层面和宏观层面的双重领先，论文选取罗马尼亚2003—2008年和2008—2013年期间近3000家中型制造企业增加值、就业程度、收入等指标进行综合评价，研究发现罗马尼亚制造业竞争力与其他发达国家相比尚存在一定差距。Ionica（2015）[4] 基于中小企业生态创新背景，对欧洲112家中小企业如何通过技术创新减少环境影响以持续提升企业竞争力进行探讨，实证结果发现，制造业、环保业、建筑业等中小企业生态创新对企业竞争力提升效果明显，并能对环境、经济、社会产生正向溢出效果。

---

[1] Nezal Aghajari, Aslan Amat Senin, "Strategic orientation, innovative operation strategies, and competitiveness of small firms in face of uncertainty: evidence from the Malaysian manufacturing firms", *Int. J. of Business Competition and Growth*, 2014, 3 (3).

[2] Aleksandra Kordalska, Magdalena Olczyk, "Impact Of The Manufacturing Sector On The Export Competitiveness Of European Countries-A Spatial Panel Analysis", *Comparative Economic Research*, 2015, 17 (4).

[3] Daniela Livia Trascajméno, Mirela Aceleanu, "Assessing the Competitiveness of Romanian Manufacturing Industry", *Procedia Economics and Finance*, 2015, 30.

[4] Ionica Oncioiu, "Eco-Innovation in European SMEs: between Limitation and Possibilities", *EIRP Proceedings*, 2015, 10 (1).

Johannes（2016）①在考察中亚经济体生产和出口结构多样化现状基础上，探讨中亚五国制造业竞争力状况及提升途径，采用重叠和替代分析测算中亚五国现有技术和创新文化与制造业竞争力的相关性，提出提升竞争力的关键政策包括创建有效的行政机构、对外资有利的商业环境以及有效的人力资源开发和基础设施建设。Krivorotov等（2017）②认为持续提升制造业和高技术部门竞争力对俄罗斯国民经济发展有决定性作用，论文构建了一个模块化的竞争力指标体系，对俄罗斯大型工业综合体和工业园区竞争力进行评价，并对俄罗斯电工行业龙头企业进行案例研究，指出相关企业竞争力提升的主要问题和瓶颈。Manoj等（2018）③根据印度管理层和决策者立场背景对印度电子制造业在产业层面的竞争力及其影响因素进行评估，通过采用解释性结构模型、模糊矩阵以及层次分析法对印度制造企业竞争力关键影响因素进行识别和评价，研究发现印度政府角色和外汇市场具有显著的高驱动力，资本资源可用性和生产率则具有高度依赖性，政府应制定"印度制造"计划持续提升电子制造企业竞争力。Lukmandono等（2018）④采用SEM模型评估制造业竞争力的影响因素，结果表明验证性因子分析中各结构均达到预定拟合优度，各发展变量对制造业指标以及制造业特征变量对产业竞争力模型的影响超过20%。Mehdi等（2018）⑤采用1990—2013年期间印度45个行业出口数据和行业特定国际相对价格，分析了印度出口产品价格收

---

① Johannes Linn, "Creating a Competitive and Innovative Manufacturing and Service Economy", *Global Journal of Emerging Market Economies*, 2016, 8 (2).

② V. V. Krivorotov, A. V. Kalina, V. D., Tretyakov, "Research and assessment of competitiveness of large engineering complexes", *SHS Web of Conferences*, 2017, 35.

③ Manoj Kumar Singh, Harish Kumar, M P Gupta, Jitendra Madaan, "Competitiveness of Electronics manufacturing industry in India: an ISM-fuzzy MICMAC and AHP approach", *Measuring Business Excellence*, 2018, 22 (1).

④ Lukmandono, Minto Basuki, Jaka Purnama, "Identification of Competitiveness Variable for Manufacturing Industries with SEM Model Approach", *Industrial Engineering & Management*, 2018, 7 (2).

⑤ Mehdi Raissi, Volodymyr Tulin, "Price and income elasticity of Indian exports—The role of supply-side bottlenecks", *Quarterly Review of Economics and Finance*, 2018, 68.

入弹性及供给侧瓶颈对制造业出口竞争力的影响，结果发现印度制造业出口竞争力对价格、世界需求、供给侧约束尤其是能源短缺等因素反应敏感。Ngo等（2019）[1]采用随机前沿分析（SFA）对2010—2016年越南制造业成本效率和生产率进行调研和分析，结果发现国家和地区政策对制造企业生存发展环境的营造尤为重要，规模大、历史久、出口导向的企业竞争力更强，新技术研发和实施更有利于企业竞争力的保持和提升。Cho等（2019）[2]基于第四次工业革命数字化转型背景数字孪生技术对增强制造业竞争力的关键作用，在总结制造业数字化转型中数字孪生技术特征基础上实证验证了影响数字孪生技术的关键因素，结果表明数字孪生技术数据化、智能化对制造业产品性能期望、工作期望、社会影响等均有重要的影响。Jaleh（2020）[3]通过对20位食品类制造业管理者和专家的访谈，并基于扎根理论和MaxQDA软件对访谈进行分析，构建包括因果条件、干预条件、出口战略等指标的竞争力发展模型对食品出口制造业企业竞争力进行评价，结果发现各制造企业出口竞争力动态能力有较大差距，应重视在组织层面和制度层面的建设。Gareth等（2020）[4]研究了国家层面制造业国际竞争力水平的测算与形成机制，论文采用Ward算法构建制造业竞争力指数（MCI）以衡量竞争力差距、集群绩效、技术优先级等，结果发现南非制造业竞争力水平尚存在较大差距，提升研究能力、技术引进以及选择合适的制造业项目是提升竞争力的关键途径。

---

[1] Thanh Ngo, Tu Le, Son H. Tran, Anh Nguyen, Canh Nguyen, "Sources of the performance of manufacturing firms: evidence from Vietnam", *Post – Communist Economies*, 2019, 31（6）.

[2] Cho Yong Won, Im Eun Tack, Gim Gwang Yong, "A Study on the Factors Affecting Usage Intention of Digital Twin Technology in Product Design", *Journal of Information Technology Services*, 2019, 18（3）.

[3] Jaleh Farzaneh Hassanzadeh, "Competitiveness development model of manufacturing firms from dynamic capabilities perspectives", *Global Business and Economics Review*, 2020, 24（1）.

[4] Gareth Earle Gates, Olufemi Adetunji, "Repositioning a country for global manufacturing competitiveness: a case of South Africa", *Competitiveness Review: An International Business Journal*, 2020, 30（2）.

鉴于制造业对国民经济发展的支柱作用，国内学者也采用多种定量方法对制造业尤其是中国制造业的国际竞争力开展了广泛的研究。陈红儿等（2002）[1] 在界定区域产业竞争力基础上，选取一组评价指标构建区域产业竞争评价体系，采用主成分分析法对浙江省制造业产业竞争力进行实证研究，并对如何提升浙江省制造业产业竞争力提出对策建议。柯王俊（2006）[2] 在计量方法上采用加权指数法和数据包络法，实证研究中国与日韩等国船舶制造业竞争力的差异，并利用标杆法制定评价标准，结果发现相较日韩两国，中国船舶制造业国际竞争力尽管仍处于较低水平，但中国投入产出率处于优势地位。沈岚（2006）[3] 选取环境、资源、能力等多种要素构建制造业核心竞争力评价体系，对中国船舶制造业进行定量评价，并提出成本领先、品牌及人才等多种战略组合以及寻求战略联盟等对策建议。赵金楼等（2007）[4] 从微观企业视角选取环境、能力、实力、绩效、适应能力等一级指标构建制造业核心竞争力评价体系，利用全息雷达图从 53 个分指标对所选取企业核心竞争力要素进行模拟评价，基于结果对提升制造业行业竞争力提出对策建议。赵振全等（2007）[5] 运用分层聚类法构建制造业竞争力评价体系，对上海、宁波、杭州、青岛、深圳等七个沿海城市产业竞争力进行综合评价，结果发现各城市产业竞争力指数存在较大差异，各城市高新技术产业规模和对外竞争力也有较大的空间差距。王章豹等（2007）[6] 认为制造业市场竞争力取决于制造业技术创新能力，论文构建技术创新能力和产业竞

---

[1] 陈红儿、陈刚：《区域产业竞争力评价模型与案例分析》，《中国软科学》2002 年第 1 期。

[2] 柯王俊：《我国船舶工业国际竞争力评价和竞争风险研究》，博士学位论文，哈尔滨工程大学，2006 年，第 64—78 页。

[3] 沈岚：《我国船舶制造企业核心竞争力研究》，硕士学位论文，上海社会科学院，2006 年，第 32—40 页。

[4] 赵金楼、邓忆瑞：《我国船舶制造企业核心竞争力评价模型研究》，《科技管理研究》2007 年第 9 期。

[5] 赵振全、王朝晖：《沿海城市制造业竞争力比较研究》，《未来与发展》2007 年第 3 期。

[6] 王章豹、李垒：《我国制造业技术创新能力与产业竞争力的灰色关联分析》，《科学学与科学技术管理》2007 年第 7 期。

争力评价体系，采用灰色关联分析和信息熵法对我国制造业中 29 个行业进行测算，根据结果分析技术创新能力对产业竞争力的影响程度并提出对策建议。马道明等（2007）[①] 针对江苏省高资源消耗型产业粗放式经营产生的资源短缺，首先采用资源消耗指数法对江苏省 12 中高资源消耗型产业进行甄别，之后构建产业竞争力评价体系，采用因子分析法对高资源消耗型产业竞争力进行评价，结果表明多数高资源消耗型产业竞争力偏低，应从产业结构调整、重点行业规划和管理优化角度进行调控。赵金楼等（2008）[②] 基于船舶制造业科技创新能力的关键作用，采用多因素分析法构建创新能力评价体系，基于测算结果提出通过促进船舶制造业创新能力提升整体国际竞争力。郭晖等（2008）[③] 认为制造业竞争力是一种包括市场影响力、资源配置效率、创新能力等在内的综合能力，可保证企业在资源或市场竞争中的优势，通过构建西部制造业竞争力评价体系，采用因子分析法对西部制造业综合竞争力和行业竞争力进行评价。韦福雷等（2009）[④] 基于装备制造业对国家经济的基础作用，采用 Fuzzy-AHP 构建竞争力评价模型，对黑龙江省装备制造企业竞争力进行评价，并基于结果提出提升竞争力的对策建议。陈新辉（2009）[⑤] 基于国际竞争力比较理论，选取市场占有率、销售利润率、新产品销售比率等指标构建评价体系，以 2003—2006 年京、沪、粤、苏、鲁、浙等沿海省域面板数据测算各省域制造业国际竞争力，并分析

[①] 马道明、黄贤金：《江苏省高资源消耗型产业甄别与竞争力评价研究》，《中国人口·资源与环境》2007 年第 5 期。

[②] 赵金楼、徐小峰、邓忆瑞：《网络环境下船舶行业创新能力评价体系研究》，《科学管理研究》2008 年第 1 期。

[③] 郭晖、彭晖、李忠斌：《西部地区工业竞争力的实证研究》，《黑龙江民族丛刊》2008 年第 1 期。

[④] 韦福雷、胡彩梅：《基于 Fuzzy-AHP 的黑龙江省装备制造企业竞争力评价方法研究》，《科技管理研究》2009 年第 5 期。

[⑤] 陈新辉：《北京高技术制造业竞争力评价与趋势分析——基于面板数据的因子分析》，《科技管理研究》2009 年第 10 期。

影响国际竞争力的关键因子。徐晓菊（2009）[①] 以国内河南省为样本，采用偏离——份额分析法对河南省工业竞争力及产业结构进行评价，并根据结果对河南省产业政策提出对策。刘家国等（2009）[②] 在综合多个变量基础上加入技术和成本曲面积分变量，构建中国船舶制造业国际竞争力评价模型，评价结果发现中国船舶制造业国际竞争力与技术变量成正相关，但进一步提升国际竞争力难度将显著提升。夏楠楠等（2010）[③] 采用层次分析法构建汽车制造业竞争力评价体系，并采用该体系对中西部地区汽车制造业进行评价，基于评价结果提出提升竞争力对策建议。陈宏（2010）[④] 在构建制造业竞争力评价体系基础上，采用因子分析法对河南省典型制造业竞争力进行评价，结果发现科技创新能力、企业效率和产业基础是制约制造业竞争力提升的主要原因。王以恒（2010）[⑤] 选取 TC、RCA、市场占有率和贸易价格比等指标构建船舶制造业国际竞争力评价体系，并采用结构方程对结果进行分析，研究发现中国船舶制造业国际竞争力处于上升趋势，但产品结构仍需要调整。姚晓芳等（2010）[⑥] 在界定装备制造业统计范围基础上，构建装备制造业竞争力评价体系，在选取 2008 年合肥经济普查数据基础上采用主成分分析法对合肥市装备制造业竞争力进行评价，基于评价结果提出提升竞争力的对策建议。黄金莹（2011）[⑦] 通过整理制造业数据，采用因子

[①] 徐晓菊：《河南工业竞争力评价——基于偏离—份额分析》，《河南社会科学》2009年第6期。

[②] 刘家国、吴冲、赵金楼：《基于技术与成本曲面积分的船舶工业国际竞争力模型研究》，《哈尔滨工程大学学报》2009年第5期。

[③] 夏楠楠、徐晟、刘军航：《中西部地区汽车制造业竞争力的多层次灰色评价》，《统计与决策》2010年第2期。

[④] 陈宏：《河南省工业竞争力研究——基于因子分析方法》，《河南社会科学》2010年第2期。

[⑤] 王以恒：《中国船舶制造业国际竞争力的结构分析》，《经营管理者》2010年第1期。

[⑥] 姚晓芳、张仁华、侯瑞武：《基于主成分分析的合肥市装备制造业竞争力评价和对策研究》，《中国科技论坛》2010年第9期。

[⑦] 黄金莹：《山东省船舶制造业竞争力研究》，硕士学位论文，长春工业大学，2011年第16—26页。

分析法对山东船舶制造业国际竞争力进行定量评价,结果发现技术水平与基础设施在一定程度上制约山东省船舶制造业竞争力提升。韩笑(2011)[①]综合变异系数法和灰色关联度分析法对中国船舶制造业国际竞争力从时间序列和日韩截面数据进行纵横比较分析,基于结果对中国船舶制造国际竞争力发展趋势进行预判。戴磊等(2012)[②]结合主成分分析和聚类分析法,构建制造业产业竞争力多指标评价体系,基于该体系对新疆36个产业部门综合竞争力及重要指标竞争力进行评价和排序,通过聚类将36个部门分为五大类,在对评价结果进行分析基础上提出对策建议。程华等(2012)[③]构建了技术创新效率和产业竞争力评价体系以及基于离差系数的协调性测度模型,采用主成分分析评价浙江省制造业技术创新效率、产业竞争力和协调性指数,结果发现浙江省制造业中协调型与失调型比例相当,基于评价结果对技术创新与产业竞争力协调发展提出对策建议。敬莉等(2013)[④]采用偏离份额方法综合制造业附加值率和区位熵以测度新疆制造业竞争力,结果表明新疆制造业中辐射作用强的产业仍集中于资源密集型支柱产业,应发挥支柱产业联动效应、充分利用内地至中亚市场以及发挥产业集群效应。王钰(2013)[⑤]基于气候变暖低碳经济成为各国主流发展模式背景,从低碳经济视角对制造业国际竞争力评价进行重构,论文集中于产业规模、效率、市场、创新和低碳化等核心指标,采用AHP进行赋权后对1995—2010年中国制造业中28个产业国际

[①] 韩笑:《我国船舶产业国际竞争力评价研究》,硕士学位论文,哈尔滨工程大学,2011年,第63—76页。
[②] 戴磊、孙慧、任巍、欧娜:《基于主成分和聚类分析的新疆36个产业部门竞争力研究》,《新疆大学学报》(哲学·人文社会科学版)2012年第3期。
[③] 程华、董丽丽、胡征月:《技术创新效率与产业竞争力的协调性研究——基于浙江省制造业的研究》,《科技与经济》2012年第5期。
[④] 敬莉、郑广坤:《基于偏离—份额分析法的新疆制造业产业竞争力评价》,《新疆大学学报》(哲学·人文社会科学版)2013年第1期。
[⑤] 王钰:《应用AHP方法对产业国际竞争力评价的研究——1995—2010年中国制造业低碳经济的验证》,《经济学家》2013年第3期。

竞争力进行测度，结果表明高能耗制造业国际竞争力受低碳经济影响较大。齐阳等（2014）①选取在经济和国防中具有战略性基础作用的装备制造业进行研究，采用因子分析定量评价我国装备制造业空间布局内产业竞争力，结果发现我国装备制造业产业竞争力按空间布局划分呈现出梯度分布。戴兰等（2016）②认为产业竞争力对黄三角高效生态经济区区域竞争力具有战略意义，通过构建产业竞争力评价体系并运用主成分分析法对黄三角制造业产业竞争力进行评价，结果发现区域内优势产业与劣势产业分化明显，加强优劣势产业之间联动是提升整体竞争力的有效途径。张玉行等（2016）③采用包含多个并联决策单元的灰色动态DEA模型，对中国不同空间分布和行业类型的装备制造业效率进行评价，结果显示"十二五"期间我国装备制造业效率并没有达到最优，东部地区效率值比其他地区更低，高科技行业效率更高。郑学党（2017）④从价值创造、价值实现、价值分配层面构建制造业竞争力评价体系，选取2009—2014年数据对中国不同空间分布制造业价值竞争力进行测度，研究发现中国制造业竞争力水平整体较低，不同空间分布制造业竞争力差别较大，而且各区域制造业竞争力在价值创造、实现或分配上各具特点。孙婷等（2017）⑤认为后金融危机时代制造业对经济增长具有关键作用，论文在构建FRIT评价框架基础上采用熵值法对我国制造业竞争力进行实证分析，结果发现我国制造业竞争力呈现出波动上升，不同区域制造业竞争力有较

---

① 齐阳、王英：《基于空间布局的中国装备制造业产业竞争力评价研究》，《经济问题探索》2014年第8期。
② 戴兰、李伟娟、赵长在、赵婷婷：《基于主成分分析的黄三角高效生态经济区产业竞争力的评价研究》，《生态经济》2016年第5期。
③ 张玉行、王英：《中国装备制造业竞争力评价——基于动态DEA与灰关联度方法》，《科技管理研究》2016年第24期。
④ 郑学党：《中国制造业价值竞争力评价及空间差异研究》，《经济经纬》2017年第3期。
⑤ 孙婷、余东华、李捷：《基于FRIT框架的制造业国际竞争力评价研究——兼析环境规制的非线性效应》，《经济问题探索》2017年第9期。

大差距，要素价格与制度对制造业竞争力有明显正向作用，而环境规制对制造业竞争力存在非线性关系。周五七（2018）[①]认为新形势下长三角传统优势产业制造业面临转型升级压力，论文选取长三角15个城市2006—2014面板数据，采用主成分分析法对城市制造业竞争力进行动态比较，研究发现长三角城市制造业竞争力整理呈现出先降后升"U"形趋势，不同城市间制造业竞争力存在差距，但差距具有收敛性特征，最后从资源竞争力、技术竞争力、发展潜力分析不同城市制造业综合竞争力差距的来源。杨成玉（2018）[②]认为新一轮全球产业格局变革中，提升中国高端制造业上市公司国际竞争力至关重要，论文从管理能力、财务水平、投资绩效、发展潜力四个维度构建评价体系，选取100家中欧高端制造业上市公司数据进行评价和比较，结果发现中国高端制造业国际竞争力尚存在差距，中国制造业上市公司应加强内部激励、资本运营、人力资源管理以及技术国际化以提升整体国际竞争力水平。胡璇等（2019）[③]对江苏省战略性新兴制造业竞争力水平进行了研究，论文采用因子分析法提取经济发展、资产利用、产业销售、产业发展等主因子对江苏省新兴制造业竞争力进行评价，结果发现江苏省战略性新兴产业竞争力有一定差异，支柱性产业竞争力最大。明星等（2020）[④]对居于国家工业核心地位的装备制造业竞争力展开研究，论文基于聚类分析构建装备制造业竞争力评价体系，测算各省份装备制造业竞争力，基于计算结果回归分析装备

[①] 周五七：《长三角城市制造业竞争力动态评价研究》，《经济问题探索》2018年第4期。
[②] 杨成玉：《中欧高端制造业国际竞争力比较研究——基于上市公司层面的实证分析》，《欧洲研究》2018年第3期。
[③] 胡璇、张宏远、纪延光：《江苏省战略性新兴产业竞争力研究——基于因子分析视角》，《科技管理研究》2019年第7期。
[④] 明星、胡立君、王亦民：《基于聚类分析的区域装备制造业竞争力评价研究》，《宏观经济研究》2020年第6期。

制造业竞争力影响因素并提出对策建议。梁树广等（2020）[①]基于传统钻石模型，融入产业、区域以及质量竞争力以构建区域制造业竞争力评价模型，采用熵值法对各指标赋权后对各区域制造业竞争力进行定量评级，结果发现制造业竞争力在省域、区域层面差距较为明显，不同区域制造业竞争力驱动类型也存在较大差异，论文从质量理念、基础设施、技术研发等方面提出提升竞争力的对策建议。

综合来看，国内外学者采用多种定量方法对不同层面制造业展开了多角度评价，从定量方法来看，包括因子分析法、灰色关系分析法、主成分分析法、DEA、偏离份额分析法以及随机前沿模型、面板回归等计量分析方法；从研究区域来看，既有国际层面与国家层面的宏观分析，也有区域或省域层面的中观分析，同时也不乏城市或县域层面的微观分析；从制造业类型来看，既包括汽车制造、船舶制造等传统制造业，也包括高新技术、战略性新兴、装备制造等制造业。由此看出，制造业竞争力对一国经济具有举足轻重的作用，保持和提升制造业竞争力仍将是世界经济新格局下各国重点关注的焦点。

三 发达国家再工业化战略对东道国制造业影响相关研究

发达国家再工业化战略包括一系列国内工业振兴以及海外工业投资回撤等措施，该战略实施不仅对发达国家产业结构重塑具有积极的作用，显然也会对东道国制造业竞争力产生重要的影响。关于再工业化战略对母国与东道国的影响，国内外学者研究视角具有较大的差异，国外学者尤其是发达国家学者，更多是基于母国视角，对再工业化战略进行综合评价，国内学者则更多聚焦于再工业化战略实施对东道国国内产业结构、产业竞争力等产生的影响。

梳理可知，再工业化战略在2008年金融危机之后成为发达国家产

[①] 梁树广、马中东、张延辉、李绍东：《基于钻石模型的区域制造业质量竞争力评价》，《统计与决策》2020年第23期。

绪　言

业发展战略的主流，国内学者相关研究多集中于 2010 年之后，并呈现出多角度、多区域、多层面趋势。赵彦云等（2012）[①]从制造业密集度、制造业与服务业融合度角度，基于中国"九五"—"十一五"投入产出表数据，分析美国再工业化战略对中国制造业产业升级和国际竞争力提升的影响，结果表明再工业化战略使得中国制造业技术密集程度与融合度提升均受到影响。姚海琳（2012）[②]在重新审视金融危机后西方国家所采取的再工业化战略后，分析总结发达国家再工业化战略内涵、路径及战略措施，并对我国制造业发展提出对策建议。宾建成（2013）[③]针对美国金融危机后新国际分工体系对作为世界制造业中心的中国产生的影响，根据中国制造业增长状况及所处产业价值链位置，认为"世界代工厂"是我国制造业短期内较为合理的选择，同时，我国制造业应充分发挥生产要素比较优势以应对欧美国家制造业回归。黄永春等（2013）[④]针对美国等发达国家"再工业化"战略与中国"去工业化"进程的不一致，基于中国制造业和服务业的交互外部性设计模型实证，研究发现中国与美国工业化战略的差异源于两国服务业质量的差异，通过实施"去工业化"或"再工业化"以纠正产业结构失衡，寻求制造业与服务业协调共进。崔日明等（2013）[⑤]在分析美国"再工业化"战略实施效果基础上，聚焦测度美国再工业化战略对中国制造业影响，研究发现再工业化战略将影响中国传统制造业产品出口并加剧中美先进制造业领域竞争，积极培育中国制造业新型出口产品并加速产

[①] 赵彦云、秦旭、王杰彪:《"再工业化"背景下的中美制造业竞争力比较》，《经济理论与经济管理》2012 年第 2 期。
[②] 姚海琳:《西方国家"再工业化"浪潮：解读与启示》，《经济问题探索》2012 年第 8 期。
[③] 宾建成:《新国际分工体系下中国制造业发展方向与对策》，《亚太经济》2013 年第 1 期。
[④] 黄永春、郑江淮、杨以文、祝昌静:《中国"去工业化"与美国"再工业化"冲突之谜解析——来自服务业与制造业交互外部性的分析》，《中国工业经济》2013 年第 3 期。
[⑤] 崔日明、张婷玉:《美国"再工业化"战略与中国制造业转型研究》，《经济社会体制比较》2013 年第 6 期。

业升级可有效降低再工业化影响程度。杨春蕾（2013）[①] 基于再工业化战略背景下中国制造业发展的有利因素和制约因素分析，对中国制造业发展现状及发展方向进行剖析，研究发现，中国制造业可借助再工业化，加快向发达国家投资和高端制造业升级，并通过加强区域合作以增强制造业国际竞争力。邢华彬等（2013）[②] 认为美国再工业化是金融危机影响下美国保持国际竞争优势的战略举措，该战略对我国制造业转型升级将产生深远影响，我国应从延伸制造业产业链、发展战略性新兴制造业、提升制造业自主创新能力、促进人力资本等方面积极应对。盛垒等（2014）[③] 认为奥巴马政府出台并推进的再工业化战略已初显成效，全球产业分工格局将出现深刻变化，中国制造业应针对新的产业布局及时调整，加快产业转型升级。王芳等（2014）[④] 指出美国再工业化战略意在重构产业链以重新抢占制造业优势，该战略对我国传统制造业和高端制造业发展均产生挤压和遏制效果，并将撤回对华直接投资和加剧中美贸易摩擦，中国应积极推动制造业转型升级、扩大内需、转变贸易方式以及发挥政府采购作用以应对相关影响。邵桂兰等（2014）[⑤] 认为欧美等发达国家再工业化战略对全球经济格局产生重要影响，中国制造业也面临较大冲击，通过以 RCA、Michaely 等指数测算中国制造业国际竞争力发现，中国低技术和高技术制造业国际竞争力较强，但受再工业化战略冲击较为明显导致低技术制造业国际竞争力有所下降。丁平（2014）[⑥]

[①] 杨春蕾：《全球"再工业化"背景下中国制造业发展对策研究》，《苏州大学学报》（哲学社会科学版）2013年第6期。

[②] 邢华彬、庞志：《美国再工业化战略浅析——兼论我国的对策》，《现代管理科学》2013年第12期。

[③] 盛垒、洪娜：《美国"再工业化"进展及对中国的影响》，《世界经济研究》2014年第7期。

[④] 王芳、胡峰、王晓萍：《美国"再工业化"对中国制造业的影响与对策》，《科技管理研究》2014年第14期。

[⑤] 邵桂兰、孙婧、张然：《再工业化对中国制造业国际竞争力影响研究》，《东岳论丛》2014年第7期。

[⑥] 丁平：《美国再工业化的动因、成效及对中国的影响》，《国际经济合作》2014年第4期。

绪　言

首先对奥巴马政府强力推行的再工业化战略背景和动因进行剖析,认为该战略将在长期对中国制造业产值、就业、出口等多个层面带来深重挑战,但同时也为中国制造业转型升级创造了机遇。郭进等(2014)[①]认为美国再工业化战略实质是依托数字和新能源技术引领的产业革命,该战略将影响中美贸易秩序的同时会加大中美制造业技术差距,倒逼中国产业结构转型升级,中国应积极培养科技人才、走科技创新之路以应对该战略影响。孙黎等(2015)[②]认为美国再工业化将开启国际竞争新秩序,该战略对美国实体经济复苏和制造业与服务业融合已产生积极成效,同时对中国制造业发展格局也产生明显影响,中国对美直接投资发生跃升式增长的同时应鼓励制造企业走出去。陈卫东(2015)[③]指出再工业化战略使得美国制造重新向价值链高端回归,对中国制造业发展带来深重压力,中国制造业应加快技术创新和管理生产模式改革,并积极对外投资以扭转当前所处全球价值链中低端现状。郑志来(2015)[④]认为欧美国家高端制造业回归和新发展战略对我国制造业发展带来双重影响,有利于我国高端制造业确定发展方向和提升投入产出效率,但也会弱化我国制造业传统比较优势,基于此,我国应积极落实高端制造业发展基础建设,鼓励中小微企业在高端制造业中发挥作用并开展产学研跨界合作。李俊等(2016)[⑤]在再工业化实施使欧美经济明显回暖背景下研究该战略对中国制造业比较优势的影响,通过测算对比中国制造业2010年与2014年RCA发现,劳动密集型制造业减弱,而中技术和高端制造业基本不变或呈现波动减弱趋势,基于此应延长传统制造业比较优

[①] 郭进、杨建文:《美国再工业化战略对中国产业发展的影响及对策》,《经济问题探索》2014年第4期。
[②] 孙黎、李俊江:《美国"再工业化"战略的实施及其对中国企业赴美投资的启示》,《理论探讨》2015年第5期。
[③] 陈卫东:《美国再工业化战略的影响》,《中国金融》2015年第8期。
[④] 郑志来:《欧美高端制造业发展战略对我国的影响与应对》,《经济纵横》2015年第4期。
[⑤] 李俊、胡峰:《欧美再工业化五年后中国制造业比较优势现状、原因及对策——基于2010—2014年贸易数据的对比分析》,《经济问题探索》2016年第6期。

势、弥补高端制造业弱势。韩永彩（2016）[①] 认为美国再工业化战略是竞争力理论的新实践，为评价该战略影响，论文基于波特钻石模型测算中国制造业 RCA 指数，通过检验跨时面板数据分析美国再工业化战略实施前后中国制造业国际竞争力变化，结果发现中国制造业国际竞争力受外力冲击后呈明显的产业特征，鼓励技术创新和加大劳动密集型产业投入可有效降低再工业化冲击。周海蓉（2016）[②] 在梳理美国"再工业化"战略最新进展及成效基础上，认为再工业化战略从更深层创新角度对中美制造业格局产生影响，基于结果指出上海如何借鉴美国再工业化战略经验并推进制造业创新发展。李俊江等（2016）[③] 强调创新驱动对制造业重振或转型均有重要作用，美国再工业化战略可有效促进技术创新与制度创新互动，导致中美制造业竞争加剧，中国也应从技术和制度两个层面加强创新，驱动制造业转型升级。张建平（2016）[④] 金融危机促使欧盟国家实施再工业化战略，以保持其经济体内制造业优势，并加强对现有制造业中高附加值环节的重塑，该战略实施在一定程度上对中国制造业发展带来竞争，但同时可吸引中国制造业加快外向发展进度。陈汉林等（2016）[⑤] 在定性分析美国再工业化举措基础上，聚焦该战略对中国制造业的影响，结果发现再工业化战略会加速中高端制造业外资回流，并加大中美制造业技术差距和市场竞争。王颖（2016）[⑥] 认

[①] 韩永彩：《美国再工业化对中国制造业国际竞争力的影响》，《国际经贸探索》2016 年第 4 期。

[②] 周海蓉：《美国"再工业化"战略最新进展及对上海的启示》，《上海经济研究》2016 年第 4 期。

[③] 李俊江、孟勐：《基于创新驱动的美国"再工业化"与中国制造业转型》，《科技进步与对策》2016 年第 5 期。

[④] 张建平：《欧盟"再工业化"战略对我国制造业发展的启示》，《河北经贸大学学报》2016 年第 2 期。

[⑤] 陈汉林、朱行：《美国"再工业化"对中国制造业发展的挑战及对策》，《经济学家》2016 年第 12 期。

[⑥] 王颖：《美国再工业化对我国出口贸易与利用外资的影响》，《国际商务》（对外经济贸易大学学报）2016 年第 6 期。

为美国再工业化战略是其恢复实体经济活力的关键,但由于中美之间制造业合作密切,再工业化战略对中国制造业将带来多重影响,数据分析显示美国再工业化战略对我国制造业出口贸易和外资利用均有显著滞后正向影响,并进一步对国内经济状况产生波动影响。余功德等(2017)[①]认为再工业化战略是美国政府经济政策转变的标志,是美国政府从国家安全高度重新审视制造业问题,该战略体现出美国对华贸易保护增强,而特朗普政府以反全球化为核心进一步调整了再工业化战略,中国制造业将在较长时间内受到来自美国资金和技术等层面的竞争压力。冯碧梅(2017)[②]以美国制造业回流为切入点,定性定量结合分析再工业化战略对福建省产业结构影响,研究发现再工业化战略已对福建省制造业对外贸易依存度、科技研发水平、外资利用等方面对产业结构升级产生压力,重构传统产业、提升企业科技创能力、延伸产业链等可有效降低再工业化不利影响。蒋卓晔(2018)[③]指出美国再工业化战略是国内产业空心化形势下以传统制造业重塑带动高新技术和新兴产业发展的新部署,该战略将导致美国制造业回流振兴和贸易保护加剧,对中国在制造业外资引入、贸易和投资层面均产生直接影响。王展祥等(2018)[④]认为特朗普政府进一步提升再工业化执行力度,对美国企业在华投资意愿、高新技术转移以及中国传统制造业市场均产生直接影响,但再工业化也会倒逼中国制造业加大淘汰落后产能、提升整体发展理念并实现全局性均衡与高质量发展,中国应制定弹性更大的产业政策

---

① 余功德、黄建安:《美国"再工业化"的国家安全含义及其对中国的影响》,《浙江大学学报》(人文社会科学版)2017年第3期。
② 冯碧梅:《发达国家的制造业回流与福建省供给侧改革研究》,《福建论坛》(人文社会科学版)2017年第2期。
③ 蒋卓晔:《制造业回流美国背景下我国产业面临的压力及其应对》,《社会科学家》2018年第9期。
④ 王展祥、李擎:《美国"再工业化"对中国经济结构转型升级的影响及对策研究》,《江西师范大学学报》(哲学社会科学版)2018年第2期。

组合并鼓励现代制造业创新与向外发展。郭晓蓓（2018）[①]认为欧美再工业化浪潮是一次让工业重新焕发生命力的深层次变革，尽管不同国家再工业化战略实施效果有一定分化，但对中国制造业产品出口和投资已直接产生冲击，中国制造业应积极应对并加快国内产业结构优化升级，重新塑造制造业比较优势。金成（2019）[②]指出美国再工业化战略以重塑传统制造业引领高新技术创新革命，这使得中国制造业对外吸引资金难度加大并加剧制造业产品市场竞争，中国制造业应重新审视产业比较优势并走出技术创新引领发展之路。贾根良等（2019）[③]认为再工业化战略正重塑全球制造新格局，在此背景下分析典型案例重新解读再工业化的微观基础，考察邦维利安所提出创新模式与美国制造业兴衰的关联性，并以此对我国制造业转型升级和整体发展布局提供政策参考。余东华（2019）[④]指出再工业化战略实施后全球制造业出现智能化、服务化、绿色化、国际化等新趋势，制造业格局在重新调整，这使得中国制造业也面临着新的机遇与挑战，坚持创新驱动、融合提升、智能转型以及向全球价值链中高端环节提升是我国制造业应强调的发展方向。高敬峰等（2020）[⑤]指出发达国家再工业化战略导致各国国内价值链以及全球价值链分工的重构，论文采用合成控制法测算再工业化战略导致的美国制造业回流成本，之后采用面板数据固定效应模型分析美国制造业回流对中国国内价值链质量的影响，研究发现美国制造业回流显著阻碍了中国价值质量提升，该阻碍作用具有明显的行业异质性，中国应提升企

[①] 郭晓蓓：《欧美"再工业化"战略进展及对我国产业升级的启示》，《当代经济管理》2018年第3期。

[②] 金成：《我国产业应对制造业回流美国的压力研究》，《山东社会科学》2019年第3期。

[③] 贾根良、楚珊珊：《制造业对创新的重要性：美国再工业化的新解读》，《江西社会科学》2019年第6期。

[④] 余东华：《新工业革命时代全球制造业发展新趋势及对中国的影响》，《天津社会科学》2019年第2期。

[⑤] 高敬峰、王彬、宋玉洁：《美国制造业回流对中国国内价值链质量的影响研究》，《世界经济研究》2020年第10期。

业研发水平和创新能力,优化国内资源配置以应对再工业化战略的负面作用。刘俏(2020)[①]指出中国经济当前面临的问题是经济高速增长后如何继续保持全要素生产率的增速,尽管历史数据表明发达国家在工业化进程后难以维持3%的全要素生产率年均增速,但再工业化战略、新基建等可能会给中国经济有效释放新动能并保持全要素生产率增速提供可能。

综合来看,国内学者对发达国家国家再工业化战略实施对中国制造业的影响已展开多维度、多层面的研究,研究发现发达国家长期实施的去工业化和产业服务化使得国内产业结构过度失衡,2008年爆发的全球性金融危机是该失衡导致的矛盾爆发点,之后以2010年奥巴马政府签署《制造业促进法案》为标志的再工业化战略在发达国家成为产业发展的主流政策,该战略在发达国家传统制造业重构的同时将科技创新与产业升级相融合,有效吸引了海外工业投资的回流并提升国内制造业产品的市场竞争力,并由此导致以中国为代表的海外东道国制造业外资减少以及制造业贸易的竞争加剧,中国制造业应合理规避该竞争压力,抓住机遇进一步加快"走出去"进程并促进以创新驱动、智能升级为标志的制造业产业转型升级。

四 相关研究文献述评

通过对已有研究文献的梳理可知,国内外相关研究主要集中于三个方面,一是对发达国家再工业化战略的相关研究,二是对制造业竞争力评价的相关研究,三是集中于发达国家再工业化战略对东道国制造业影响的相关研究。

国内外围绕再工业化战略的相关文献集中于两个视角:第一个视

[①] 刘俏:《中国经济有没有可能再创造一个奇迹?》,《北京大学学报》(哲学社会科学版)2020年第2期。

角是对再工业化战略的基本内涵进行梳理和清晰化。在对比发达国家不同阶段所采取的再工业化措施之后，认为新阶段再工业化战略不仅仅是制造业层面的回归和重建，而是以传统工业重塑为基础，科技创新、数字智能、新能源开发等作为内核的新兴产业重构政策，旨在通过实体经济与虚拟技术有机融合以消除长期去工业化导致的国内过度服务化的产业结构失衡状态，既是对金融危机病因的反思与自我救赎，也是为保持长期竞争优势的主动求变。第二个视角是基于发达国家立场对再工业化战略实施效果的跟踪评价。再工业化战略实施，尽管内含多种创新元素以主动求变，但其也是遭受金融危机深重打击之后的痛定思痛，各项措施的实施效果充满了各种未知数。梳理可知，学者在不同国家不同时期并基于不同方法的评价结果并不一致，尽管战略实施对发达国家国内制造业促进与海外投资回流产生了一定的效果，但深层次科技创新能力、数字技术培育以及新型配套设施的建设进度参差不齐，前途未卜，而战略实施对其他国家以及世界格局的影响和随之带来的竞争压力则可能成为再工业化战略深入推进的绊脚石。

　　鉴于制造业对一国经济发展的支撑作用，国内外围绕制造业竞争力评价的相关研究数量众多，研究区域、研究区间、研究层面分门别类，从研究方法大类来看，制造业竞争力评价主要可分为定性评价与定量评价两大类。定性方法包括宏观环境分析（PEST）、SWOT分析、价值链分析、竞争力分析以及多因素对比分析等，相关文献不拘泥于统计数据，着重于研究思路的创新与研究角度的全面，对制造业竞争力现状、变化趋势及可能的影响因素进行全方位解析和探讨，研究结论具有较好的总结性和前瞻性，但在精细度方面会有所欠缺。定量方法则更加多样化，包括数据包络分析法（DEA）、主成分分析法、层次分析法（AHP）、灰色系统分析法、因子分析法、级数突变法、时间序列与面板数据计量分析、空间计量分析等各种数理统计与计量分析方法，通过构建或借鉴制造业竞争力评价体系，采用宏观或微观区域中时间序列数据、截面数据或面板数据，对制造业竞争力量化并进行多维比较，研究结果相较定性分析更为精细，但由于数据统计的缺失，定量分析与定性分析相比往往具有滞后性。

围绕再工业化战略对以中国为代表的东道国制造业竞争力影响的相关研究，主要是以2010年奥巴马政府签署《制造业促进法案》为标志的新阶段再工业化战略实施后集中展开，并在特朗普政府以"美国优先"为核心对再工业化进一步调整和加强后再度掀起研究热潮。相关研究重点探讨了再工业化战略对东道国制造业可能产生的多层面影响，短期来看，再工业化战略会直接加剧制造业产品市场和资本市场的竞争压力，导致发达国家与发展中国家间制造业产品贸易冲突和资本争夺，长期来看，再工业化战略所引领的科技创新与数字技术革命将导致世界工业甚至是整体经济的格局大调整，世界制造中心可能将不受制于劳动力或资本要素限制，而是集中于科技创新与技术驱动的核心领域。基于此，以中国为代表的东道国应在短期内防范市场竞争和资本压力带来的制造业竞争力下降，在长期内应扶持制造业基础设施建设、培育制造业科技创新和数字技术突破点、寻求国内不同行业的比较优势并抓住机遇加大开放力度，在新的竞争格局建立前力争抢占全球价值链优势地位。

综合来看，尽管国内外学者围绕再工业化战略内涵、实施效果以及对东道国制造业竞争力的影响均展开了多角度的研究，但梳理来看，仍然存在以下几个方面可进一步补充完善。首先，关于再工业化战略对制造业竞争力影响的理论框架可进一步厘清归纳，尤其是与传统西方经济学理论的内在关联。其次，相关文献关于再工业化战略的量化并没有形成较为统一的共识性成果，如何较为清晰并综合性地量化发达国家再工业化战略有待探讨。再次，再工业化战略对东道国制造业的影响并不均衡，不同区域制造业的规模、行业特征、支撑作用等差别较大，如何衡量再工业化战略在区域层面不同类型制造业的影响程度也是亟待解决的问题之一。最后，再工业化战略对制造业绿色转型影响的相关研究尚未展开，由于再工业化战略以绿色产业及新能源产业为核心支撑，这必然导致发达国家与发展中国家在绿色领域的直接竞争，因此，该方向值得关注并研究。

第三节 研究内容与研究思路

一 研究内容

基于现有相关文献的综述，将集中于以下内容展开探讨。

首先，在梳理再工业化战略对制造业竞争力影响相关理论基础上，定量测算发达国家再工业化战略，得到发达国家再工业化综合指数。通过对发达国家再工业化战略相关指标筛选赋值，以再工业化整体进程指标变化为依据，采用因子分析法量化再工业化综合指数。

其次，在定性分析中国制造业绿色转型基本面基础上，构建制造业绿色竞争力评价体系，并基于中国及各省域制造业面板数据，测算制造业绿色竞争力（MGC）指数，对制造业绿色竞争力展开综合评价，以得到中国制造业绿色转型中的时空特征。

再次，对再工业化综合指数与制造业绿色竞争力指数进行多重检验，探讨两者存在的相关关系或因果关系。采用面板数据回归分析、Bootstrap 因果检验等对两指数之间的关系进行检验，并分析由此带来的影响后果。

最后，基于实证分析结果和可能造成的影响，对制造业保持和提升绿色竞争力提出对策建议。

二 研究思路

研究思路如图 0-2 所示。

绪　言

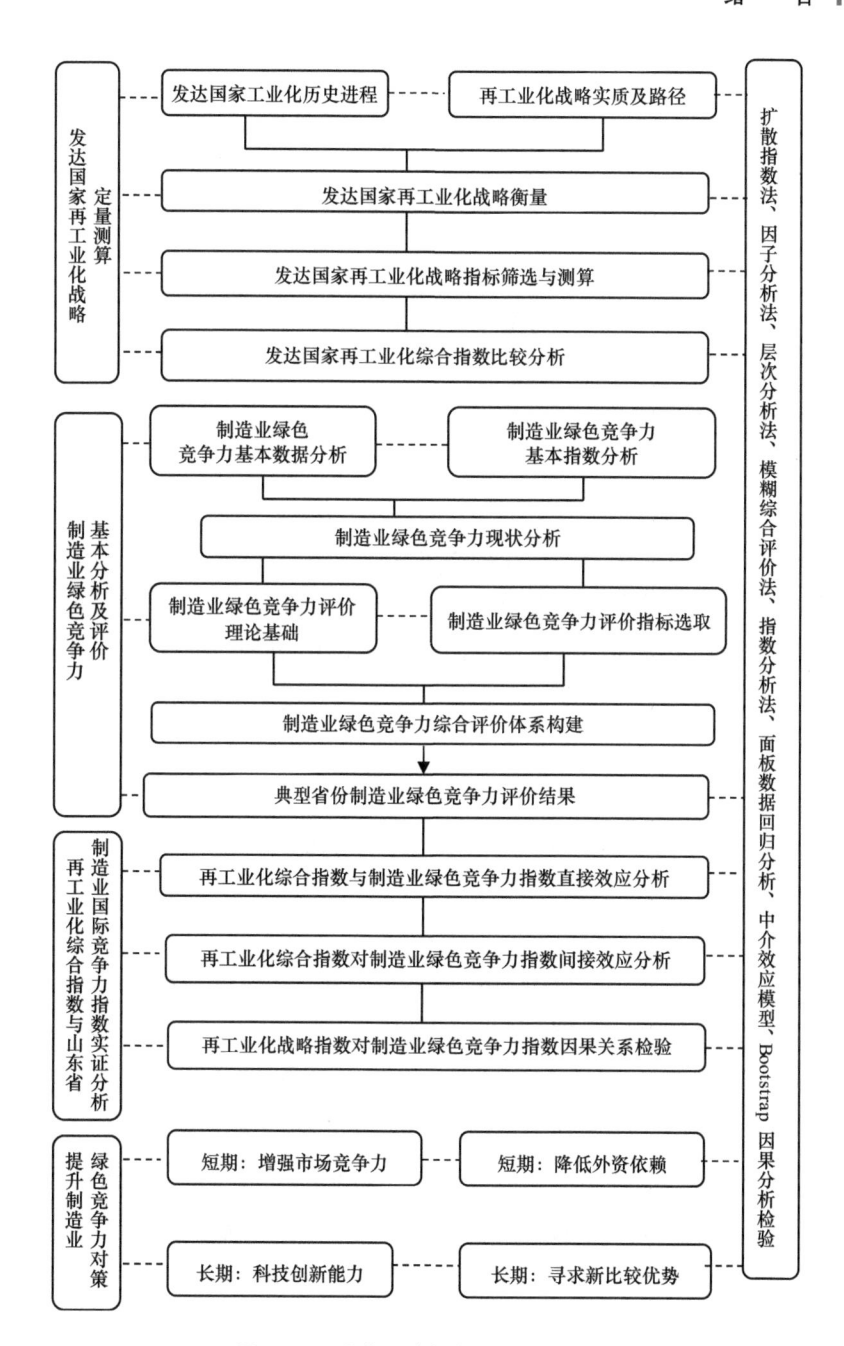

```
┌─────────────────┬──────────────────────────────────┬─────────────────┐
│ 发达国家再工业化战略 │                                  │ 扩散指数法、     │
│   定量测算       │  发达国家工业化历史进程 ── 再工业化战略实质及路径 │ 因子分析法、     │
│                 │         ↓                        │ 层次分析法、     │
│                 │  发达国家再工业化战略衡量          │ 模糊综合评价法、  │
│                 │         ↓                        │ 指数分析法、     │
│                 │  发达国家再工业化战略指标筛选与测算  │ 面板数据回归分析、│
│                 │         ↓                        │ 中介效应模型、   │
│                 │  发达国家再工业化综合指数比较分析    │ Bootstrap 因果 │
├─────────────────┼──────────────────────────────────┤ 分析检验        │
│ 基本分析及评价   │ 制造业绿色竞争力基本数据分析 ── 制造业绿色竞争力基本指数分析 │
│ 制造业绿色竞争力 │         ↓                        │                 │
│                 │  制造业绿色竞争力现状分析          │                 │
│                 │  制造业绿色竞争力评价 ── 制造业绿色竞争力评价指标选取 │
│                 │  理论基础                         │                 │
│                 │         ↓                        │                 │
│                 │  制造业绿色竞争力综合评价体系构建    │                 │
│                 │         ↓                        │                 │
│                 │  典型省份制造业绿色竞争力评价结果    │                 │
├─────────────────┼──────────────────────────────────┤                 │
│ 制造业国际竞争力 │  再工业化综合指数与制造业绿色竞争力指数直接效应分析 │
│ 再工业化综合指数 │         ↓                        │                 │
│ 与山东省实证分析 │  再工业化综合指数对制造业绿色竞争力指数间接效应分析 │
│                 │         ↓                        │                 │
│                 │  再工业化战略指数对制造业绿色竞争力指数因果关系检验 │
├─────────────────┼──────────────────────────────────┤                 │
│ 提升制造业       │  短期：增强市场竞争力 ── 短期：降低外资依赖 │                 │
│ 绿色竞争力对策   │                                  │                 │
│                 │  长期：科技创新能力 ── 长期：寻求新比较优势 │                 │
└─────────────────┴──────────────────────────────────┴─────────────────┘
```

图0-2　研究思路与基本技术路线图

· 49 ·

第一章
理论基础与概念界定

政府战略通常离不开学术理论的支撑。发达国家再工业化战略是针对特定时期产业失衡问题，呈现出阶段性变革的特征，符合经济周期理论的基本框架，而制造业竞争力评价则是以竞争力理论为基石，再工业化战略对制造业竞争力的影响及制造业竞争力的提升是以产业发展理论为架构。综合来看，经济周期理论、竞争力理论和新贸易理论构成了再工业化战略背景下中国制造业绿色转型的基本理论框架。

第一节 理论基础

一 经济周期理论

经济发展过程中会出现有规律的扩张与收缩，从而使得经济发展表现出周期性。通常一个周期要包括经济扩张和经济收缩两个阶段，表现为经济繁荣、经济衰退、经济萧条、经济复苏等分阶段。周期时长具有不确定性，可分为短周期、长周期、超长周期等，时长可从一年至几十年。各国政界、学界与商界均对经济周期特别关注，并依据经济周期的特点制定经济政策、探究周期影响或及时调整企业战略。二战以来，关于经济周期的研究一直是热点之一，但研究重点从经济周期中经济总量的变化交替转为对经济周期内涵指标的探讨。再工业化战略在二战后呈现出阶段性的特征，战略重点在不同阶段持续调整，这显然是适应经济

第一章 理论基础与概念界定

周期阶段性特征的表现，因此，经济周期是再工业化战略制定和实施的基础，而经济周期理论是支撑再工业化战略的基础理论，在众多经济学派所研究的经济周期理论中，凯恩斯及新古典综合派经济周期理论和实际经济周期理论对再工业化战略的制定与实施更具解释力和支撑性。

（一）凯恩斯与新古典综合派经济周期理论

1. 凯恩斯经济周期理论

英国经济学家凯恩斯是现代经济学的奠基人。在亲历了20世纪初资本主义国家经济危机，尤其是20世纪30年代的大萧条，凯恩斯1936年在《就业、利息和货币通论》一书中阐明了需求、消费、投资、流动偏好、经济周期等基本观点。凯恩斯认为经济发展符合周期性运动的规律，在一个经济周期中，经济发展呈现出先上行、再转而下行、又继而上行的波动性，由此可将一个周期划分为"繁荣、恐慌、衰退、复苏"四个阶段。由于凯恩斯对经济周期的解释建立在一定的心理规律之上，相较而言，消费在四个阶段都比较稳定，但繁荣和恐慌阶段对投资者心理和情绪的影响最大，因此，繁荣和恐慌阶段对经济发展走向的影响最为重要。但在繁荣阶段后期，投资者心理预期与实际投资成本和产品利润可能并不相符，这就导致实际投资回报与投资者预期出现较大偏差，从而导致经济发展出现拐点，并可能进入恐慌期并进而因惯性滑至经济衰退期。如图1-1所示。

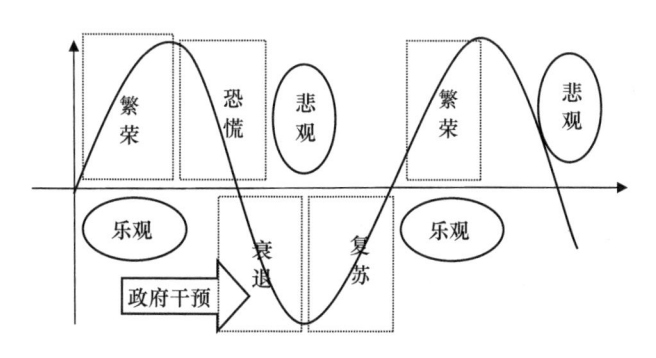

图1-1 凯恩斯经济周期理论四阶段

由图1-1可知，投资者心理规律对经济周期四阶段有重要的主导作用。在经济繁荣期后期，投资者的乐观情绪引领更多的投资追逐远期投资回报，这种乐观情况甚至会蔓延到投机者群体，进一步加速投资成本的上升和压缩投资品利润空间，这使得决定投资量的资本边际效率骤然下降，大量资本项目无法按期收回投资额，债务负担加重，经济整体规模下降，投资者悲观情绪滋生，经济发展由繁荣阶段转为恐慌阶段。进入恐慌阶段后，投资者悲观情绪进一步蔓延，投资规模被进一步压缩，进而影响到劳动者就业以及工资收入，经济发展进一步恶化，甚至滑落到衰退阶段。凯恩斯认为，短期内市场难以通过自我调降将经济拉回到正常轨道，以拉动需求为目标的政府干预是应对经济衰退的良方。以扩张性财政政策为核心，以税收、政府购买、转移支付为手段，再通过乘数作用拉动私人投资或消费，重振投资者和消费者信心，使经济发展由衰退转为复苏，并进而走上繁荣发展阶段，由此而形成一个完整的经济周期。

凯恩斯经济周期理论打破了市场自我调节的定式，强调政府干预是经济短期内走出危机漩涡的良方秘药，这实际上为二战后政府针对经济周期调整经济政策提供了理论依据，再工业化战略也是政府针对产业发展失衡的积极应对。但从长期来看，政府干预可能出现政策无效，也可能会引起较长期的通货膨胀，同时，凯恩斯经济周期理论以心理规律作为阶段转变的主导因素，这引起其他经济学家的质疑，而凯恩斯主义的继承者——美国经济学家萨缪尔森进一步发展了经济周期理论，提出了乘数——加速数经济周期理论。

2. 新古典综合派经济周期理论

新古典综合派经济周期理论以汉森和萨缪尔森共同提出的乘数——加速数理论为代表，是对凯恩斯经济周期理论的发展和修正。该理论认为乘数和加速数会相互作用，投资会通过乘数作用影响总收入和消费，而总收入和消费又会通过加速数作用影响投资，从而导致经济发生周期性变化。如图1-2所示。

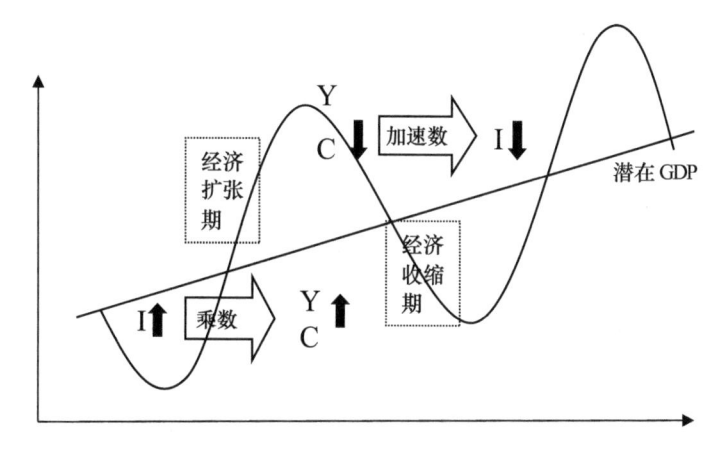

图 1-2　乘数——加速数经济周期过程

由图 1-2 可知，经济进入衰退期之后，由于新发明的出现或新技术的引进，部分厂商对设备进行改造或引进新设备，从而使得投资额增加，在乘数作用之下，投资额增加引起该经济体总收入成倍增加，并进一步通过增加就业或工人工资引起消费增加，经济发展开始进入扩张期。但由于该经济体整体资源有限，经济在扩张到一定程度后会受到总需求限制，总收入和消费停滞甚至会出现下降，在加速数作用下，收入或消费减少使得投资大量减少，经济发展开始进入收缩期。因此，乘数与加速数相互作用，引致整体经济呈现出收缩与扩张相互交替的周期性运行，乘数——加速数经济周期理论是最具影响的内生经济周期理论。

乘数——加速数经济周期理论是从经济发展内部寻求经济波动的根源，对再工业化战略实施的阶段性特征有很强的解释力，发达国家长期实施的去工业化战略使得国内经济结构发生明显变化，国内工业投资逐年减少，工业投资的下降会通过乘数的双向作用影响到总收入和消费的增加，而当服务业拉动的总收入与消费也出现危机之后，总收入与消费的下降通过加速数进一步拉低国内投资，因此，在这种背景下重新促进国内工业投资发展，加速国外工业投资回流无疑是使经济重新进入扩张期的良方。

(二) 实际周期理论

凯恩斯经济周期理论和乘数——加速数经济周期理论均将经济波动的原因归纳为投资的变化，也就是总需求变化引起的冲击，是一种内生经济周期理论。但20世纪70年代发达国家经济陷入"滞涨"怪圈，乘数——加速数经济周期理论也陷入困境，这催生了新古典宏观经济学派的产生。新古典宏观经济学对经济周期的解释主要有卢卡斯提出的货币经济周期理论和普雷斯科特提出的实际经济周期理论，两者的区别主要在于经济周期的原因和传导机制上。由于卢卡斯提出的以货币冲击为根源、以市场分割造成的信息障碍为传导机制的货币经济周期理论缺乏说服力，以实际因素去解释经济波动根源的实际经济周期理论得到支持。

与凯恩斯和新古典综合派经济周期理论不同，实际经济周期理论是一种外生经济周期理论，即经济波动的根源在于外生的实际因素，包括技术冲击、资源环境变化（如石油危机、农业歉收等）、政治动荡、战争、新产品开发等，其中，科技创新所引致的技术冲击是最值得关注的供给冲击因素。如图1-3所示。

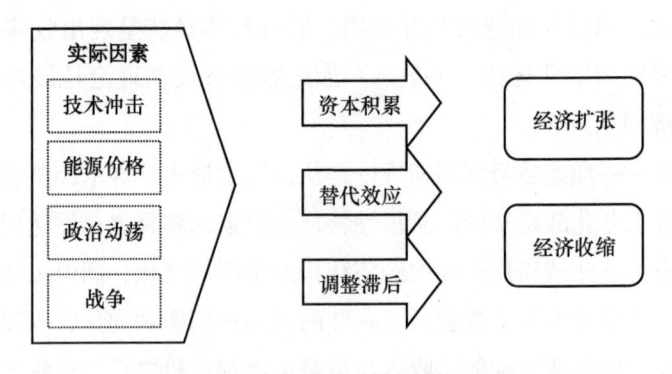

图1-3 实际经济周期冲击传导过程

由图1-3可知,在实际供给冲击产生后,会随着时间推移被经济中存在的三种传导机制传递并放大,最终导致整体经济的扩张或收缩。这三种传导机制分别为资本积累、替代效应和调整滞后,资本积累是基于技术冲击对新资本品形成的影响,替代效应则是由于期内和跨期劳动力与资本相互替代的影响,而调整滞后则是受价格黏性影响而导致的幅度更大的产出波动,最终形成经济周期。

实际经济周期理论强调外生技术的变化是收入和投资等经济内部变动的根源,该理论对再工业化战略制定与实施有很好的解释力与支撑性。2000年以后信息技术的普及以及2008年金融危机的爆发均可视为发达国家新一轮再工业化战略的实际冲击因素,而国内资本积累、劳动力替代效应及政府政策调整的滞后使得实际冲击影响不断放大,在此背景下,政府对国内产业格局重新调整并吸纳科技创新为发展内核驱动力,以扭转实际冲击的影响,并使之成为新一轮经济发展的动力源。

二 竞争力理论

竞争力是一个相对宽泛的概念,同时具有明显的历史性。以斯密为奠基人,古典经济学派先后提出了国家层面的绝对优势、比较优势、要素禀赋优势等重要概念,将竞争力定义为国家层面或产业层面重要资源数量的多寡。20世纪以来,以熊彼特、波特等为代表的经济学家以及国际知名权威评价机构进一步扩展了竞争力的内涵。制度经济学派代表人物诺斯强调制度对于国家竞争力的关键作用,并指出产权制度的完善是发达国家竞争力提升的根本保障。波特则关注了影响企业价值链、区域竞争力以及国际竞争力等多个层面的因素,并提出多种层面的评价体系。瑞士洛桑IMD指出国际竞争力是一个综合概念,包括微观层面企业内部效率形成的竞争力和由外部环境决定形成的竞争力。综合来看,学界对竞争力内涵的界定已达成共识,即竞争力涵盖三个层面,分别为宏观层面的国家竞争力、中观层面的产业竞争力以及微观层面的企业竞争力，如图1-4所示。

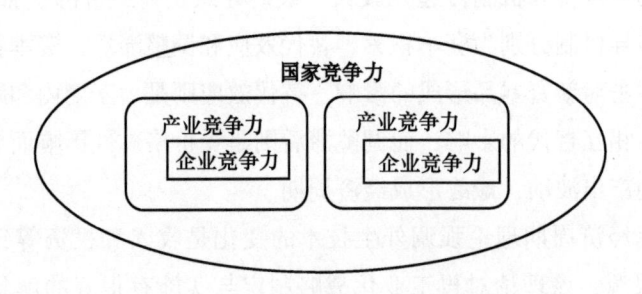

图1-4　各层面竞争力基本关系

由图1-4可知，三个层面的竞争力并不是孤立的，而是相互联系成为一个有机的竞争力系统，企业竞争力是基础，产业竞争力是中介，国家竞争力是合力。制造业竞争力属于中观层面的产业竞争力，但其竞争力水平需要各制造企业的科技创新能力支撑，同时离不开国家层面资源禀赋与政府政策支持。梳理现有竞争力理论可以发现，国家竞争优势理论、竞争力过程理论和竞争力成因理论对制造业竞争力评价更具解释力和支撑性。

（一）国家竞争优势理论

"二战"后发达国家工业发展打破了传统资源与要素约束，国内资源贫瘠的日本、瑞士等国家工业制品却具有超强的国际竞争力，古典经济学派比较优势和要素禀赋优势在"二战"后世界经济竞争格局中不断被质疑，在此背景下，1990年美国迈克尔·波特教授提出更具综合性和解释力的国家竞争优势理论。

国家竞争优势理论也称为波特钻石模型或波特菱形模型，是波特团队在针对10个国家100个行业竞争力来源的研究基础上提出。波特钻石模型打破了以古典经济学派以资源禀赋决定竞争优势的范式，将竞争力来源归纳为由四个基本要素和两个辅助要素共同构成的更综合的有机体系。其中，基本要素包括生产要素、需求条件、关联辅助产业以及企

第一章 理论基础与概念界定

业战略，辅助要素则包括机会和政府行为。

在四个基本要素中，生产要素是指企业竞争过程中投入的要素和依赖的条件，其中，该地区所具有的资源禀赋或非技术条件称为初级生产要素，而通过投入资本或技术培育的人力资源、通信设施等称为高级生产要素。比较"二战"后各国生产要素的作用可知，高级生产要素是国家竞争优势的核心来源。

需求条件决定于国家市场容量，直接决定各产业的生产投入和利润，并在一定程度上决定产业的发展方向。各国需求条件的差异主要表现为需求规模和需求质量的差异，需求规模通常决定于国内人口数量、收入水平、政局稳定等，而需求质量通常被企业科技创新能力、资本水平、文化差异等决定。

关联辅助产业是指与本产业具有上下游关系或为本产业提供技术支持、劳务输出、员工培训等服务的关联产业，对本产业竞争力培育具有至关重要的作用。上下游行业与本产业相互配合，才能形成一条完整有序的产业链，同时，关联企业在技术、人力、资本等方面提供支撑与保障，有利于形成以本产业为核心，横向纵向联合发展的集群经济。

企业战略是产业整体竞争力的微观核心，各企业在竞争与合作中形成的管理战略是企业家精神的结晶，包含国家精神、民族文化、教育理念等软实力，形成能应对全球竞争格局的企业经营理念。各国产业内竞争对企业战略的形成有重要的影响，竞争程度越激烈，对企业保持产品质量和提高创新能力越具有激励作用。

辅助要素包括机会和政府两种，与基本要素相比，辅助要素可以视为竞争优势的外生因素。机会具有较大的随机性，包括新技术开发、能源价格上涨、金融危机等难以预测也难以把握的因素，通常这些因素具有两面性，既是机遇也是挑战。政府相较机会属于相对可控的外生因素，政府政策对行业发展方向、应对危机以及均衡结构等方面均有重要的引领和保障作用。基本要素和辅助要素之间的关系如图1-5所示。

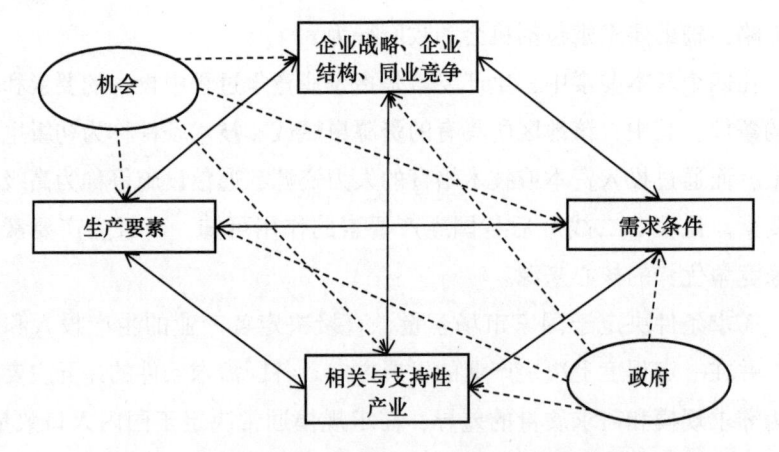

图1-5 国家竞争优势理论基本要素与辅助要素之间的关系

由图1-5可知,尽管不同类型要素对竞争力所产生的作用不同,但六个要素之间相互联系,共同构成一个呈六角菱形的钻石模型。基本要素之间是一种双向影响关系,既相互促进也相互制约;辅助要素对基本要素则是一种单向影响,既可能是一种供给或需求方面的实际要素冲击,也可能是一种财政或货币政策的扰动。所有的因素共同形成一个有机的国家竞争优势体系。

波特钻石模型是中国制造业国际竞争力评价的重要理论依据。中国制造业竞争力也是多种要素的集合体,其中,资源价格、劳动力成本、市场容量等是中国制造业传统的优势要素,但这些要素主要集中于初级生产要素和市场规模,对于国家竞争优势的保持与提升缺乏持续的支撑作用,科技创新、人才资源、需求质量的提升才是制造业竞争优势更高层次的动力源,同时,制造业上下游产业链的有机联合以及制造企业在国内及国际市场竞争中积累的经营管理经验可进一步扩大制造业竞争优势,形成产业集群甚至是跨国范围的竞争力。制造业竞争力还需对外界机会保持敏感度,在面对诸如发达国家再工业化战略的冲击时应积极调整,并依据政府制造业政策协调部署产业转型升级。

第一章 理论基础与概念界定

(二) 竞争过程理论

波特钻石模型对国家竞争优势各种因素进行了较为全面的归纳，但该模型在衡量竞争优势的过程中相对比较静态，无法体现出诸如生产过程、贸易过程、价值转换过程等动态优势，而这些过程对于竞争优势的保持和提升也具有重要的作用。基于此，瑞士洛桑国际管理发展学院（IMD）研究认为，国际竞争力是竞争力资产与竞争力过程的统一。竞争力资产主要指该地区的资源禀赋，诸如能源矿藏、劳动力、土地、基础设施等自然资产或初级创造资产，竞争力过程则是指通过生产、加工、升级等将资产转变为增加值而产生国际竞争力的过程，国际竞争力即为竞争力资产与竞争力过程的乘积。竞争力过程理论可很好地诠释发展中国家与发达国家国际竞争力的差距。发展中国家尽管竞争力资产丰富，但其竞争力过程并不活跃，导致整体国际竞争力积累并不雄厚，而发达国家则依赖其活跃的竞争力过程积累起雄厚的国际竞争力。

为更好地适应中国国情，国内学者朱春奎等对瑞士 IMD 竞争力过程理论进行了适当改造，即国际竞争力是竞争力资产、竞争力环境以及竞争力过程三因素的综合统一体，如图 1-6 所示。

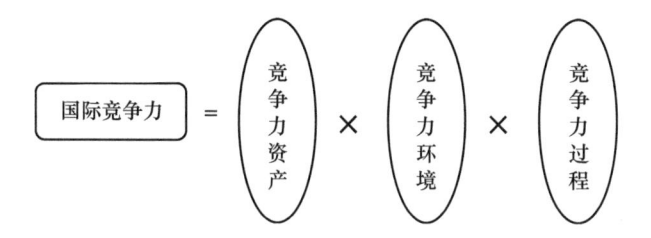

$$国际竞争力 = 竞争力资产 \times 竞争力环境 \times 竞争力过程$$

图 1-6　国际竞争力竞争过程三因素的关系

由图 1-6 可知，国际竞争力决定于竞争力资产、竞争力环境与竞争力过程三因素的合力，竞争力资产是地区或产业客观存在的资本、劳动力、市场、品牌等现有资源，竞争力环境是基础设施硬环境和制度软环境的结合，竞争力过程是产业整体素质的变化和产业结构的调整。该竞争力过程理论适用范围更广泛，由国家层面扩展到产业层面，所考虑指标更为综合。

竞争力过程理论是中国制造业国际竞争力评价的重要理论支撑。中国制造业规模在世界名列前茅，中国制造业发展所依赖的劳动力、土地、原料等资源也具有明显的比较优势，但中国制造业一直大而不强，其原因并不是中国制造业缺少自然资产，而是由于中国制造业长期处于产业价值链的底端，所生产增值能力太弱，从而使得竞争力过程并不活跃。新世纪以来，中国制造业将转型升级作为第一要务，以科技创新引领制造业由价值链底端向高端迈进，尽管在这过程中可能会面临发达国家再工业化战略所引致的短期资金短缺和市场竞争加剧，但中国制造业在确保资源优势基础上，保持制度软环境与基础设施硬环境的梯度升级，活跃制造业竞争力过程，中国制造业整体竞争力将会有序提升。

(三) 竞争力成因理论

国家竞争优势理论是迈克尔·波特教授针对宏观层面国家竞争力的形成与评价进行的研究，在中观层面的产业竞争力方面，波特教授提出行业既有竞争力取决于产业外部因素和内部因素，外部因素包括产业政策、市场环境等，其影响作用弱于内部因素，而内部因素则由五种作用力共同决定，因此，竞争力成因理论也被称为五力竞争模型，如图1-7所示。

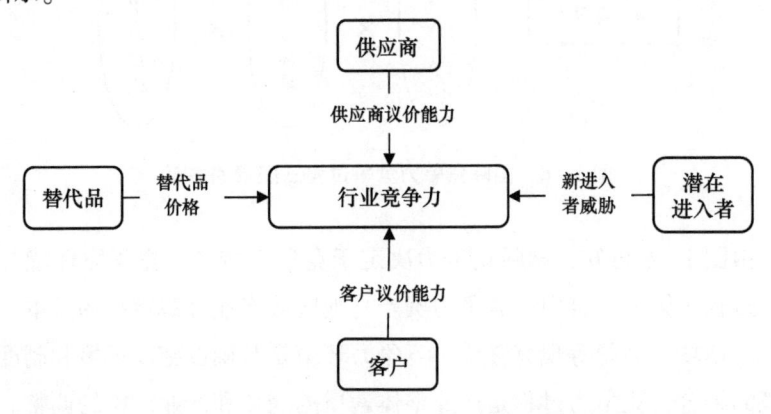

图1-7 竞争力成因理论（五力竞争模型）

第一章 理论基础与概念界定

由图 1-7 可知，模型中五种作用力分别为供应商讨价还价能力、客户讨价还价能力、潜在进入者威胁、替代品价格以及产业内既有竞争程度。显然，供应商与客户的讨价还价能力越强、潜在进入者越有实力、替代品价格越有优势就会加剧产业既有竞争程度，从而加速现有产业的优胜劣汰，促进产业优化升级并不断提升产业整体竞争力水平。

改革开放以来，中国制造业发展进程中尽管不乏来自各方面的竞争，但整体来看，国内巨量的市场容量和国外加工返销的营销模式以及制造产品的单一性使中国制造业并没有经历太多激烈的市场竞争，尤其是在进入国际市场中竞争经验更显不足。发达国家再工业化战略实施导致世界经济格局发生重大变化，中国制造业将面临来自发达国家新进入者以及工业替代产品的冲击，同时还将面临来自全球供应商和客户的讨价环节，制造业整体竞争程度将变得异常激烈。鉴于此，中国制造业竞争力应将新一轮市场竞争因素纳入到评价体系，通过产业整体升级优化以应对发达国家再工业化战略所引致的竞争压力。

三 新贸易理论

经济周期理论可很好地诠释发达国家再工业化战略实施的依据和基本特征，竞争力理论对中国制造业竞争力评价提供了较为完善的体系框架，但再工业化战略如何对中国制造业竞争力产生影响，又将会产生何种影响，新贸易理论对发达国家再工业化战略实施与中国制造业竞争力的作用机制与影响后果提供了可靠的理论依据。

新贸易理论是 20 世纪 80 年代之后，产业内贸易与水平分工成为世界经济格局的主要现象，克鲁格曼、伯兰特、斯本塞等经济学家针对新格局的贸易特征提出新贸易理论。新贸易理论以不完全竞争市场中规模报酬递增规律为前提，为获取规模收益，政府应适当引领产业集群发展并引导企业扩大生产规模，并通过给予国内企业出口补贴、对外国寡头厂商征税等方式扩大出口贸易规模。新贸易理论将获取规模经济的方式分为两种，一是通过内部规模经济获取收益的利润转移理论，二是通过外部规模经济获取收益的外部经济理论。

（一）利润转移理论

利润转移理论由伯兰特和斯本塞提出，该理论以不完全竞争市场和规模报酬递增为前提，注重培育国内竞争优势和国内规模经济，政府通过制定贸易倾斜政策适当干预进口市场和企业行为，从而保证规模收益和超额利润由国外寡头企业转移至国内，提升国内产业整体竞争力水平。为确保内部规模经济的实现，政府通常可采取三种方式对贸易进行适当干预方式，即出口补贴、战略进口、进口保护促进出口。

出口补贴并不是对国内出口商提供的普惠型补助，而是对国内寡头厂商实施的专项补助，以进一步加强其国际市场竞争力并提升其出口规模，在实现垄断利润后转移至国内，并通过产业集群实现国内规模经济。出口补贴是以政府补贴杠杆撬动垄断企业高额利润回报，并以此促进国内产业集群建设和实现规模经济。但采取出口补贴时应确保国内外信息通畅，防止进口国政府采取反补贴措施。

战略进口则是以外国寡头厂商为对象，当外国寡头厂商向进口国出口并获取高额垄断利润时，进口国对出口国寡头厂商征收保护性关税，一方面可防范利润过量流出，另一方面可防止国外寡头厂商对进口国市场的控制，这对于国内企业扩大国内市场份额和增强出口竞争力非常有利。但实施战略进口时应确保关税税率控制在合理区间，防止出口国因战略进口采取贸易报复手段。

以进口保护促进出口与战略进口有相似性，但是其进口保护并不只针对外国寡头厂商，所采取的保护措施也不限于征收保护性关税，而是对可能给国内厂商带来市场压力的出口商所采用较为灵活的保护性措施，由此提升国内厂商在国内市场的竞争力并试图在国内形成规模经济。但实施以进口保护促进出口时，应密切关注国际市场与国内市场的联系，防范因保护性措施引起的国外政府或厂商的报复性行为。利润转移理论三种干预方式如图1-8所示。

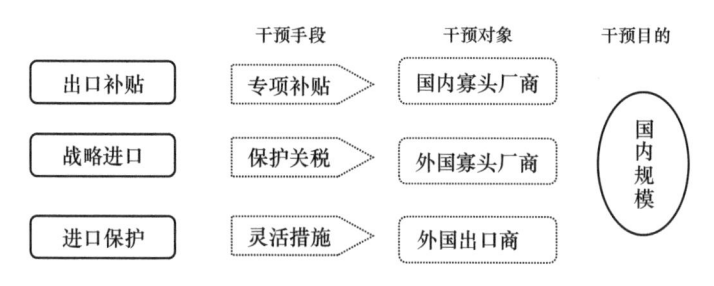

```
         干预手段      干预对象      干预目的

 出口补贴    专项补贴     国内寡头厂商
                                          国
 战略进口    保护关税     外国寡头厂商    内
                                          规
                                          模
 进口保护    灵活措施     外国出口商
```

图 1-8 利润转移理论三种干预模式

在规模报酬递增前提下，中国制造业竞争力也离不开国内规模经济的实现，而发达国家再工业化战略对中国制造业规模经济提出了新的难题，国外制造业企业利用其技术优势和资金实力不断加强其寡头控制力，使得中国制造业企业在国内外市场竞争中均处于下风。中国政府应在鼓励国内制造业企业提升科技创新能力的同时，对国内企业给予适当补贴，并对制造产品进口市场进行适当引导，以减轻国外寡头企业对国内制造业造成的冲击。

（二）外部经济理论

利润转移理论关注国内规模经济的实现，贸易干预政策集中于国内出口补贴、关税等传统手段，因此也被认为是新贸易理论的狭义解释。外部经济理论则将贸易领域扩大为整个国际市场，通过激励和引领竞争能力强并具有较强外部性的产业参与到国际竞争，并通过外部技术效应和外部收益效应，实现该产业在更大市场的规模经济效益。

从产业角度来看，外部经济理论适合以新产品新技术开发为主要业务的科创类产业，新产品新技术本身具备较强的溢出效应，而且在新产品开发过程中知识和信息的开发聚集也会对其他产业产生正外部性。科创类产业外部经济主要通过两种方式产生作用，一是技术性外部经济，二是收益性外部经济。尽管产权制度在多数国家已建立起来，但知识研发成本与收益的不匹配仍然是一种普遍现象，这使得非技术型企业缺乏研发的动力，但科创型产业尽管也存在着研发成本回收困难的窘境，但长期来看，知识积累及科技创新产生的溢出效应使其在品牌塑造和产品独创性方面产生丰厚收益；而政府在知识创造方面的扶持也会使科创型企业获得资金或税收方面的回报。收益性外部经济则主要来自于科创类企业与其关联企业形成的产业集群，在规模报酬递增规律下获得可观的规模收益，这种规模效益会通过技术创新和知识积累得到加强，从而使本产业和关联产业竞争力均会得到较大程度的提升，如图1-9所示。

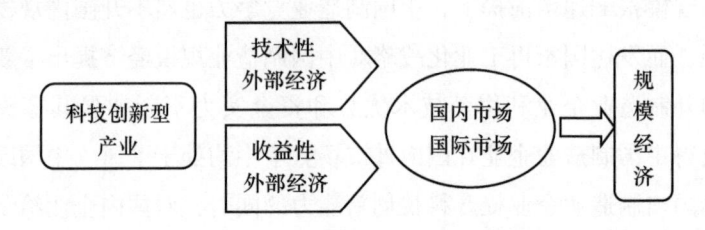

图1-9 外部经济理论规模经济模式

中国制造业长期以来在全球竞争中优势并不明显，尽管国内有着劳动力、原材料等诸多资源优势，但制造业整体科技创新能力并不强，这导致中国制造业技术性外部经济和收益性外部经济都难以实现，在国际市场竞争中难以获取规模收益。发达国家再工业化战略强调以科技创新重塑国内制造业，尽管会给中国制造业带来一定的竞争压力，但也会激励中国制造业在科技创新方面增强自身实力，通过转型升级优化制造业结构和提升制造业知识创造能力，实现技术性外部经济和收益性外部经济，在国内外市场取得规模效益。

四 整体理论架构

经济周期理论、竞争力理论和新贸易理论相互联系，共同支撑起再工业化战略对制造业国际竞争力影响的理论框架。从二战后发达国家经济发展历程来看，工业化战略呈现出明显的周期性，从二战后的

第一章 理论基础与概念界定

工业化到 70 年代的去工业化,再到 80 年代的再工业化,再到 90 年代延续的去工业化,再到金融危机以来的再工业化,这种战略的更迭显然是为了适应经济特征解决发展瓶颈而不断调整的结果,既包括经济内生变量的变动,也包括经济外生变量的冲击。竞争力理论则为国家或区域层面制造业竞争力评价构筑了理论基础,在动态与静态梳理各项影响不同层面竞争力关键指标的同时,为构建竞争力评价体系提供了可供选择的菜单。新贸易理论则将发达国家再工业化战略与制造业竞争力联系在一起,在产业内贸易和水平分工成为世界经济主流特征背景下,新贸易理论关注国内和国外规模效益的实现途径,再工业化战略对东道国制造业规模效益实现在一定程度上产生竞争压力,从而对制造业竞争力提升产生多方面影响。梳理来看,整体理论框架结构如图 1-10 所示。

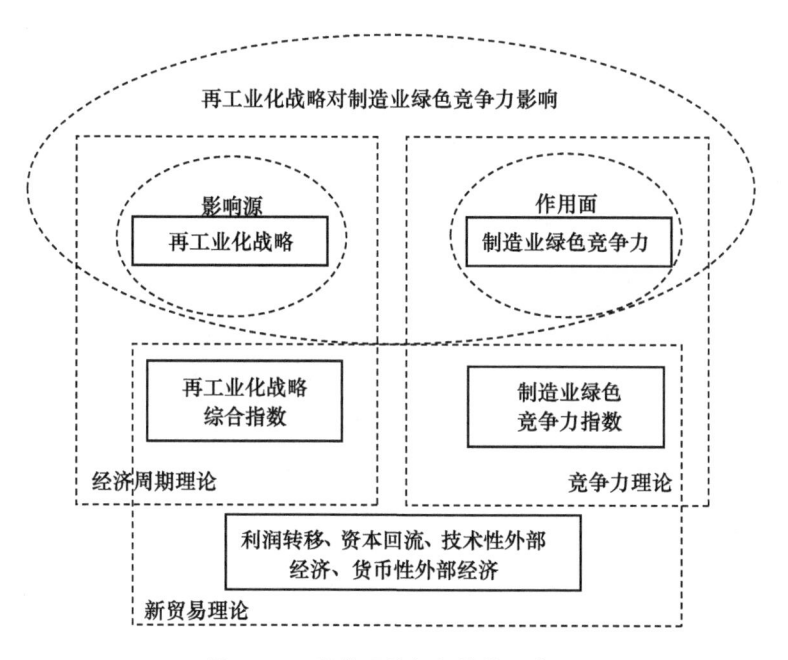

图 1-10 整体理论框架结构示意图

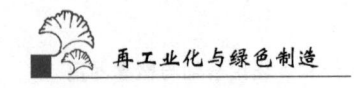

第二节　概念界定

研究过程中会多次使用一些专业术语，但由于不同学者对术语的界定存在一定差异，为明确研究范围，在此进行确定。同时，研究过程中会提出一些新的概念，在此也将相关概念进行明确。

一　再工业化战略

前文对再工业化战略相关研究从再工业化内涵和实施效果两方面已进行综述，发达国家再工业化战略基于不同阶段国际与国内经济格局制定，具有不同的目标，包含不同的措施，并会产生不同的战略效果和连锁反应。20世纪60年代再工业化战略针对政府依据凯恩斯主义进行经济扩张导致的消费过度而投资不足的经济减速问题，20世纪70年代则针对滞涨冲击，通过新技术引进和生产成本控制以提高生产效率为目标，20世纪80年代至20世纪末，再工业化战略则针对工业产业中夕阳产业的淘汰与安置，阳光产业的支持与发展制定，并以此重塑社会福利保障系统。

发达国家新一轮再工业化战略与之前各阶段再工业化战略有明显的差别，以信息经济、网络技术和服务业及实体工业深度融合为背景，以金融危机事件为导火索，针对国内过度服务化与产业空心化为特征的产业结构严重失衡，以智能技术驱动和新能源研发促进制造业发展为核心手段，辅之以促进中小实体企业发展和吸引海外资本回流的政府激励，最终实现国内产业结构的优化升级和经济持续增长。新一轮再工业化战略概念可用图1-11表示。

二　再工业化战略综合指数

发达国家再工业化战略实施会对发达国家和其他国家经济造成影响，短期来看，发达国家制造业产值或增加值将有所上升，制造产品国

第一章 理论基础与概念界定

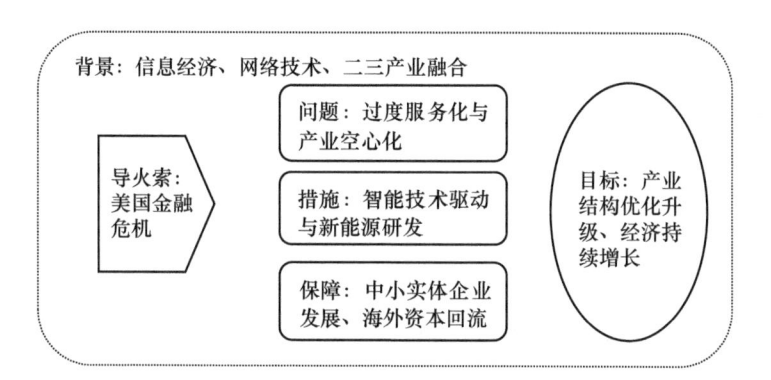

图 1-11 再工业化战略概念示意图

内交易额和出口额均会提高，制造业海外投资回流导致国内工业投资提升，同时，国内制造业就业、科技投入、教育培训、配套服务等一系列指标均有所上升。与此同时，发达国家再工业化战略实施将不可避免给发展中国家制造业发展带来压力，发展中国家制造业外国直接投资将出现下滑，制造业产品贸易额有所下降。

为定量评价再工业化战略，将选取发达国家制造业增加值、制造产品贸易额、制造业海外投资额等指标的变化对再工业化战略进行测度，由此测算得到的时间序列数据即为再工业化战略综合指数（RSCI）。该指数可直观衡量发达国家再工业化强度，为进一步测算再工业化战略对制造业竞争力影响奠定数据基础。

三 制造业绿色竞争力指数

在新时代背景下，制造业绿色化是制造业高质量发展的内在要求。从地域层面来看，绿色制造从国家到省域再到市域均可以开展研究，从产业层面来看，从跨产业到三次产业再到各次产业的典型产业，均可以通过构建评价体系进行定性或定量测度。基于再工业化战略对东道国制造业可能产生的影响，以制造业绿色发展竞争力为研究对象，从行业角度属于第二产业中典型产业，从地域角度来看，是制造业绿色化在贸易、投资、技术合作等方面形成的综合竞争力。

在制造业绿色化评价体系构建上，以波特国家竞争优势理论基本要素和辅助要素为基础指标，结合竞争力原因理论中产业竞争要素，并加入竞争力过程动态分析，设计绿色竞争力评价模型。同时，以制造产品进出口贸易为途径，对制造业比较优势指数、显示性比较优势指数、市场占有率等衡量制造产品贸易竞争力表征的绿色化程度进行评价，在综合贸易竞争力指数与竞争优势评价结果基础上形成制造业绿色竞争力指数（MGCI）。如图1-12所示。

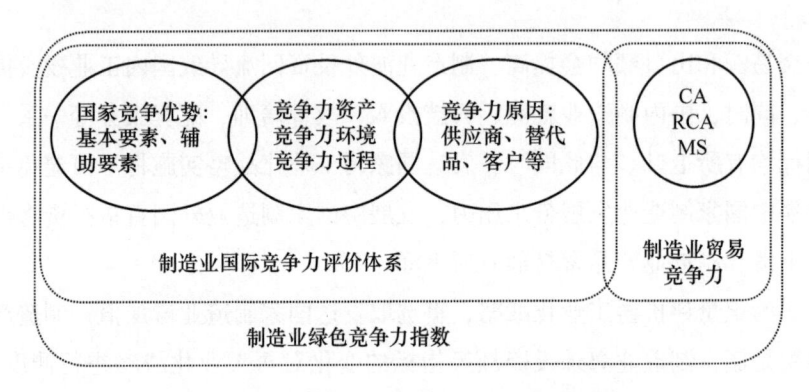

图1-12 制造业绿色竞争力指数评价示意图

制造业绿色竞争力指数用于测度国家或区域制造业可依托的自然资源禀赋和基础设施配套、人力资源配备和科技创新实力、制造企业经营战略及关联合作企业实力等基本要素能力，同时衡量制造业从国内向国外"走出去"进程中进出口产品的贸易竞争力，并通过测算结果纵向和横向的对比，探讨制造业在长期发展过程中面临经济内部投资变动或实际要素冲击以及政府政策扰动时竞争力波动的基本规律。

第二章

发达国家再工业化战略实施现状及测算

20世纪末期，过度服务化所产生的产业空洞化导致发达国家面临着结构性失业及失衡的难题，进入新世纪之后，新一轮再工业化就初见端倪，美国金融危机的爆发使以美国为代表的发达国家痛定思痛，签署多项法案或文件确保再工业化战略的生效与实施，再工业化战略正式成为发达国家经济战略的主角。

第一节 发达国家再工业化战略基本文件

2008年金融危机之后至2012年期间是发达国家再工业化战略相关文件出台的高峰期。为确保相关战略实施的稳定性，各国均以重振实体产业促进制造业再造为核心，签署颁布了多项再工业化战略法案或政策文件，成为发达国家今后较长期再工业化战略实施的法律依据和保证。

一 美国再工业化战略基本文件

奥巴马总统将解决金融危机难题视为上任之后的当务之急，为此，美国政府推出以大力发展新兴产业、鼓励科技创新、支持中小企业发展为主要措施的经济战略。2009年2月，奥巴马签署《2009年美国复苏和再投资法案》，以基础设施建设、科技创新、可再生能源与节能项目、环境保护、智能电网等为重点，推出总额7870亿美元的经济刺激方案。

2009年底，奥巴马发表声明称美国经济要转向可持续增长模式，即制造业增长和出口增长，由此阐明要吸引先进制造业回归本土的意图。

2010年通常被认为是美国再工业化战略正式开始实施的年份，2010年8月《制造业促进法案》的签订则被认为是再工业化实施的标志性事件。《制造业促进法案》规定增加170亿美元制造业投资额，同时暂时取消或削减制造业原材料进口关税，以降低制造业生产成本，恢复制造业过去10年间流失的560万个就业岗位。2011年6月，美国总统科技顾问委员会向奥巴马总统提交《保证美国在先进制造业的领导地位》研究报告，并建议启动《先进制造伙伴计划》，该计划提出通过提升本土制造业竞争力、研发节能环保型制造工艺来强化影响国家安全的关键产业，该计划获得总统批准。2012年1月，奥巴马总统通过《国情咨文》再次强调通过税收、出口等措施促进美国海外制造企业回流，为美国本土创造更多就业岗位并重新振兴美国实体经济。

针对美国政府所实施的再工业化战略，相关科研机构或民间协会发表报告予以支持。美国制造商协会于2010年6月发表报告《制造业发展战略》，该报告指出提升美国本土制造业实力是应对当前金融危机下世界经济变革的有效途径，政府在税收、出口、基建等方面应给予制造业更大的倾斜。2011年8月，波士顿咨询公司在广泛调研基础上发表报告《美国制造回归——为什么制造业将回流美国？》，指出当今世界经济格局在急剧变化，"世界工厂"中国面临着劳动力、原材料、土地等要素成本提升的压力，美国则在人力资源、科技、企业战略等高级要素方面优势明显，两相对比，美国本土对制造业投资吸引力大增，海外制造业回归或国外制造业进驻美国成为大趋势。2011年11月，美国制造商协会又发表报告《美国制造业复兴计划——促进经济增长的四大目标》该报告表明对政府再工业化计划的支持立场，指出美国政府制造业重建政策的瑕疵，并提出在投资、贸易、劳动力和科技创新等方面改进美国制造业重建措施。2012年1月，美国奇点大学发表报告《为什么说现在轮到中国担心制造业了？》，指出中国制造业缺乏新型技术

第二章　发达国家再工业化战略实施现状及测算

驱动，制造业已不具备明显比较优势，美国再工业化以人工智能、数字技术、机器人等新型技术驱动，将打造出全球科技领先的制造业平台，在长期将重新建立制造业绝对比较优势。

将金融危机后美国政府和民间机构关于再工业化战略的基本文件汇总，如表2-1所示。

表2-1　美国政府与民间机构再工业化战略基本文件

名称	时间	发布机构	基本内容
美国复苏和再投资法案	2009年2月	奥巴马政府	以基础设施建设、科技创新、可再生能源与节能项目、环境保护、智能电网等为重点，推出总额7870亿美元的经济刺激方案
制造业促进法案	2010年8月	奥巴马政府	增加170亿美元制造业投资额，暂时取消或削减制造业原材料进口关税，以恢复制造业过去10年间流失的560万个就业岗位
先进制造伙伴计划	2011年6月	奥巴马政府	提升本土制造业竞争力、研发节能环保型制造工艺来强化影响国家安全的关键产业
国情咨文	2012年1月	奥巴马政府	通过税收、出口等措施促使美国海外制造企业回流，为美国本土创造更多就业岗位
制造业发展战略	2010年6月	美国制造商协会	提升美国本土制造业实力是应对世界经济变革的有效途径，政府在税收、出口、基建等方面应给予制造业更大的倾斜
美国制造业复兴计划	2011年11月	美国制造商协会	在投资、贸易、劳动力和科技创新等方面改进美国制造业重建措施
美国制造回归——为什么制造业将回流美国？	2011年8月	波士顿咨询公司	美国本土对制造业投资吸引力大增，海外制造业回归或国外制造业进驻美国成为大趋势
为什么现在说轮到中国担心制造业了？	2012年1月	美国奇点大学	美国再工业化以人工智能、数字技术、机器人等新型技术驱动，将打造出全球科技领先的制造业平台

由表 2-1 可知，再工业化战略是美国政府针对金融危机困局做出的政策调整，通过密集签署相互配套的法案或执行计划，在短期内以增加投资带动经济走出泥潭，在长期内以新兴产业提升国内制造业竞争力，恢复国内就业，重塑国内产业结构，并确保国内制造业市场的吸引力。

二 欧盟国家再工业化战略基本文件

美国再工业化战略实施引起欧盟、日本等发达国家的关注，在全球金融危机影响下，其他发达国家纷纷效仿，签署并颁布多项促进制造业发展的法案或政策。

为应对危机影响，英国政府 2009 年 4 月实施新产业新就业战略，意在发展英国新兴制造业以创造更多就业岗位。2009 年 7 月，英国商务、创新和技能部（DBIS）颁布《英国先进制造业一揽子新政策》，支持英国制造业发挥技术优势开拓新市场，为英国制造业打开通路。英国政府还设立金额高达 7.5 亿英镑的专项基金，重点支持制造业投资项目向海内外发展。2010 年 5 月，卡梅伦政府认为英国应积极转型经济以应对金融危机，政府通过税收优惠、创新创业激励等扶持制造业优化升级。2011 年 8 月，英国政府发布《绿色经济转型计划：政府和企业合作》，旨在通过政企合作促进传统制造业向绿色制造业转型。该绿色经济转型计划与之前出台的低碳工业战略计划和国际市场战略计划共同配套，为英国制造业转型规划了基本方向。

瑞典是传统制造业强国，金融危机压力之下，瑞典政府持续加大国内制造业投资力度，2011 年和 2012 年工业投资增长率均达到 7% 以上。瑞典政府出台政策，积极引领制造企业加大科技研发力度，在保持 SK、爱立信等老牌企业活力的同时，鼓励网络、数字、环保、新能源等新兴制造业开拓国内外市场。2012 年世界经济论坛（WEF）发布的《全球竞争力报告》中，瑞典制造业竞争力排名全球第三，对比瑞典 2011 年与 2012 年工业增加值及所占 GDP 比重来看，瑞典再工业化效果明显，

第二章 发达国家再工业化战略实施现状及测算

而其中高新技术制造业的增长尤为明显,这也为欧盟其他国家再工业化提供了参考模板。

金融危机压力下,长期信奉自由经济学派的法国政府也实施了振兴制造业的再工业化战略。2008年11月,萨科齐总统宣布将建立"战略投资基金",基金计划2009年达到200亿欧元,该基金为法国实体经济服务,并重点扶持长期投资项目和中小企业发展。2012年1月,萨科齐政府通过实施提高增值税、征收金融交易税等措施控制金融类服务贸易,并通过适当减免制造企业所得税促进实体经济发展,同时以国家持有企业股权的方式对重要企业严密控制。2012年2月,萨科齐政府拨款10亿欧元设置工业银行,以缓解中小企业资金压力,适当削减实体经济债务。

德国是传统制造业强国,德国政府重视保持和持续提升国内制造业竞争力,其工业增加值和占GDP比重长期保持稳定。尽管德国经济受美国金融危机的冲击并不明显,但鉴于欧盟其他国家制造业部门面临的巨大压力,为防止德国制造业受到国际市场衰退波及,德国政府出台多项针对制造企业的扶持和补贴措施,并继续鼓励科技创新型制造业保持创新活力,增加核心技术的投入。德国政府以高端制造企业和中小制造企业为产业中坚,既保证本国制造业抵御金融危机压力,同时对欧盟其他国家制造业走出泥潭提供了重要的支持。

西班牙受金融危机和债务危机双重影响,国内经济一蹶不振,尤其是过度倚重的服务业更是跌入低谷。为应对过度服务化难题,西班牙政府实施"再工业化"战略,制定一系列扶持实体经济和制造企业发展的资金援助计划。该计划是针对制造企业资金断链实施援助,并重点扶持制造业基础设施建设和新型技术项目,通过技术驱动实现产业再造和就业创造。2011年,西班牙政府共计援助各类制造企业近5亿欧元,通过杠杆效应撬动近17亿欧元的投资。

金融危机对欧洲各国影响深重,欧盟委员会综合各成员国所采取的应对措施,提出欧盟整体再工业化方案。2011年,欧盟委员会提出通过实施各国联合技术倡议,共同开发如微电子电池、卫星监测、新型药物等高端技术;宣布两年内投入 2000 亿欧元的刺激计划,并督促欧洲中央银行下调主导利率,以促进欧盟成员国为企业提供低息贷款;同时,为减少危机导致的失业,欧盟委员会承诺减少劳动密集型企业增值税率;为减少传统制造业造成的环境压力,欧委会还建议对欧洲汽车工业提供扶持新能源汽车研发的专项补贴。

三 日本再工业化战略基本文件

日本在二战后以制造业为核心,整体经济异军突起,但 20 世纪 90 年代之后经济增速明显放缓,美国金融危机冲击对日本经济更是雪上加霜。日本政府借鉴美国奥巴马政府应对危机措施,在国内也实施了以制造业再造为核心的再工业化战略。

日本国际贸易委员会于 2019 年发布《日本制造业竞争战略》,宣布通过重振日本制造业以应对国内产业结构失衡难题,具体措施主要集中在加强政产学研四方合作、增加科技创新资金扶持、培养专业型和技术型人力资源以及促进国内外合作和公私经济合作等方面,同时相关措施会向巩固制造业基础设施建设和开拓新兴市场倾斜。日本通产省于 2010 年发布《日本制造业》专题报告,指出政府应加大对制造业基建项目、科技创新项目投入,调整产业结构并鼓励制造业自主原始创新,从而在为日本制造业定位的同时绘制了将来发展的基本蓝图。2011 年 9 月日本政府出台《应对日元升值综合经济对策》,该对策仍以避免产业空心化为目标而构筑强抗风险能力产业,加大补助鼓励企业在国内投资建设研发基地,对经营基础薄弱的中小企业给予贷款担保、低息贷款等金融扶持,扩大"创造就业项目基金"规模,鼓励失业人员参加职业培训,同时设立节能环保补贴,对使用太阳能等新能源发电企业给予补助,并抓住日元升值机遇扩大海外收购资源权益。2012 年,日本政府针对国内实体经济衰退和日趋增大的贸易逆差,将制造业发展重心移转至装备制造业,并从发展规划、技术规范、资金引进等方面制定促进国内装备制造业发展的措施。在综合并评估各项政策实施效果基础上,日本政府于2013年6月正式发布《日本复兴战略》,明确以振兴国内实体产业、鼓励民间投资投入、扩大对外贸易规模等为核心目标,实施扩张性货币政策和适应性财政政策,恢复制造业市场活力,保证良好竞争秩序。之后,日本政府于2013年10月又颁布《产业竞争力强化法案》,在保持制造企业有序竞争基础上鼓励企业间优胜劣汰,通过税收优惠措施引导企业增加设备投资和新设备引进。

综合美国、欧盟以及日本再工业化战略基本文件可以看出,各国政府在金融危机压力之下,短期内集中性出台了多个危机应对策略和发展规划方案,多数国家针对过度服务化和产业空洞化难题制定了实体经济复苏和提升战略,在将来较长一段时间内,通过资金扶持、税收优惠、人才培训等多种手段加大制造业基础设施建设、新能源研发以及新型科学技术的研究。相关文件保证了再工业化战略实施的法律效力,也奠定了未来较长一段时间内发达国家经济发展的基调。

第二节　发达国家再工业化实施基础指标分析

以2010年8月美国《制造业促进方案》签署为起始点,发达国家再工业化战略实施已10年有余,再工业化实施对发达国家整体经济增长、产业结构、劳动力就业、国内投资、海外资本、创新创业等各方面均会产生影响。

一　基本宏观经济指标分析

再工业化战略实施对发达国家整体经济而言,如一针强心剂注入深受产业结构失衡影响的病体,不仅对制造业为核心的目标产生作用,而且对整体经济都会产生一定的作用。依据世界银行数据库,选取美国、日本、欧盟等发达国家或地区2000—2019年国内生产总值(GDP)、产业结构比例、进出口额、就业率等进行时间序列分析与比较。2020年全球爆发了新冠疫情"黑天鹅"事件,但这次事件与发达国家实施的再工业化战略并无直接关系,在此不进行详细解读。

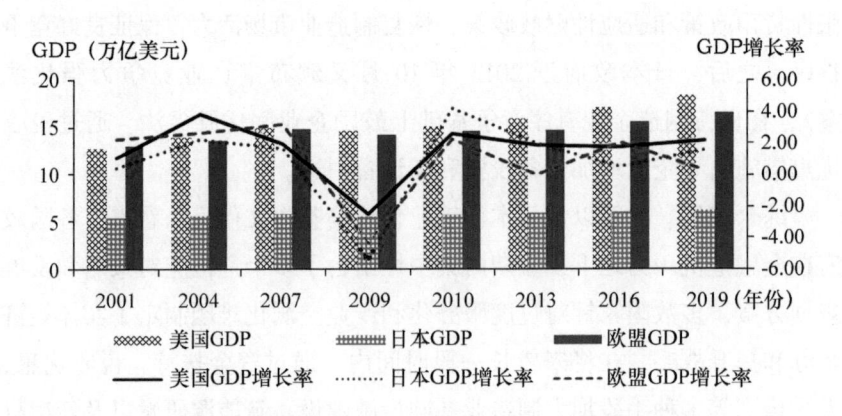

(一) GDP

图 2-1 美国、日本、欧盟 GDP 与 GDP 增长率

数据来源:根据 WDI 数据库整理,以 2010 年美元不变价格计算得到。

由图 2-1 可知,分阶段来看,在 2000—2007 年金融危机之前,美国、日本、欧盟 GDP 均处于缓慢上升态势,相较而言,美国 GDP 增长速度保持在平均水平 3% 左右,快于日本和欧盟。2008 年金融危机导致 2009 年美国、日本、欧盟 GDP 均出现严重下滑,GDP 增长率均为负值,但各发达国家通过实施再工业化战略,短期效果非常明显,2010 年美国、日本、欧盟 GDP 均恢复到 2007 年金融危机前水平,GDP 增长率也重新回到正常轨道。2011 年以后,尽管发达国家经济在能源价格、汇率波动等实际因素冲击下出现多次波动,但整体经济保持了较为平稳的态势,但欧盟整体经济受"欧债危机"影响,日本经济则受到自然灾害及政局影响,经济增长波动较为明显,美国经济则在奥巴马和特朗普政府以美国为优先的政策影响下,2011—2019 年 GDP 保持在 2% 左右的平稳增速。由此可见,再工业化战略对美国、日本、欧盟经济短期内走出金融危机泥潭起到了关键作用,也是将来较长一段时间内各国经

第二章　发达国家再工业化战略实施现状及测算

济保持平稳增长的基本途径。

（二）三次产业结构及增加值

各国政府普遍认为产业结构失衡是导致金融危机的问题之一，再工业化战略将调整产业结构失衡作为其重要目标。表 2-2 是对美国、日本与欧盟 2007—2018 年三次产业增加值、增长率和 GDP 占比的汇总。

表 2-2　美国、日本和欧盟三次产业增加值、增长率及 GDP 占比

产业		年份	2007	2008	2009	2010	2012	2014	2016	2017	2018
美国	第一产业	增加值（千亿美元）	1.4	1.4	1.6	1.6	1.4	1.7	1.9	1.9	1.9
		增长率（%）	-14.4	-0.2	12.0	-2.7	-3.8	1.4	6.9	-2.6	5.0
		GDP 占比（%）	1.1	1.1	1.0	1.0	1.2	1.2	0.9	0.9	0.9
	第二产业	增加值（千亿美元）	31.9	30.8	28.4	29.0	29.6	31.1	32.0	32.7	34.0
		增长率（%）	1.9	-3.6	-7.6	2.1	1.6	2.4	0.3	2.5	3.7
		GDP 占比（%）	21.4	20.9	19.3	19.4	19.2	19.3	18.0	18.3	18.5
	第三产业	增加值（千亿美元）	112.3	113.0	111.6	114.2	118.7	123.0	129.2	132.2	135.9
		增长率（%）	1.7	0.6	-1.2	2.3	2.2	2.5	2.0	2.3	2.8
		GDP 占比（%）	73.9	74.5	76.4	76.2	76.1	75.8	77.5	77.2	76.9

续表

	年份 产业		2007	2008	2009	2010	2012	2014	2016	2017	2018
日本	第一产业	增加值（千亿美元）	0.7	0.7	0.7	0.6	0.6	0.6	0.6	0.6	0.6
		增长率（%）	6.0	7.5	-7.8	-5.8	0.6	-3.1	-7.3	0.9	1.5
		GDP占比（%）	1.1	1.1	1.1	1.1	1.1	1.1	1.2	1.2	1.2
	第二产业	增加值（千亿美元）	17.3	17.1	14.6	16.2	15.8	16.6	17.0	17.8	18.0
		增长率（%）	1.9	-1.1	-14.8	11.3	0.4	3.0	0.1	4.8	1.2
		GDP占比（%）	29.9	29.0	27.3	28.4	26.7	27.7	29.0	29.2	29.1
	第三产业	增加值（千亿美元）	41.0	40.5	39.6	40.0	41.1	41.6	42.4	42.9	43.1
		增长率（%）	1.5	-1.3	-2.3	1.1	1.7	-0.5	0.7	1.3	0.4
		GDP占比（%）	69.1	69.8	71.5	70.2	71.6	70.5	69.4	69.0	69.3
欧盟	第一产业	增加值（千亿美元）	2.3	2.4	2.4	2.4	2.3	2.5	2.5	2.5	2.5
		增长率（%）	1.8	4.9	0.5	-2.5	-5.0	5.3	-1.3	1.3	0.0
		GDP占比（%）	1.7	1.6	1.5	1.6	1.7	1.7	1.6	1.7	1.6
	第二产业	增加值（千亿美元）	35.9	35.5	31.8	33.4	33.2	33.4	35.2	36.4	37.1
		增长率（%）	3.4	-1.3	-10.5	5.1	-2.3	1.8	2.5	3.3	2.0
		GDP占比（%）	24.4	24.1	22.7	22.9	22.7	22.2	22.4	22.4	22.3
	第三产业	增加值（千亿美元）	94.0	95.5	93.4	94.7	96.8	98.5	102.1	104.8	107.2
		增长率（%）	3.5	1.6	-2.2	1.4	0.3	1.4	1.8	2.7	2.3
		GDP占比（%）	63.2	64.0	65.8	65.1	65.2	65.7	65.4	65.3	65.4

数据来源：根据 WDI 数据库整理得到，增加值额以 2010 年美元不变价格计算得到。

第二章 发达国家再工业化战略实施现状及测算

由表2-2可知,从各产业产值占GDP比重来看,发达国家三次产业占比具有明显"三—二——一"特点,美国第三产业占比在75%左右波动,日本和欧盟第三产业占比稍低,但仍能保持在70%和65%左右,产业结构中过度服务化的特征在短时间内难以扭转。但从产业增加值和增长率来看,金融危机导致第二产业受到严重冲击,增加值出现明显下降,2009年美国、日本和欧盟第二产业增长率分别为-7.6%、-14.8%和-10.5%,是受影响最为严重的产业。2010年以后,再工业化战略实施后,各发达国家政府发布多种法案促进制造业发展,第二产业得到重视并迅速恢复,第二产业增加值尽管在个别年份出现波折,但整体保持较为稳定的增长,如图2-2所示。

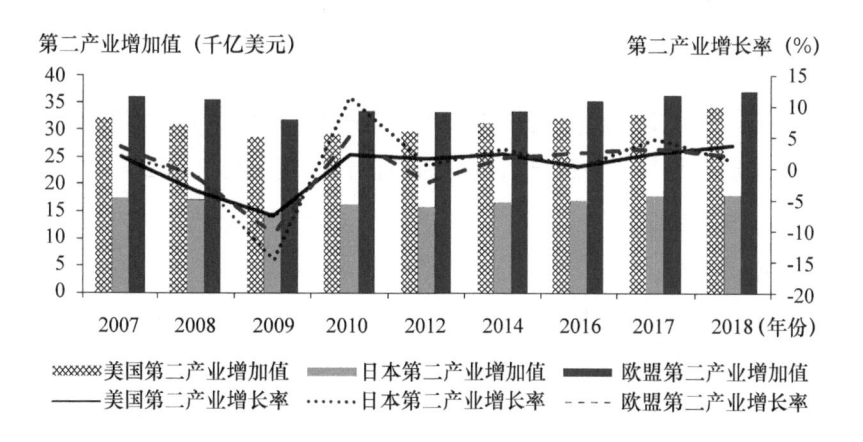

图2-2 美国、日本、欧盟第二产业增加值与增长率

数据来源:根据WDI数据库整理,以2010年美元不变价格计算得到。

由图2-2可以看出,再工业化战略实施对美国、日本与欧盟第二产业在短期内起到了快速维稳和恢复的效果,2009年第二产业跌入低谷以后,2010年政策调整到位,增长率出现明显爆发式反弹,之后一直到2018年,第二产业保持平稳发展趋势。由此可见,再工业化战略尽管未能彻底在短期内扭转发达国家三次产业结构不均衡局面,但对保持第二产业增加值和稳步提升第二产业竞争力起到关键作用,并促进第二产业内部完成升级转型过程。

(三) 货物与服务进出口

货物与服务进出口是受金融危机影响的重灾区。在金融危机冲击下,各国政府将经济重心转向保持国内市场活力以及国内企业竞争力,并实施一系列有利于国内企业发展的措施,各国外向型部门一方面因政府政策倾斜,税收优惠或财政补贴均会减少,另一方面进口国为保护国内市场,会适当提高进口关税或采取新的进口限制措施,这使得货物与服务出口会遭遇较大阻力,金融危机爆发初期,各国货物与服务进出口将会出现大幅下降。

但随着再工业化战略的实施,国内以高端制造企业为代表的新兴产业会迅速复苏,并带动相关上下游制造业、服务型制造业、科技型服务业等产业发展,相关产品将以国内市场为基础,迅速向国外市场扩散,由此将带动货物与服务进出口重新回归正常发展轨道。表2-3是对美国、日本和欧盟2007—2019年货物与服务进出口额、占GDP比重以及年增长率的汇总。

由表2-3可知,从进出口贸易结构来看,欧盟2007—2019年贸易额保持持续顺差状态,2012年之后顺差额有扩大的趋势,2016年之后欧盟贸易顺差额均超过5000亿美元;日本进出口额贸易额基本保持顺差状态,但顺差额不大,并呈现波动趋势;而美国贸易则一直处于逆差状态,2014年之后逆差额不断扩大,2019年逆差额达到8300亿美元,占出口总额的34.9%。

从贸易依存度来看,美国与日本进出口贸易依存度均较低,基本在15%左右波动。纵向比较可知,美国进出口依存度在2016年之后均出现较为明显下降,进口依存度从17%左右下降到15%以下,出口依存度则从13%以上下降到12%以下,这与特朗普政府执政以后坚持"美

第二章 发达国家再工业化战略实施现状及测算

表2-3 美国、日本和欧盟货物与服务贸易进出口统计

进出口		年份	2007	2008	2009	2010	2012	2014	2016	2018	2019
美国	货物与服务进口	进口额（千亿美元）	24.6	24.0	20.9	23.6	25.6	27.3	29.2	31.8	32.1
		增长率（%）	2.5	-2.2	-13.1	13.1	2.7	5.0	1.7	4.1	1.1
		GDP占比（%）	16.5	17.4	13.7	15.7	17.0	16.4	14.6	15.2	14.6
	货物与服务出口	出口额（千亿美元）	17.0	18.0	16.5	18.5	20.5	22.1	22.2	23.8	23.8
		增长率（%）	8.7	5.7	-8.4	12.1	3.4	4.2	0.3	3.0	-0.1
		GDP占比（%）	11.5	12.5	10.9	12.3	13.5	13.5	11.9	12.3	11.7
日本	货物与服务进口	进口额（千亿美元）	8.2	8.3	7.0	7.7	8.6	9.7	9.6	10.2	10.2
		增长率（%）	2.2	0.7	-15.7	11.2	5.4	8.3	-1.6	3.4	-0.4
		GDP占比（%）	15.6	17.0	12.0	13.6	16.1	20.0	15.3	18.3	17.4
	货物与服务出口	出口额（千亿美元）	8.8	9.0	6.9	8.6	8.5	9.4	9.8	10.9	10.7
		增长率（%）	8.7	1.6	-23.4	24.9	-0.1	9.3	1.7	3.4	-1.4
		GDP占比（%）	17.5	17.4	12.5	15.0	14.5	17.5	16.3	18.5	17.6

续表

进出口		年份	2007	2008	2009	2010	2012	2014	2016	2018	2019
欧盟	货物与服务进口	进口额（千亿美元）	57.5	58.2	51.3	56.3	58.5	62.5	70.2	77.2	80.1
		增长率（%）	7.8	1.2	-11.8	9.7	-0.9	5.4	4.5	4.1	3.8
		GDP占比（%）	39.3	40.0	34.5	38.5	41.4	41.2	41.1	43.9	43.7
	货物与服务出口	出口额（千亿美元）	59.2	60.1	52.8	58.7	64.0	68.6	75.6	83.0	85.3
		增长率（%）	7.2	1.4	-12.0	11.0	2.2	5.0	3.4	3.8	2.8
		GDP占比（%）	40.6	41.0	36.2	40.0	44.2	44.9	45.2	47.3	47.2

数据来源：根据WDI数据库整理，进出口额以2010年美元不变价格计算得到。

第二章 发达国家再工业化战略实施现状及测算

国优先"政策相关。而欧盟贸易依存度则保持较高的水平,进出口贸易依存度均超过40%,2018年以来欧盟出口依存度超过47%,这与欧盟多个国家对国际市场的依赖有关。

从各国进出口额和增长率来看,金融危机对美国、日本和欧盟进出口贸易均造成毁灭性打击,2009年美国、日本和欧盟进口增长率分别为 -13.1%、-15.7% 和 -11.8%,出口增长率为 -8.4%、-23.4% 和 -12.0%,货物与服务贸易均跌入到低谷。但以再工业化战略为核心的应对措施实施后,效果立竿见影,三国(或地区)贸易在2010年均出现强势反弹,恢复甚至超过2007年危机前贸易额水平。将美国、日本、欧盟2007—2019年出口额和增长率绘制,如图2-3所示。

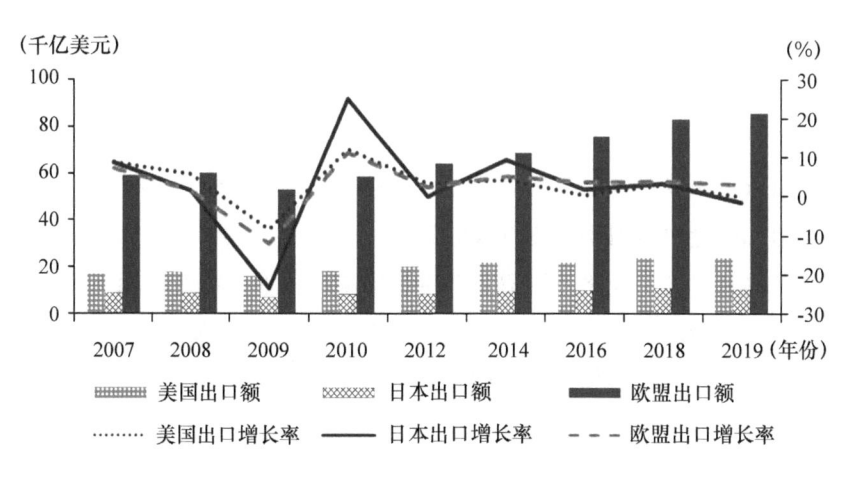

图2-3 美国、日本、欧盟第二产业增加值与增长率

数据来源:根据WDI数据库整理,以2010年美元不变价格计算得到。

由图2-3可知,美国、日本和欧盟货物和服务出口受金融危机冲击后,在2009年降到低谷,作为经济增长的发动机之一基本陷于瘫痪。再工业化战略实施后,以促进国内制造业发展为核心,并加强海外资本引进以及制造产业输出,短期内取得明显效果,2010年美国、日本、欧盟出口额较2009年呈现出爆发式增长。2012年之后,美国与欧盟货物与服务出口增长率重新呈现出3%以下低速平稳增长特征,日本出口则受国内自然灾害影响较大,出口增长率波动较大,但也呈现出增长的发展趋势。

由此可见,货物和服务贸易作为国家经济增长的发动机和晴雨表,受到诸如金融危机等实际因素冲击时会呈现出较为敏感的反应,但如果政府能做出及时调整,例如美国、日本、欧盟在应对金融危机时实施的再工业化战略,整体贸易会迅速恢复甚至超越之前水平。

(四) 就业率

就业率是发达国家政府最为关注的宏观经济指标之一。金融危机缘于次贷危机,金融服务业受冲击最为严重,该产业就业受到较大冲击。由于金融危机的影响具有较强的持续性和外溢性,与金融服务业相关联产业众多,再加上失业人员对劳动力市场悲观情绪的不断蔓延,其他服务业以及第一、第二产业就业均会受到冲击。根据失业类型分类,金融危机对就业市场的冲击一开始只会造成产业结构失衡引起的结构性失业,但如果金融危机不能得到及时调整,进而引起实体产业的崩溃和整体经济的衰退,失业将不可避免演变成周期性失业。因此,面对金融危机造成的失业问题,美国、日本和欧盟并没有"头痛医头",而是实施再工业化战略以促进实体产业恢复和发展,避免实体经济崩塌导致经济进入真正的大衰退。表2-4是对美国、日本和欧盟金融危机冲击后2007—2019年三次产业就业结构变化、不同学历就业率以及劳动力参与率的统计。

第二章 发达国家再工业化战略实施现状及测算

表 2-4 美国、日本和欧盟不同产业、学历就业及劳动参与率统计

就业情况		年份	2007	2008	2009	2010	2012	2014	2016	2018	2019
美国	不同产业就业占比	第一产业	1.29	1.34	1.35	1.42	1.38	1.35	1.43	1.37	1.36
		第二产业	22.14	21.46	20.00	19.64	19.74	19.98	19.78	19.87	19.91
		第三产业	76.57	77.20	78.65	78.94	78.88	78.67	78.79	78.76	78.74
	不同学历失业率	高等教育学历	2.42	3.01	5.34	5.47	4.74	3.69	2.91	2.45	2.38
		中等教育学历	5.90	7.42	11.73	12.32	10.42	8.09	6.47	5.17	4.84
	15岁以上劳动力参与率		64.97	64.97	64.31	63.57	63.05	62.20	62.16	62.31	62.57
日本	不同产业就业占比	第一产业	4.31	4.25	4.21	4.07	3.87	3.69	3.50	3.49	3.38
		第二产业	27.50	27.19	26.15	25.56	25.27	25.08	24.70	24.43	24.22
		第三产业	68.18	68.56	69.64	70.37	70.86	71.23	71.79	72.08	72.40
	不同学历失业率	高等教育学历	3.22	3.22	3.88	3.99	3.49	3.29	2.59	2.30	2.03
		中等教育学历	3.40	4.20	6.03	5.91	5.08	4.80	3.70	3.10	2.87
	15岁以上劳动力参与率		60.70	60.58	60.37	60.08	59.28	59.82	60.45	61.88	62.36
欧盟	不同产业就业占比	第一产业	6.25	5.76	5.75	5.81	5.58	5.29	4.81	4.52	4.37
		第二产业	28.43	28.15	26.95	26.16	25.56	25.04	24.95	25.05	25.00
		第三产业	65.32	66.10	67.30	68.03	68.86	69.67	70.24	70.43	70.63
	不同学历失业率	高等教育学历	4.36	4.23	5.71	6.47	8.25	8.75	7.24	5.87	5.51
		中等教育学历	7.55	7.33	10.23	11.49	14.37	14.50	12.08	9.95	9.22
	15岁以上劳动力参与率		56.35	56.57	56.53	56.57	56.75	56.72	56.77	57.09	57.18

数据来源：根据WDI数据库整理，就业与失业标准均采用国际劳工组织（ILO）规则。

分析表2-4可知，从各年份三次产业就业占比来看，美国、日本和欧盟就业比重结构呈现出明显的"三—二——"结构，第三产业就业人数占总就业人数2/3以上，美国更是高达75%以上，而第一产业就业人数占比在5%以下。金融危机冲击对三次产业就业占比产生了一定的影响，以美国为例，第二产业就业占比在2009年之后出现较为明显的下降，但在2010年再工业化战略实施以后呈现出稳步回升态势。由此可见，再工业化战略对三次产业就业结构有一定影响，但并不能改变第三产业就业占比稳步上升的趋势。

再工业化战略对不同学历失业率和劳动力参与率有显著影响，如图2-4所示。

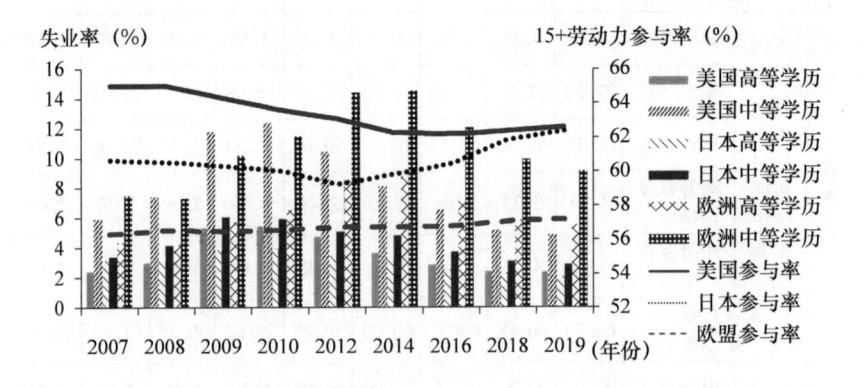

图2-4 美国、日本、欧盟不同学历失业率及劳动力参与率

数据来源：根据WDI数据库整理，就业与失业标准采用国际劳工组织（ILO）规则。

分析图3-4可知，从不同学历层次失业率来看，学历是影响就业的重要因素，美国、日本和欧盟高等教育学历失业率整体均低于中等教育学历失业率。金融危机冲击使不同学历层次就业均产生影响，2009年之后三国（地区）不同学历失业率均出现明显上升，比较而言，高等教育学历失业存在一定的滞后性，在2012—2014年期间达到失业高峰，这也体现出高等教育对失业的抵御能力较强。2010年美国、日本和欧盟实施再工业化战略后，中等收入失业率得到控制，失业率在2019年之前呈现出逐年回落的态势，欧盟不同学历失业率比美国具有一定的滞后性，主要是受危机影响传递时滞以及欧洲债务危机的延续导致。

从15岁以上劳动力参与率来看，欧盟各国劳动力参与率水平较低，受危机冲击并不明显，基本保持在57%左右。美国与日本15岁以上劳动力参与率受危机影响较为明显，日本劳动力参与率在2012年近年来达到最低水平，之后受再工业化战略实施影响，劳动力参与率在2019年之前保持持续上升态势。美国15岁以上劳动力参与率水平较高，2008年之前接近65%，受危机影响在2014年达到最低谷，之后到2019年保持缓慢上升态势。

由此可见，金融危机冲击对美国、日本和欧盟就业均产生明显影响，各国失业率在危机初期均出现明显上升，并在较长一段时间内保持上升惯性，上升持续时间与劳动力学历层次直接相关，各国劳动力参与率受危机影响开始下行。再工业化战略实施对抑制失业率继续上升产生明显效果，同时对非劳动力恢复劳动热情也起到重要作用，劳动力参与率也出现拐点。但再工业化战略对三次产业就业结构影响并不明显，这与劳动力知识结构、不同产业对劳动力需求规模等有关。

二 再工业化战略调整指标分析

尽管美国、日本与欧盟在再工业化战略实施时间、持续周期、调整范围等存在一定差异，但各国再工业化战略中具体措施大同小异，包括促进国内制造业发展、吸引海外直接投资回流、鼓励国内民间投资等，相关措施实施对制造业增加值、FDI流入流出以及国内资本形成将产生重要影响。

（一）制造业增加值

美国再工业化战略实施以2010年8月奥巴马政府签署《促进

制造业法案》为标志事件,振兴制造业是针对实体经济严重失衡开出的一剂猛药,并为此制定专项激励基金、财政补贴、税收优惠以及贷款扶持等多项配套措施。在美国促进制造业措施取得初步短期效果后,欧盟以及各成员国也相继出台促进制造业发展的各项措施,日本国际贸易委员会、通产省甚至专门针对国内制造业形成了两份完整的研究分析报告,以供日本政府制定促进制造业发展措施提供详尽参考。以2010年为起始,美国、日本和欧盟再工业化战略已实施超10年,再工业化战略对促进制造业发展效果如何?表2-5将美国、日本和欧盟2007—2019年制造业增加值、制造业增加值增长率、制造业增加值占GDP比重以及制造产品进出口占产品进出口比重等进行了统计。

表2-5　　　美国、日本和欧盟制造业增加值相关指标统计

制造业	年份	2007	2008	2009	2010	2012	2014	2016	2018	2019
美国制造业	增加值（万亿美元）	1.91	1.87	1.70	1.79	1.79	1.87	1.88	2.01	2.05
	增加值增长率	3.32	-1.97	-9.36	5.50	-0.49	1.88	-0.77	4.26	1.97
	增加值占GDP比重	12.78	12.26	11.73	11.93	11.85	11.65	11.17	11.20	10.93
	制造产品出口占商品出口比重	76.94	73.15	66.17	65.45	62.02	61.42	63.26	58.91	59.11
	制造产品进口占商品进口比重	70.03	65.60	70.27	69.76	69.47	72.83	79.16	77.33	77.80

续表

制造业	年份	2007	2008	2009	2010	2012	2014	2016	2018	2019
日本制造业	增加值（万亿美元）	1.24	1.24	1.02	1.19	1.18	1.22	1.26	1.34	1.37
	增加值增长率	5.35	-0.20	-17.69	16.33	2.42	2.99	-0.53	1.83	2.24
	增加值占GDP比重	22.08	21.43	19.15	20.83	19.73	19.73	20.73	20.75	22.13
	制造产品出口占商品出口比重	89.73	88.73	87.52	88.38	88.88	87.63	87.35	86.88	86.61
	制造产品进口占商品进口比重	50.54	44.75	51.78	50.08	47.18	49.80	61.95	57.51	58.87
欧盟制造业	增加值（万亿美元）	2.28	2.24	1.92	2.11	2.15	2.21	2.37	2.51	2.50
	增加值增长率	4.11	-1.85	-14.39	9.76	-2.46	3.33	2.76	1.93	-0.28
	增加值占GDP比重	15.87	15.28	13.91	14.48	14.48	14.52	15.04	14.75	14.41
	制造产品出口占商品出口比重	77.91	76.47	76.96	76.61	75.14	76.14	78.64	78.33	78.74
	制造产品进口占商品进口比重	69.64	67.48	69.18	68.32	64.91	67.81	73.48	71.35	72.54

数据来源：根据 WDI 数据库整理，增加值额以 2010 年美元不变价格计算得到。

分析表 2-5 可知，从制造产品进出口额占商品进出口总额比重来看，日本制造产品出口具有较大优势，占产品总出口额 85% 以上，欧盟次之，占总出口额 75% 以上，日本制造产品进口占产品总进口额仅为 50%左右，欧盟则为 70%左右，因此，从制造产品贸易地位来看，日本和欧盟都是典型的制造业输出基地。美国制造产品进出口占比则出现较大波动，2009 年之后美国制造产品出口比重一直低于进口比重。

纵向比较可以发现，金融危机对美国制造业进出口比重有显著影响，2009 年以来，美国制造产品出口比重一直呈现出下降态势，从 2007 年 76.94%下降到 2019 年 59.11%，而制造产品进口比重则呈现出波动上升态势，从 2008 年 65.60%上升到 2019 年 77.80%。进出口比重的变化反映出美国国内市场对制造产品的购买能力在提升，这也间接反映出美国再工业化战略实施后国内制造企业及相关企业对制造产品的消耗或投资在明显增加。日本与欧盟制造产品进出口比重在 2009 年金融危机之后也出现一定程度的波动，但整体变化幅度不大，这主要是因为日本与欧盟内部市场对制造产品的购买能力有限，国外市场仍然是日本和欧盟制造品的主要销售地。

从制造业增加值占 GDP 比重来看，日本制造业增加值占比最高，达到近 20%，欧盟制造业增加值占比在 15%左右波动，美国占比较低，在 11%左右波动。金融危机对各国制造业造成的影响比对整体经济的影响更为显著，美国、日本和欧盟制造业占 GDP 比重分别从 2007 年 12.78%、22.08%、15.87%降至 2009 年 11.73%、19.15%、13.91%，降幅达到 10%以上。2010 年以后再工业化战略实施，一系列促进制造业发展的措施使制造业占比止住下滑，并呈现出波动上升的态势，2019 年日本制造业占比达到 22.13%，已超过 2007 年水平。

从制造业增加值和制造业增加值增长率占 GDP 比重来看，金融危机对美国、日本及欧盟制造业产生了较为明显的冲击，相关数据在 2009 年出现明显下降。但之后再工业化战略相继实施后，各国制造业在政策调整下得到迅速恢复，整体发展较为平稳，相关发展变化可从图 2-5 得以看出。

由图 2-5 可知，受金融危机影响，美国、日本和欧盟制造业增加值在 2009 年跌入低谷，制造业增加值增长率分别为 -9.36%、-17.69%和

第二章 发达国家再工业化战略实施现状及测算

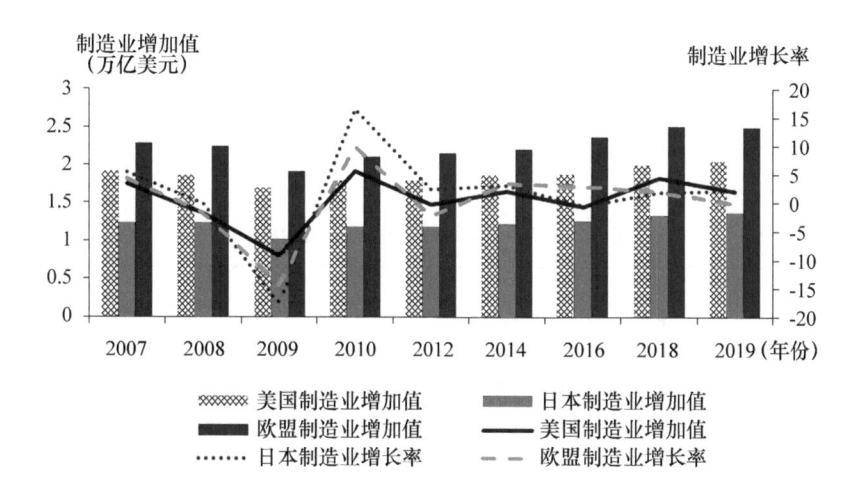

图 2-5 美国、日本、欧盟制造业增加值与增加值增长率

数据来源：根据 WDI 数据库整理，增加值额以 2010 年美元不变价格计算得到。

-14.39%，跌幅均创下战后最高水平。但从 2010 年制造业增长率来看，美国、日本和欧盟分别达到 5.50%、16.33% 和 9.76%，说明各国政府所采取的再工业化战略对制造业复苏起到了较为明显的效果。2012 年之后至 2019 年，再工业化战略对制造业发展仍有效果，但这种效果受国内外条件影响，呈现出波动反复的态势。

由此可见，金融危机让美国、日本和欧盟国内产业空洞化问题暴露无遗，国内产业结构严重失衡导致传统优势制造业受到沉重打击，但一方面发达国家制造业技术研发、基础设施、人力资源等关键要素仍具有较强竞争力，另一方面发达国家政府所采取的以促进制造业发展为核心的再工业化战略干预效果明显，从而使得发达国家制造业短期内得以迅速恢复，并在其后延续波动上升的发展态势。

（二）FDI 流入与流出

发达国家再工业化战略不仅对国内制造业实施多种积极扶持措施，而且通过税收优惠、改善国内市场条件和基础设施以及鼓励研发新能源和数字技术等手段，吸引海外投资项目回流，同时积极吸引国外优质资本到发达国家创业或投资。表 2-6 是对美国、日本和欧盟 2007—2019 年 FDI 净流入额、净流入额占 GDP 比重、净流出额以及净流出额占 GDP 比重的统计。

表 2-6 美国、日本和欧盟制 FDI 相关指标统计

FDI	年份	2007	2008	2009	2010	2012	2014	2016	2018	2019
美国 FDI	净流入（10亿美元）	34.66	34.11	16.11	26.40	25.03	25.19	47.44	26.15	35.16
	净流入占 GDP 比重	2.40	2.32	1.11	1.76	1.55	1.44	2.53	1.27	1.64
	净流出（10亿美元）	52.39	34.36	31.26	34.98	37.72	38.75	29.98	-15.13	18.85
	净流出占 GDP 比重	3.63	2.34	2.16	2.33	2.33	2.21	1.60	-0.73	0.88
日本 FDI	净流入（10亿美元）	2.16	2.46	1.22	0.74	0.05	1.98	4.10	2.53	3.99
	净流入占 GDP 比重	0.48	0.49	0.23	0.13	0.01	0.41	0.83	0.51	0.79
	净流出（10亿美元）	7.30	11.36	7.37	7.97	11.76	13.79	17.86	16.02	25.85
	净流出占 GDP 比重	1.62	2.26	1.41	1.40	1.90	2.84	3.63	3.23	5.10
欧盟 FDI	净流入（10亿美元）	147.75	82.85	47.90	53.94	58.80	43.04	73.53	-6.72	31.32
	净流入占 GDP 比重	10.04	5.10	3.26	3.71	4.02	2.75	5.30	-0.42	2.00
	净流出（10亿美元）	163.76	118.57	57.67	63.60	58.91	56.53	81.06	10.47	32.55
	净流出占 GDP 比重	11.13	7.30	3.92	4.37	4.03	3.62	5.84	0.66	2.08

数据来源：根据 WDI 数据库整理，净流入值和净流出值以美元现期价格计算得到。

第二章 发达国家再工业化战略实施现状及测算

分析表 2-6 可知，金融危机之前，美国、日本与欧盟均属于 FDI 输出型国家（或地区），以 2007 年为例，美国、日本与欧盟 FDI 流出与流入差额分别为 177.3 亿、51.4 亿、160.1 亿美元。长期以来，海外投资是美国、日本和欧盟实体型跨国企业占领海外市场的重要手段，但也使得国内实体产业严重失衡，相关产业劳动力失业严重，制造业竞争力下滑。

从 FDI 净流入和净流出来看，由于资本天然的敏感性，金融危机对外资的影响非常显著，2008 和 2009 年是各国 FDI 流入和流出的分水岭。美国、日本和欧盟 FDI 净流入值从 2007 年 346.6 亿、21.6 亿、1477.5 亿美元急剧下降到 2009 年的 161.1 亿、12.2 亿、47.90 亿美元，美国与欧盟 FDI 净流出值也从 2007 年的 523.9 亿、1637.6 亿美元下降到 312.6 亿、576.7 亿美元。FDI 净流入和净流出占 GDP 比重也出现大幅下滑。

金融危机之后，美国、日本与欧盟均采取了促进国内实体经济复苏的再工业化战略，但各国政府对 FDI 所采取的措施不尽相同，2010 年以后 FDI 净流入和净流出出现了不同的特征。美国政府对 FDI 的控制非常典型，一方面通过税收减免、财政补贴吸引海外资本回流，另一方面改善国内市场条件留住国内资本，双管齐下使美国 FDI 净流入大幅提升，2016 年 FDI 净流入达到 474.7 亿美元，2019 年也超过金融危机前规模，同时，美国 FDI 净流出值则呈现出波动下降的趋势，2018 年和 2019 年均出现大幅下降。与美国不同，日本 FDI 在实施再工业化战略之后 FDI 经历低谷徘徊，2012 年以后净流入和净流出均出现大幅增长；欧盟 FDI 净流入和净流出则一直处于波动调整态势，这主要是由于欧盟多个成员国陷入欧债危机，导致欧洲 FDI 走势忽高忽低。

为进一步对比发达国家再工业化战略实施对 FDI 的影响，将中国与美国同期 FDI 数据绘制图 2-6 进行对比。

对比图 2-6 美国与中国 FDI 净流入和净流出数据可以看出，美国

再工业化与绿色制造

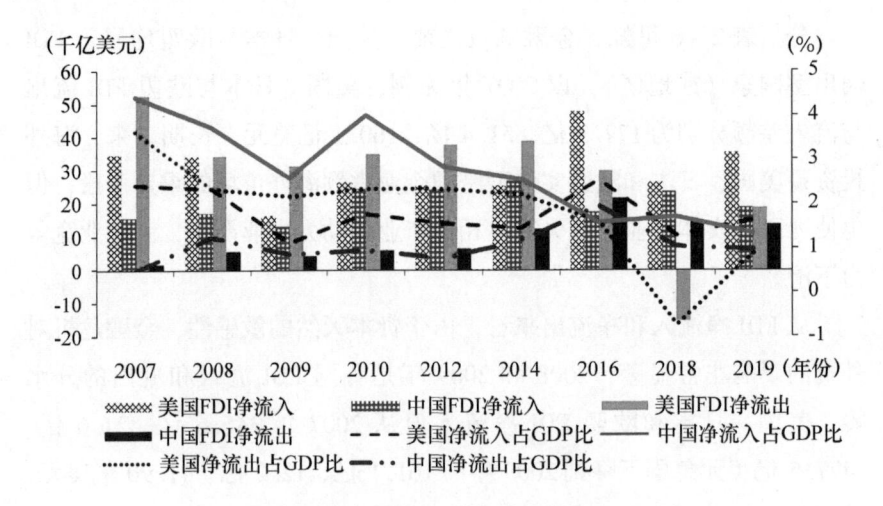

图 2-6 美国与中国 FDI 净流入和净流出对比

数据来源：根据 WDI 数据库整理，FDI 净流入和净流出以美元现期价格计算得到。

与中国 FDI 走势在金融危机之后呈现出明显的差异。美国 FDI 净流入在 2010 年之后呈现出上升势头，尤其是 2016 年之后出现大幅上升，而中国 FDI 净流入则在 2010—2014 年相对稳定，但之后呈现出下降态势；美国 FDI 净流出在 2014 年之后呈现出下降态势，而中国 FDI 净流出在 2010 年之后则呈现出上升态势。由此可见，美国政府对海外资本所采取的措施起到了明显的效果，美国市场对海外投资已产生较强的吸引力，相比较而言中国对外资吸引程度下降较为明显，美国市场吸引力提升不仅有效促进了美国海外实体投资回流，而且成功吸引了中国、欧盟等当地企业"走出去"到美国投资。

综上可以看出，金融危机对发达国家 FDI 产生深重影响，为应对危机冲击，各国针对 FDI 流入和流出均做出调整，发达国家从危机前主要资本输出国变成资本输入国，而以中国为代表的发展中国家资本输入国地位则在改变，并且这种变化呈现出进一步扩大的发展趋势。

（三）国内资本形成

美国、日本和欧盟成员国为解决国内实体经济空洞化问题，通过新

第二章 发达国家再工业化战略实施现状及测算

能源项目财政补贴、高新技术项目税收优惠、中小企业借贷补助、新兴产业创新创业鼓励等多种措施确保国内实体资本项目落地和基础设施投资建设,并强调以政府投资引领私人投资方向,提升企业家投资信心和激发民间投资活力。同时,发达国家为应对危机所推出经济激励资金中,设置专项基金用于扶持高新技术、中小企业、新能源开发等投资建设。为衡量再工业化战略实施对发达国家国内资本形成的影响,将美国、日本和欧盟2007—2019年国内资本形成总额及固定资本形成总额相关指标汇总到表2-7中。

分析表2-7可知,从资本形成总额占GDP比重来看,美国、日本和欧盟资本形成占GDP比重相似,均在20%左右波动,与长期以投资拉动经济增长的中国相比,投资占比仅为中国的一半。依据支出法核算GDP可知,投资与消费项目构成GDP的主体部分,发达国家消费项目约占GDP的70%。

但正是由于发达国家经济过度倚重消费而形成的过度服务化,金融危机导致消费者债务缠身,消费能力大大下降,拉动国家经济增长的消费发动机几乎瘫痪,但投资并没有因消费停滞而发挥出其发动机作用,在经济整体衰退之下,国内投资形成也陷入低谷,2010年美国、日本和欧盟国内资本形成总额占GDP比重均出现明显下降,由2007年22.59%、24.48%、24.38%下降到2019年的17.80%、21.32%、20.60%。为消除过度服务化问题,美国、日本和欧盟对国内投资形成采取多种调整措施,2010年之后国内投资形成总额占GDP比重呈现出稳步上升态势,2019年美国、日本和欧盟国内投资形成总额占比分别为21.01%、24.51%和21.98%,资本对经济增长的基础作用逐步显现。

从美国、日本和欧盟历年资本形成总额和增长率来看,其变化趋势也呈现出较为明显的先降后升的态势,如图2-7。

表2-7　美国、日本和欧盟国内资本形成各指标统计

资本形成	年份	2007	2008	2009	2010	2012	2014	2016	2018	2019
美国	资本形成总额（万亿美元）	3.25	3.05	2.54	2.81	3.15	3.45	3.59	3.92	4.00
	资本形成总额占GDP比重	22.59	21.12	17.80	18.74	20.02	20.81	20.41	21.04	21.01
	资本形成总额增长率	-1.62	-6.21	-16.60	10.46	7.66	4.39	-0.92	5.76	2.14
	固定资本形成总额（万亿美元）	3.22	3.08	2.70	2.76	3.08	3.35	3.54	3.84	3.93
	固定资本形成总额占GDP比重	22.36	21.32	18.85	18.38	19.58	20.33	20.26	20.76	20.79
	固定资本总额增长率	-0.58	-4.21	-12.52	2.23	6.87	5.13	1.84	4.80	2.27
日本	资本形成总额（万亿美元）	1.45	1.41	1.18	1.21	1.29	1.38	1.41	1.46	1.48
	资本形成总额占GDP比重	24.48	24.55	21.32	21.30	22.65	23.92	23.42	24.32	24.51
	资本形成总额增长率	-0.55	-2.77	-16.13	2.94	3.73	3.45	-0.86	0.50	1.00
	固定资本形成总额（万亿美元）	1.42	1.37	1.24	1.22	1.28	1.38	1.40	1.45	1.46
	固定资本形成总额占GDP比重	24.12	23.96	22.36	21.33	22.42	23.96	23.33	24.12	24.30
	固定资本总额增长率	-1.91	-3.79	-9.74	-1.59	3.54	3.05	-0.33	0.58	0.87
欧盟	资本形成总额（万亿美元）	3.58	3.53	2.96	3.08	2.97	3.06	3.32	3.64	3.75
	资本形成总额占GDP比重	24.38	23.95	20.60	21.18	20.23	20.16	20.70	21.89	21.98
	资本形成总额增长率	7.05	-1.23	-16.37	4.23	-7.10	3.97	3.25	3.97	2.96
	固定资本形成总额（万亿美元）	3.42	3.41	3.03	3.01	2.99	2.99	3.24	3.50	3.69
	固定资本形成总额占GDP比重	23.36	23.16	21.26	20.73	20.28	19.67	20.18	20.96	21.59
	固定资本总额增长率	6.20	-0.23	-11.23	-0.39	-2.78	2.12	3.18	3.60	5.39

数据来源：根据WDI数据库整理，资本形成额均以2010年美元不变价格计算得到。

第二章 发达国家再工业化战略实施现状及测算

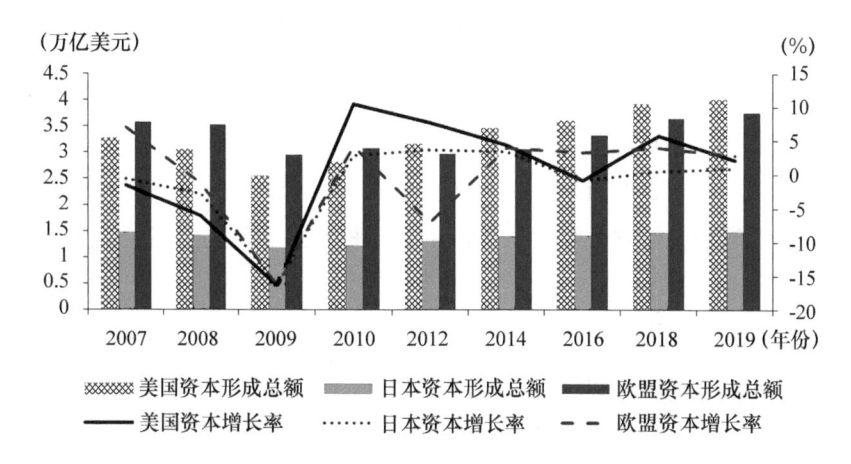

图 2-7 美国、日本与欧盟国内资本形成总额及增长率

数据来源：根据 WDI 数据库整理，资本形成额以 2010 年美元不变价格计算得到。

由图 2-7 可知，金融危机爆发后，美国、日本和欧盟国内资本形成总额在 2009 年均跌到低谷，增长率下降到 -16% 左右，这对于依赖投资形成的国内实体经济无疑是一场灾难。如果不能及时调整投资形成，金融危机将会波及到实体经济，进而很可能演变为全方位的经济大萧条。美国、日本和欧盟再工业化战略对投资形成起到了重要作用，2010 年资本形成总额均出现回调，并在之后各年份一直保持回升态势，美国 2014 年资本形成总额已超过 2007 年水平，在 2019 年更达到近 10 年新高 40000 亿美元。

由此可见，再工业化战略实施对美国、日本和欧盟国内资本形成具有重要的激励作用，资本形成回升可有效防止金融危机向实体经济演化，避免了因金融危机形成全球性经济大衰退。同时，美国、日本和欧盟国内资本形成为实体经济发展提供了完善的基础设施条件，与海外资本回流和国外 FDI 注入相结合，有效促进了国内制造业优化升级。

三 产业优化升级指标分析

金融危机使发达国家深刻认识到国内产业结构失衡导致的恶果，实体经济空心化和过度服务化是亟待解决的问题，再工业化战略以促进制造业发展为核心，但并不是简单地恢复传统制造业地位，而是以科技创新、数字技术、新能源研发等打造高端制造业，进而实现产业结构整体优化升级。因此，通过挖掘并分析发达国家科技创新、新型能源利用、环保技术等相关数据，可以从更深层面剖析再工业化的战略价值。

（一）科技创新

科技创新能力是一个综合性的指标，此处仅做描述性分析，主要从各国研发投入费用、研发人员数量、新型工业设计数量、知识产权付费进行分析，因WDI数据库部分数据缺失，仅以当前可查询数据为准。

1. 研发投入费用

科技创新是发达国家政府重点投入的领域。以日本为例，其研发费用长期占国内生产总值3%以上。图3-8将日本、欧盟和美国2001—2013年研发费用和研发费用增长率进行了对比。

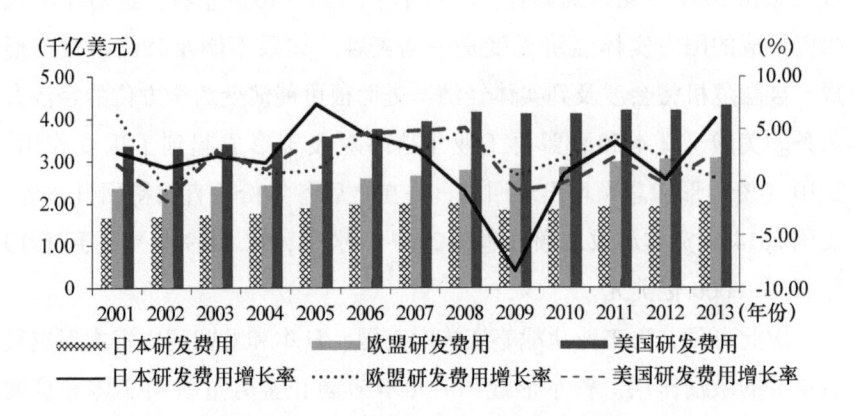

图2-8 美国、日本与欧盟研发投入费用

数据来源：根据WDI数据库GDP与研发费用占比得到，GDP为2010年美元不变价格。

由图2-8可知，从研发投入费用额和增长率来看，日本尽管比欧盟、美国研发投入费用要低，但是其研发费用占GDP比重是最高的。

在2007年之前,三国(或地区)研发投入费用呈现出平稳增长的态势,年增长率保持在3%左右。但金融危机冲击导致各国研发投入急剧下降,2009年日本研发投入费用增长率为-8.41%,这使得发达国家科技创新面临资金严重短缺难题。再工业化战略实施后,发达国家政府采取多种措施确保科技创新能力的资金投入,2010年之后各国研发投入费用基本恢复到2007年水平,研发费用增长率也达到2007年金融危机平均增长率水平。

将日本、欧盟和美国研发投入费用与中国同期数据比较可知,2001年中国研发投入仅仅是日本、欧盟和美国研发投入的1/8、1/10和1/15。尽管之后中国研发投入每年保持10%以上的增长率,与发达国家研发投入费用差距不断缩小,但2013年中国研发投入仍仅为日本、欧盟和美国的3/4、1/2和1/3。

2. 研发人员数量

研发人员通常是一个国家的精英群体,研发人员数量可反映出这个国家整体的科技创新水平。由于知识具有很强的正外部性,数量众多的研发人员可产生强大的集聚效应,在长期产生很强的溢出效应,甚至可能产生相关研究领域的"马太效应",导致发达国家与发展中国家科研水平的两极分化。图2-9是对2001—2014年日本、美国和中国每百万人研发人员数量进行的比较。

由图2-9可以看出,日本与美国每百万人研发人员分别为5000人和4000人左右,尽管金融危机对研发人员造成了一定影响,但2010年之后研发人员数量仍相对稳定。中国尽管持续加强对教育和科研的投入,但每百万人中研发人员数量仍仅为1000人左右,这一方面与中国过大的人口基数有关,另一方面也反映出中国研发人才的培育和引进仍任重道远。

3. 新型工业设计数量

科技创新要转化为生产技术,并通过提升劳动生产率实现全社会福利水平的提升,新型工业设计数量是科技创新能力转化为实际生产能力

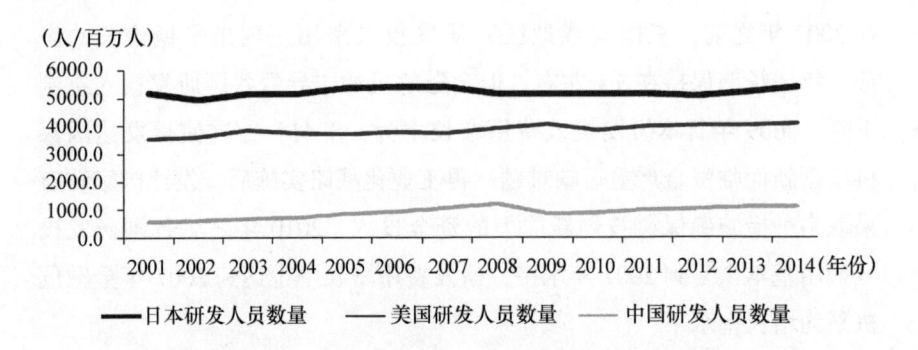

图 2-9 日本、美国与中国每百万人研发人员数量

数据来源：根据 WDI 数据库整理得到。

的重要指标。图 2-10 是对 2007—2019 年日本、欧盟和美国非居民和居民申请新型工业设计数量的统计和比较。

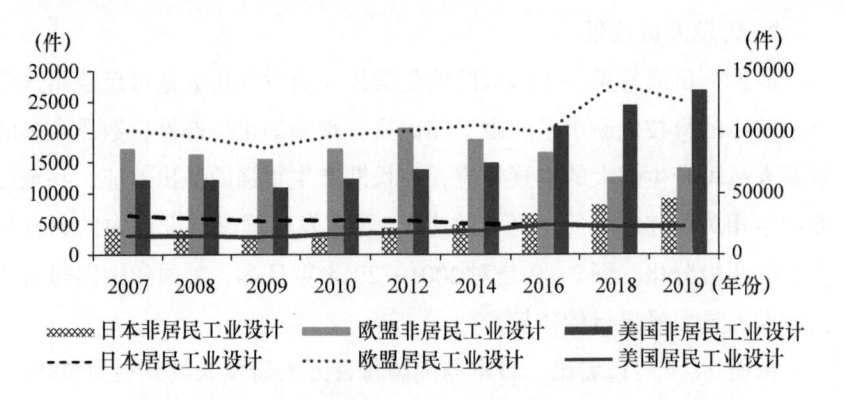

图 2-10 日本、欧盟与美国非居民与居民新型工业设计申请数量

数据来源：根据 WDI 数据库整理得到。

由图 2-10 可知，从居民和非居民角度来看，日本、欧盟与美国所申请新型工业设计中，居民申请数量远远超出非居民申请数量，这显然是由于非居民法人或自然人数量远低于居民法人或自然人，而且在申请过程中，非居民可能面临更繁琐的法定程序、更高的申请费用和语言方面的难题。而从居民所申请新型工业设计数量来看，美国与日本每年申

第二章 发达国家再工业化战略实施现状及测算

请数量差距不大，欧盟各成员国汇总的申请数量远远高于美国与日本的申请数量，这说明欧盟各国居民企业或个人在新型工业设计方面具有更大的活力。金融危机对各国工业设计申请产生一定冲击，但再工业化战略对科技创新的扶持有效抵御了这种冲击，保证了金融危机之后各国在新型工业设计方面的连续性。

4. 知识产权付费

知识产权付费可有效保证各国科研机构研发周期能及时收回成本，为研发机构提供持续的资金动力支持。知识产权付费增加表征一国技术交易活跃，技术溢出效应强，同时会鼓励科研机构进行更多的技术创新，从而在整个产学研形成良性合作，推动科研创新成果迅速转化为生产力。图2-11是对2007—2019年日本、欧盟与美国知识产权付费总额及其增长率进行的统计。

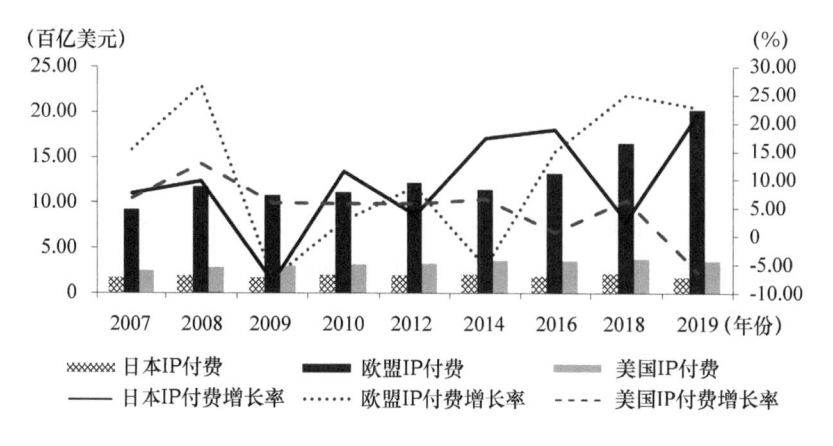

图2-11 日本、欧盟与美国知识产权付费及增长率

数据来源：根据 WDI 数据库整理得到。

由图2-11可知，欧盟整体知识产权付费远远超过日本与美国，这说明欧盟各成员国知识产权保护最为活跃。金融危机对美、日、欧知识产权付费均造成较大程度冲击，2009年三者增长率均出现了下降，日本和欧盟增长率均降低到 -5% 以下。但鉴于知识产权对企业发展的重要性，2010 年之后随着各国对实体经济的重视程度加强和科技研发投入增加，知识产权付费迅速恢复到金融危机前水平，并在其后保持了较高的增长率，2018 年和 2019 年欧盟知识产权付费增长率均达到 20% 以上。

综合研发投入费用、研发人员数量、新型工业设计数量以及知识产权付费等四个指标可以看出，发达国家整体科技创新能力处于世界领先地位。尽管金融危机对发达国家科技创新会造成一定的冲击，但由于政府对科技创新重视程度高，政策调整比较及时到位，再加上发达国家本身研发基础设施完备，使得发达国家科技创新能力迅速恢复到金融危机之前，并走上持续提升的良性轨道。

（二）新型能源使用

新能源产业是发达国家再工业化战略中重点扶持的新兴产业。通过新能源研发替代传统化石能源，既可以为国内实体经济发展构筑起坚实的动力基础，也可以减少对国外能源市场的依赖，并减轻国外能源价格波动对国内经济的波动。

1. 可再生能源、核能、可燃性废弃物

发达国家在新能源研发中注重可再生能源的使用、核能的安全利用以及可燃性可再生废弃物的使用等，以减少对传统化石能源的依赖。图 2-12 是 2001—2015 年日本、欧盟和美国可再生能源消费、替代能源和核能以及可燃性再生能源和废弃物等利用占比的统计。

由图 2-12 可知，从可再生能源消费占能源消费总量比重来看，日本、欧盟与美国占比均呈现出平稳上升的态势，三国（或地区）可再生能源消费占比分别从 2001 年 3.74%、8.94% 和 4.68% 提升到 2015 年 6.30%、17.59% 和 8.72%，提升接近一倍，由此可见可再生能源研发和使用已成为发达国家重点扶持的项目之一。在核能利用方面，由于日本 2011 年发生海啸，导致日本核能产业遭受灾难性破坏，日本核能使用占能源使用比重由 2009 年的 17.06% 下降到 2014 年的 2.22%，但

第二章 发达国家再工业化战略实施现状及测算

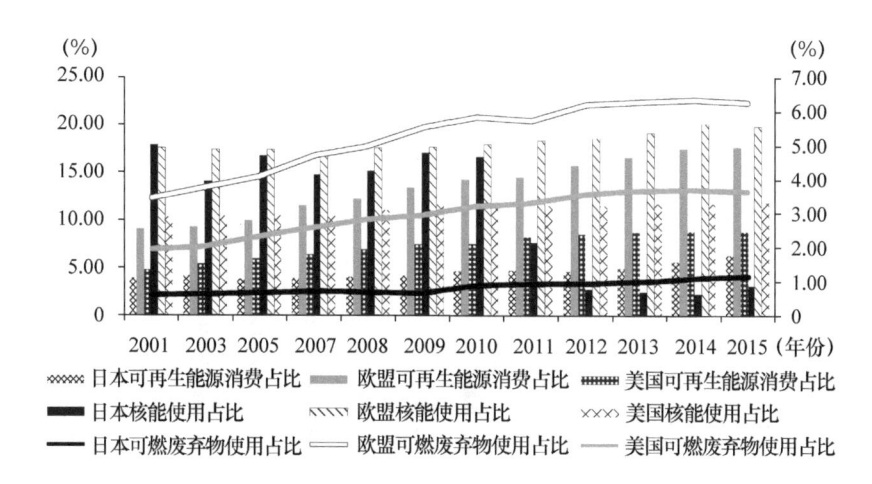

图2-12 日本、欧盟与美国新能源使用情况

数据来源：根据WDI数据库整理得到。

欧盟和美国在核能使用占比上相对稳定，分别保持在17%和11%左右，但考虑到核能使用的安全隐患，核能使用占比并没有大幅度攀升。在可燃性可再生废弃物利用方面，日本、欧盟和美国使用占比均保持稳定上升的态势，但三者的比重存在较大的差异，2015年日本、欧盟和美国可燃性废弃物使用比重分别为1.16%、6.25%和3.62%。

综合来看，日本、欧盟和美国在可再生性能源和废弃物研发和利用方面保持平稳发展的态势，尽管金融危机造成一定冲击，使其发展出现波动甚至小幅下降，但再工业化战略使其能较快恢复稳定增长的常态。但在核能利用方面，日本受自然灾害以及国内公众信心不足影响，大幅削减了核能使用占比，美国和欧盟尽管保持了较为稳定的核能使用占比，但对核能安全性的担忧使两国在核能发展上相对保守，寻求更为安全的能源以替代核能是政府和公众亟待解决的课题。

2. 可再生能源和化石能源发电

电力是各国不可或缺的能源。电力是二次能源，根据发电方式可以分为火力发电、水力发电、核能发电等多种类型，采用可再生清洁型发电也是发达国家新能源研发利用的重点课题。图2-13是2001—2015年日本、欧盟和美国可再生能源发电和传统化石能源发电的基本情况。

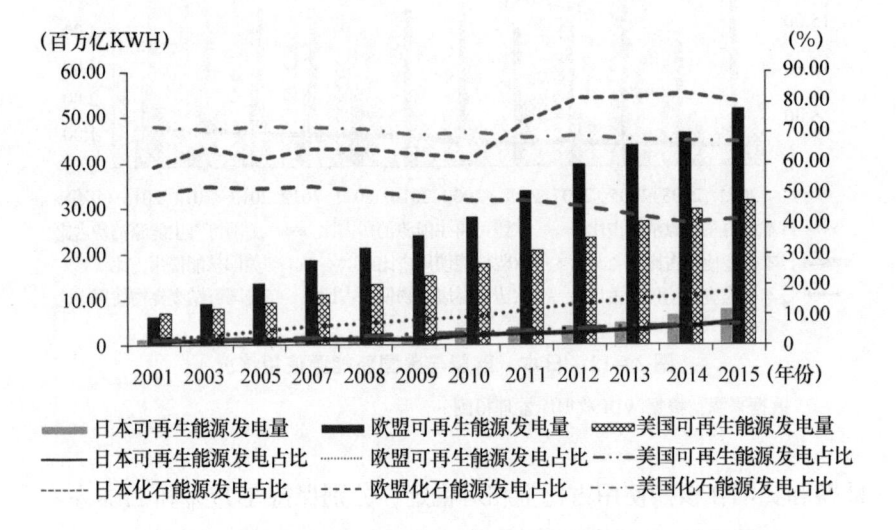

图2-13 日本、欧盟与美国可再生能源发电和化石能源发电统计

数据来源：根据WDI数据库整理得到，可再生能源发电不包括水力发电。

分析图2-13可知，从可再生能源发电量来看，日本、欧盟和美国均呈现出快速增长的态势，发电量从2001年的138.1、629.2和721.7亿千瓦时提升为2015年的802.9、5174.3和3174.2亿千瓦时，增长6倍、8倍和4倍以上。从可再生能源发电量占总发电量比重来看，2001—2015年期间日本、欧盟和美国也均得到大幅度提升，但可再生能源发电整体比重仍不高，短期内不能完全替代化石能源发电。从化石能源发电量占比来看，欧盟和美国2001—2015年期间呈现出下降态势，但整体降幅并不大，而日本受海啸灾害影响，大幅减少核能发电，化石能源发电量占比在2011年之后出现大幅度提升，从60%左右提升到80%以上。

由此可见，发达国家持续关注并扶持可再生能源发电研发和使用，尤其是金融危机后再工业化战略实施以后，发电量有了大幅度提升，并在一定程度上减轻对化石能源发电的依赖，但由于可再生能源发电的技术含量和使用成本都较高，短期内难以完全替代化石能源发电。

（三）信息通信技术（ICT）和高新技术制造业

1. 信息通信技术（ICT）

再工业化战略强调对新型技术的研发和使用，尤其是对近年来突飞猛进的信息通信技术的开发利用。图2-14是对2001—2017年日本、欧盟和美国信息通信技术服务出口额及出口额占服务出口总额比重的统计。

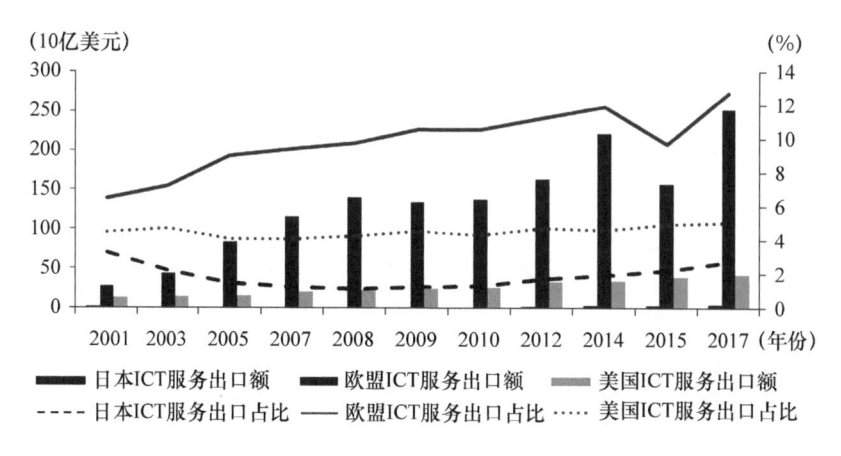

图2-14 日本、欧盟与美国信息通信技术（ICT）服务出口额及占比

数据来源：根据WDI数据库整理得到，出口额以现期美元价格计算。

分析图2-14可知，从信息通信技术服务出口额来看，尽管日本、欧盟与美国ICT服务出口额横向比较存在较大差异，但纵向来看，在统计区间内均呈现出上升态势，欧盟上升幅度最大，从2001年276.2亿美元增长到2017年2509.4亿美元，增长了近10倍，日本和美国也分别增长了2倍和3倍以上。从信息通信技术服务出口占服务出口总额比重来看，欧盟ICT服务出口一直是服务出口的重要部分，其占比在统计期间从6%左右上升到12%以上，美国和日本ICT服务出口占比相对较低，但在2010年以后均出现较为明显的提升。

由此可见，尽管贸易出口额受国际经济形势影响较大，金融危机对各国ICT造成一定程度影响，但日本、欧盟与美国ICT服务出口仍表现出明显的稳定性，尤其是再工业化战略实施使得ICT服务出口额增长明显加快。

2. 高新技术制造业

再工业化战略以促进制造业发展为核心，但并不是对传统制造业的还原，而是以创建和发展高端制造业为目标，因此，高端制造业竞争力提升是衡量发达国家再工业化战略效果的重要指标。图2-15是2007—2019年日本、欧盟和美国高新技术制造业出口情况的统计。

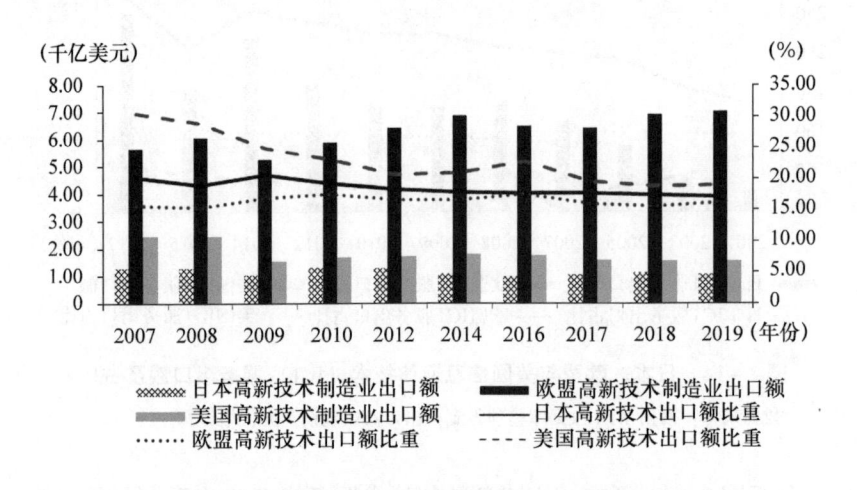

图2-15 日本、欧盟与美国高新技术出口额及占比

数据来源：根据WDI数据库整理得到，出口额以现期美元价格计算。

由图2-15可以看出，欧盟仍然是三国（或地区）高新技术出口额最多的地区，2020年以后欧盟高新技术出口额在6500亿美元左右波动。但日本、欧盟与美国高新技术制造业出口额占制造产品出口总额的比重相近，保持在20%左右。对比金融危机前后数据可以看出，2010年以后日本、欧盟与美国高新技术出口额呈现出稳中带降的态势，这一方面是由于金融危机冲击，各国制造业发展遇到资金短缺、市场竞争加剧等因素干扰，另一方面也是由于再工业化战略使得发达国家国内制造业市场更有吸引力，部分高新技术制造企业由外销转向内销，从而使得出口额和出口占比均有所下降。

（四）其他相关指标

金融危机冲击以及之后发达国家再工业化战略调整，不仅会直接对发达国家科技创新能力、新能源研发、高端制造业等，而且会影响到整体经济发展的其他方面，如通过实施生态环保措施对CO_2排放的控制、市场配套服务的完善、基础设施效率的提升等。

1. 创建新企业需时

根据WDI数据库统计，在发达国家中开办一家新企业所需时长不断在缩减，即政府相关办事机构效率在不断提升。日本、欧盟和美国2013年开办一家新企业分别需要11.6天、15.8天和6.2天，而同期在中国开办一家企业则需要32.3天，2019年日本、欧盟和美国开办一家新企业则下降到11.1天、12.2天和4.2天，创办新企业所需时间进一步缩短，这无疑大大激励金融危机后创办企业的积极性，并可大大节省申报期间的时间和金钱成本。

2. CO_2排放量及强度

发达国家再工业化战略包括环境保护技术和工艺的研发和应用，例如以低碳经济、清洁生产为代表的生产模式的推广。图2-16是2001—2015年日本、欧盟和美国CO_2排放量和CO_2强度的统计。

由图2-16可知，从CO_2排放量来看，美国排放量在三国（或地区）中最多，2001年美国、欧盟、日本排放量分别为574.9、341.8、117.1万公斤，但之后三国（或地区）CO_2呈现出持续下降的态势，2015年美国、欧盟、日本CO_2排放量分别为498.3、289.7、118.2万公斤，由此可见，对于CO_2排放问题，发达国家采取了严格的总量控

(100万公斤)   (公斤/公斤石油当量)

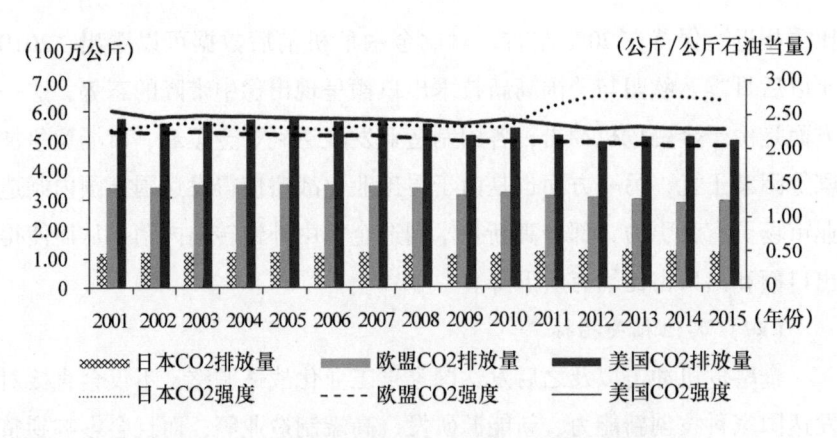

图 2-16 日本、欧盟与美国 CO2 排放量及强度

数据来源：根据 WDI 数据库整理得到，CO2 强度为每公斤石油当量排放 CO2 量。

制，使得 CO2 排放呈现出逐年下降的趋势。

CO2 排放量反映一个国家整体碳规模，CO2 强度是每公斤石油当量能源排放的 CO2 数量，反映该国能源使用过程中 CO2 减排程度。横向比较可以看出，日本、欧盟和美国 CO2 强度差别不大，在 2.5 左右波动，纵向对比可以看出，美国、欧盟 CO2 强度呈现出持续下降的态势，而日本则在 2011 年突然上升，之后呈现出较为稳定的态势，这主要是因为日本海啸灾害后能源结构发生了重大变化，核能使用大幅减少，化石能源使用大幅增加，从而使 CO2 强度提升。

由此可见，发达国家对 CO2 排放在总量和能源使用工艺方面均进行了严格控制，使得总量和强度呈现出"双降"态势，尽管金融危机冲击使发达国家调整了产业政策，但再工业化战略实施过程中对环保减排等技术研发给予重点关注，这保证了金融危机后发达国家 CO2 排放持续下降的走势。

3. 物流便利性

发达国家再工业化战略强调加强和完善国内制造业基础设施建设，以便为制造企业打造有竞争力的国内市场环境。物流便利性指数是世界银行对各国物流服务能力的综合性评估，它在一定程度上可反映该国交

第二章 发达国家再工业化战略实施现状及测算

通设施、仓储配送、网络通信、行政审批等多项基础设施的完善程度。该指数由多个指标打分综合评定，包括对货物追踪和跟踪能力、物流服务能力和质量、贸易和运输基础设施质量等。图2-17对日本、欧盟和美国物流便利性指数及代表性指标评分进行了统计，为进行对比，将中国同期的评分也汇总进行对比。

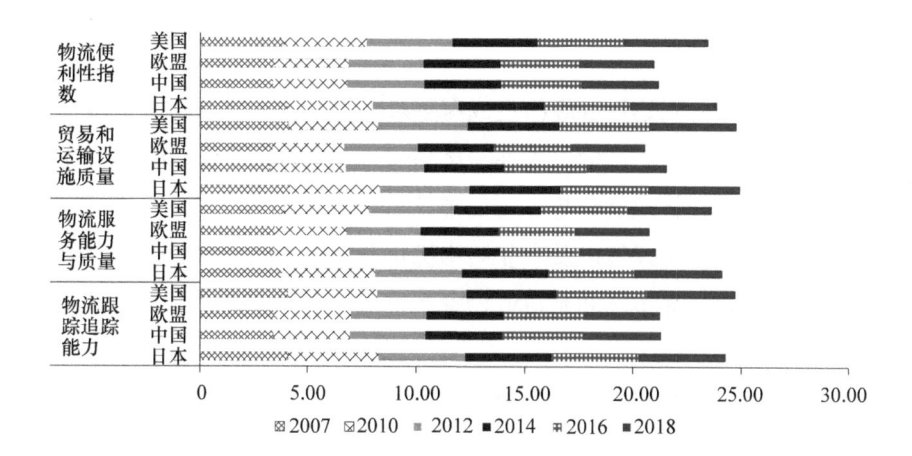

图2-17 美国、欧盟、中国、日本物流便利性指数及代表性指标评分

数据来源：根据WDI数据库整理得到，每项评分为1-5分，分数越高代表质量越高。

由图2-17可知，整体来看，美欧中日物流便利性指数存在一定的差异，日本与美国比欧盟与中国便利性指数评分更高，货物跟踪追踪能力、物流服务能力与质量以及贸易和运输设施质量等分指标也差异较大。欧盟便利性相对较低主要是因为欧盟成员国内部开放程度并不一致，各国物流基础设施质量也存在一定差异，网络通信技术的差异也使得货物在各国配送过程中存在一定的交接时滞，导致各指标评分和总分均落后于美国和日本。中国物流便利性差异跟欧盟类似，也主要缘于国内不同地区基础设施、通信技术、服务质量等的差异性。纵向来看，美欧中日物流便利性指数及各分指标评分呈现出持续上升的态势，这与各国对物流基础设施持续性投入建设直接相关。

综合创建新企业需时、CO2 排放量及强度以及物流便利性指数可以看出，发达国家再工业化战略对国内经济各方面均产生一定程度的影响，使国内基础设施建设更完备，市场环境更具活力和竞争性，也使其对国内企业、海外跨国企业以及外国企业均产生较强的吸引力。

第三节 发达国家再工业化战略综合指数测算

金融危机对发达国家经济造成深重影响，各国政府认识到实体产业空洞和过度服务化问题的严重性，试图通过实施再工业化战略以均衡产业结构并扭转经济发展颓势。再工业化战略实施对发达国家宏观经济、资本形成、制造业发展以及产业结构优化升级均起到一定的效果，同时也对国际制造产品市场和制造业投资产生明显作用。

一 再工业化战略综合指数评价体系

（一）再工业化战略评价体系构建

为综合评价发达国家再工业化战略，首先通过知网（CNKI）检索系统，以再工业化战略为主题词搜索出相关研究文献，之后对相关文献关键词进行初步筛选，选出 40 个与再工业化战略相关的指标。在此基础上，以德尔菲方法向国内高校相关领域专家征求指标筛选意见，经过三轮筛选，最终筛选出再工业化战略综合指数评价体系，如表 2-8 所示。

表2-8　　　　　　　发达国家再工业化战略评价体系

指标名称	指标简称	性质
GDP 增长率	GDPG	正向
第二产业增加值占比	SIAV	正向
第二产业劳动力占比	SILA	正向
制造业增加值增长率	MAVG	正向
FDI 净流入增长率	FDIIG	正向

续表

指标名称	指标简称	性质
固定资本形成总额增长率	FCFG	正向
知识产权付费增长率	IPPG	正向
可再生能源消费占比	RECP	正向
高新技术制成品出口增长率	HTMEG	正向

如表2-8所示，所选取9个指标从发达国家宏观经济特征、产业结构演变、外资流量变化、新兴产业发展等多个角度对再工业化战略进行全面评价。从指标性质来看，各指标均为正向指标，即在评价范围内指标值越大，说明再工业化战略影响效果越强。以FDI净流入增长率（FDIIG）为例，再工业化战略实施在吸引国外资本撤回发达国家的同时，也吸引了其他国家资本寻求并进入盈利率更高的市场，因此，FDI净流入增长可表征再工业化实施之后发达国家国内投资市场的吸引程度。

所选取指标均为增长率或占比，这主要是考虑到再工业化战略实施是一个动态过程，增长率可对相关指标在不同年份的变化进行纵向比较，有利于衡量战略实施过程中相关指标的动态演进，而占比则可对相关指标在同一时点进行横向比较，可全面把握该指标在同类指标中的地位。

（二）评价思路与数据来源

在构建发达国家再工业化战略评价体系基础上，首先对美国、欧盟与日本相关指标原始数据进行标准化处理，之后采用熵权法（EWM）对评价体系各指标进行客观赋权，在此基础上得到美国、欧盟与日本历年再工业化战略指数，最后以美国、欧盟与日本三国历年GDP均值占比为权重，形成发达国家再工业化战略综合指数，评价思路如图2-18所示。

评价数据是选取2006—2019年美国、欧盟及日本等典型发达国家（或地区）相关数据进行汇总并整理得到，原始数据均来源于世界银行（WDI）数据库（截至2021年9月）。数据区间跨度兼顾金融危机爆发前后，并综合考虑发达国家再工业化战略实施过程及实施滞后效果。但

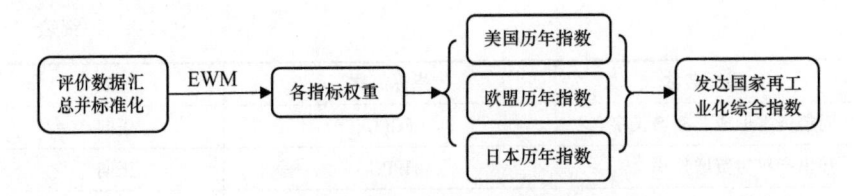

图 2-18 发达国家再工业化综合指数评价思路

截至 2021 年 9 月，所采用评价体系中指标所对应 WDI 数据库部分数据缺失，相关数据包括 2019 年第二产业增加值增长率、2016—2019 年可再生能源消费占比以及 2006 年高新技术制成品出口增长率，对这些缺失数据采用同类均值插补方法进行填充。

二 采用熵权法对各指标赋权

指标赋权是定量评价过程中关键的环节，从现有研究来看，赋权方法可分为两大类，即主观赋权与客观赋权。常见主观赋权方法包括专家打分法、AHP 层次分析法、优序图法等，主要借助于专家对指标重要程度的判断获取数字的相对大小信息，以构造判断矩阵并进行权重计算。客观赋权方法又可以根据计算原理分为三类，第一类依据数据信息浓缩原理，通过利用方差解释率进行计算，如主成分分析法和因子分析法，第二类是利用数据熵值信息即信息量大小进行计算，如熵权法，第三类则利用数据的波动性或数据之间相关关系来进行计算，如 Critic、独立性权重和信息量权重法。相较而言，客观赋权方法源于原始数据本身的特性，同时可以结合数据本身波动性、相关性、信息量等择优选择，因此，客观赋权在近年来得到更广泛的应用。

鉴于再工业化战略评价体系所选取指标数据区间跨越金融危机前中后三个时期，不同指标不确定程度有明显差别，因此，选取熵权法（EWM）对评价指标进行权重计算。

（一）数据标准化

数据标准化即数据的无量纲化，当前常用的数据标准化方法包括极

第二章 发达国家再工业化战略实施现状及测算

差法、欧式距离法、均值标准化法（Z-score）、反正切函数法、对数压缩数据法等。鉴于再工业化战略评价体系所选取各指标均为正向指标，选取极差法对原始数据进行标准化，正向指标极差法处理过程为：

对于给定 K 个指标 X_1，X_2，X_3，……X_K，其中：

$$X_i = \{x_1, x_2, \cdots x_n\} \tag{2-1}$$

假设各指标标准化后的值为 Y_1，Y_2，Y_3，……Y_K，则：

$$Y_{ij} = \frac{x_{ij} - min(x_i)}{max(x_i) - min(x_i)} \tag{2-2}$$

由此得到美国、欧盟及日本再工业化战略评价体系中各指标标准化值，如图表 2-9 所示。

（二）计算各指标信息熵

根据信息熵定义计算各指标信息熵 E_j。信息熵大小是熵权法赋权的关键，信息熵越小，表明指标所提供的信息量越多，在评价过程中作用越大，权重值就会越大，反之，信息熵越大，则其权重就越小。信息熵计算公式如（2-3）所示。

$$E_j = -\frac{1}{ln\,n} \sum_{i=1}^{n} p_{ij}\, ln\, p_{ij} \tag{2-3}$$

其中，$p_{ij} = Y_{ij} / \sum_{i=1}^{n} Y_{ij}$。

如果 $p_{ij} = 0$，则定义：$lim\, p_{ij}\, ln\, p_{ij} = 0$。

（三）确定各指标权重

由信息熵公式，可得各指标信息熵为：E_1，E_2，E_3，……E_K，代入权重计算公式（2-4），

$$W_i = \frac{1 - E_i}{k - \sum E_i} (i = 1, 2, \ldots, k) \tag{2-4}$$

公式（2-4）中，W_i 代表各指标权重，由此可得。

为避免不同年份信息熵与权重的差异,在计算信息熵与权重时,将美国、欧盟与日本样本期间面板数据进行统一标准化处理,发达国家再工业化战略评价体系各指标信息熵和权重计算结果如表2-10所示。

表2-10　　　　发达国家再工业化战略评价体系各指标权重

指标名称	指标简称	信息熵 E_j	权重 W_i
GDP 增长率	GDPG	13.9056	0.1168
第二产业增加值占比	SIAV	12.9602	0.1083
第二产业劳动力占比	SILA	12.8598	0.1074
制造业增加值增长率	MAVG	13.9061	0.1168
FDI 净流入增长率	FDIIG	12.8059	0.1069
固定资本形成总额增长率	FCFG	13.8417	0.1163
知识产权付费增长率	IPPG	13.8723	0.1165
可再生能源消费占比	RECP	12.7080	0.1060
高新技术制成品出口增长率	HTMEG	12.6026	0.1050

三　计算并分析发达国家再工业化战略指数

(一) 计算美、欧、日再工业化战略指数及综合指数

利用表2-9和表2-10,将再工业化战略评价体系各指标标准化评分与各指标权重结合,代入公式(2-5),

$$Z_i = \sum_{i=1}^{k} Y_{ij} W_i \qquad (2-5)$$

可得到2006—2019年美国、欧盟及日本再工业化战略指数。

为进一步研究发达国家再工业化战略综合影响,以三地区研究期间GDP各年算数平均数为基础分别计算权重,形成美国、欧盟及日本再工业化战略综合指数,即:

$$\alpha_i Z_{1j} + \beta_i Z_{2j} + \gamma_i Z_{3j} \qquad (2-6)$$

公式(2-6)中,α_i、β_i、γ_i 分别代表美国、欧盟与日本研究期间内各年再工业化战略指数权重,Z_{1j}、Z_{2j}、Z_{3j} 则分别代表美国、欧盟与

第二章 发达国家再工业化战略实施现状及测算

表2-9 2006—2019年发达国家再工业化战略评价体系各指标标准化值

		2006	2007	2008	2009	2010	2011	2012	2013	2014	2015	2016	2017	2018	2019
GDPC	美	0.86	0.76	0.45	0.70	0.83	0.73	0.80	0.76	0.83	0.88	0.74	0.81	0.88	0.79
	欧	0.93	0.89	0.63	0.89	0.79	0.75	0.51	0.44	0.73	0.80	0.77	0.86	0.78	0.73
	日	0.71	0.74	0.55	1.00	1.00	0.45	0.72	0.77	0.60	0.69	0.62	0.79	0.60	0.59
SIAV	美	0.30	0.29	0.24	0.11	0.12	0.12	0.10	0.11	0.11	0.05	0.00	0.02	0.05	0.02
	欧	0.54	0.54	0.51	0.40	0.41	0.41	0.39	0.36	0.35	0.37	0.37	0.37	0.36	0.34
	日	1.00	0.99	0.92	0.77	0.87	0.74	0.73	0.75	0.81	0.92	0.92	0.93	0.92	0.87
SILA	美	0.31	0.28	0.21	0.04	0.00	0.01	0.01	0.04	0.04	0.03	0.02	0.01	0.03	0.03
	欧	1.00	1.00	0.97	0.83	0.74	0.72	0.67	0.63	0.61	0.60	0.60	0.61	0.62	0.61
	日	0.92	0.89	0.86	0.74	0.67	0.65	0.64	0.64	0.62	0.61	0.58	0.57	0.54	0.52
MAVG	美	0.69	0.62	0.54	0.76	0.68	0.53	0.49	0.61	0.58	0.56	0.50	0.59	0.65	0.58
	欧	0.69	0.64	0.53	0.90	0.81	0.66	0.55	0.49	0.62	0.64	0.60	0.63	0.58	0.49
	日	0.63	0.68	0.49	1.00	1.00	0.56	0.59	0.48	0.61	0.64	0.50	0.65	0.57	0.57
FDIIG	美	0.13	0.08	0.93	0.95	0.10	0.93	0.93	0.08	0.93	0.12	0.93	0.94	0.94	0.09
	欧	0.08	0.10	0.95	0.95	0.08	0.10	0.94	0.07	0.94	0.11	0.93	0.94	0.98	0.36
	日	1.00	0.58	0.08	0.95	0.95	0.98	0.15	1.00	0.12	0.96	0.41	0.95	0.09	0.10

· 115 ·

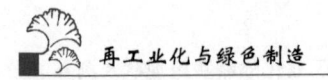

续表

		2006	2007	2008	2009	2010	2011	2012	2013	2014	2015	2016	2017	2018	2019
FCFG	美	0.78	0.38	0.57	1.00	0.76	0.88	1.00	0.83	0.91	0.83	0.74	0.83	0.89	0.76
	欧	0.96	0.97	0.37	0.93	0.37	0.75	0.50	0.46	0.76	0.91	0.81	0.86	0.83	0.92
	日	0.67	0.45	0.55	0.86	0.44	0.73	0.83	0.90	0.80	0.73	0.37	0.80	0.68	0.69
IPPG	美	0.68	0.56	0.69	0.54	0.54	0.54	0.56	0.43	0.55	0.73	0.84	0.54	0.61	0.65
	欧	0.60	0.75	1.00	0.75	0.47	0.60	0.71	0.74	0.96	0.91	0.90	0.58	0.61	0.51
	日	0.54	0.58	0.63	0.77	0.66	0.46	0.49	0.82	0.80	1.00	0.83	0.53	0.47	0.89
RECP	美	0.14	0.14	0.17	0.20	0.20	0.24	0.26	0.27	0.27	0.27	0.29	0.31	0.33	0.35
	欧	0.36	0.42	0.45	0.52	0.57	0.58	0.65	0.69	0.74	0.75	0.81	0.87	0.93	1.00
	日	0.02	0.00	0.01	0.02	0.05	0.05	0.04	0.06	0.10	0.14	0.16	0.18	0.20	0.22
HTMEG	美	1.00	0.93	0.83	0.59	0.47	0.35	0.32	0.32	0.34	0.40	0.46	0.26	0.21	0.22
	欧	0.01	0.01	0.00	0.10	0.14	0.09	0.08	0.11	0.08	0.12	0.14	0.04	0.01	0.05
	日	0.31	0.29	0.22	0.32	0.23	0.19	0.18	0.15	0.15	0.17	0.14	0.14	0.12	0.10

第二章 发达国家再工业化战略实施现状及测算

日本再工业化战略指数，由此得到发达国家再工业化战略综合指数 CI_i，如表2-11所示。

表2-11　美国、欧盟及日本再工业化战略指数及综合指数

	2006	2007	2008	2009	2010	2011	2012	2013	2014	2015	2016	2017	2018	2019
美	0.55	0.45	0.52	0.55	0.42	0.49	0.50	0.39	0.51	0.44	0.51	0.49	0.52	0.40
欧	0.58	0.60	0.60	0.70	0.49	0.53	0.56	0.45	0.65	0.59	0.66	0.64	0.64	0.56
日	0.65	0.58	0.48	0.72	0.66	0.54	0.49	0.63	0.52	0.66	0.51	0.62	0.47	0.51
综合	0.58	0.54	0.55	0.64	0.49	0.51	0.53	0.45	0.57	0.54	0.58	0.58	0.56	0.49

（二）美、欧、日再工业化战略指数及综合指数分析

首先，对表2-11中各地区研究期间再工业化战略指数及综合指数基本数据信息进行分析，可得表2-12。

表2-12　美国、欧盟及日本再工业化战略指数及综合指数基本数据特征

	平均值	最大值	最小值	标准差
美国 RSCI	0.48	0.55	0.39	0.05
欧盟 RSCI	0.59	0.70	0.45	0.07
日本 RSCI	0.57	0.72	0.47	0.08
发达国家 RSCI	0.54	0.64	0.45	0.05

由表2-12可知，2006—2019年期间美国、欧盟与日本再工业化战略指数存在一定的差别，美国再工业化战略指数平均值最低，仅为0.48，欧盟与日本几乎持平，同时，美国再工业化战略指数在研究期间最小值仅为0.39，但整体来看，美国再工业化战略指数标准差较小，整体波动程度较小。这主要是由于美国整体国内市场存在较大差异，各州之间政策制定与实施过程中也存在一定的差异，导致美国再工业战

略产生效果没有日本与欧盟更为显著。

其次,将美国、欧盟与日本再工业化战略指数与发达国家再工业化战略综合指数绘制于图2-19中,以更清晰表征发达国家再工业化战略指数波动态势。

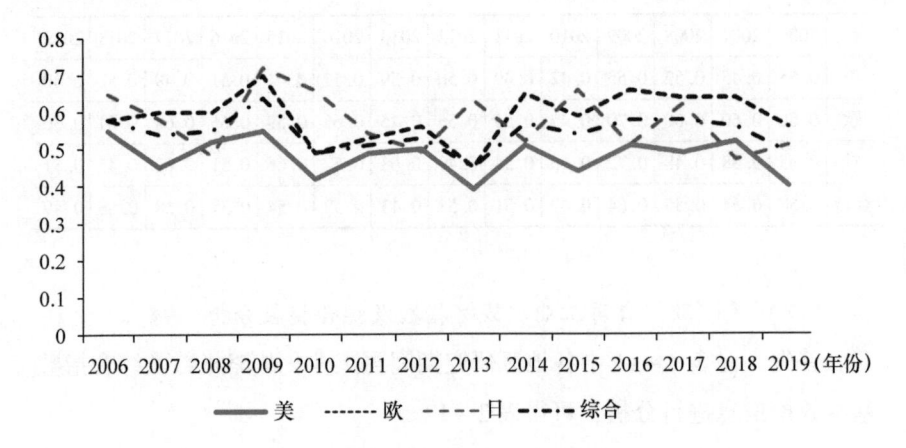

图2-19 美国、欧盟、日本再工业化战略指数及发达国家再工业化战略综合指数

数据来源:根据再工业化战略评价体系计算得到。

由图2-19可以看出,再工业化战略指数整体呈波动发展态势,从波动趋势来看,可分为三阶段。第一阶段为2009年之前,再工业化战略指数整体呈缓慢上升态势,2009年各国再工业化战略指数均呈加速上升态势。这主要是因为金融危机之前,发达国家已经着手于国内实体工业的调整,再工业化相关指标有所提升,而2008年金融危机爆发则使得发达国家再工业化进程加速。第二阶段自2010年至2014年,这一阶段是再工业化战略实施之后的检验期,再工业化战略指数呈现出相对稳定的发展态势。这主要是由于再工业化战略从落地到产生实际效果需要一定的时间差,再工业化战略评价指标在此期间相对平稳。第三阶段自2014年至2019年,不同国家或地区再工业化战略指数整体提升,但在2018年之后开始下降。再工业化战略指数整体提升是由于各国战略

第二章　发达国家再工业化战略实施现状及测算

已初见成效，各项指标均得到较大程度的提升，但2018年之后发达国家整体经济表现平稳，经济对外融合程度提升，金融服务类行业又重新释放其强势动能，国内实体经济发展则稍显缓慢，这使得再工业化战略效果也有所下降。

由此可见，再工业化战略指数可清晰表征金融危机前后以及之后战略调整对发达国家整体经济产生的影响，这种影响也会随着贸易、投资以及经济一体化波及到周边国家整体经济及相关产业，并产生一系列的波动效应。中国作为制造业大国，再工业化战略对中国制造业带来的冲击作用显著，以再工业化战略指数量化发达国家再工业化战略发生源，以制造业绿色竞争力指数衡量再工业化对样本地区制造业作用目标，对发生源与作用目标采用回归和因果检验，以期量化分析再工业化战略对样本地区制造业绿色化的作用程度，并提出减轻负面作用的对策和进一步提升绿色竞争力的途径。

第三章
中国制造业发展历程及基本面特征分析

不管是回溯发达国家经济发展史还是审视当今世界经济格局新动向，制造业对发达国家甚至是整体世界经济发展都起到了支柱作用。新中国成立以来，中国制造业在中国经济建设中也起到了中流砥柱的作用，中国制造企业在国内各类企业中独当一面。

但中国制造业在迅速发展的过程中，由于国内制造业长期处于全球产业链中下游，在担任世界加工厂的角色中兼任资源投入和污染治理等多重任务，这显然与新时期以绿色低碳高质量发展的目标是相违背的。同时，国际金融危机背景下发达国家实施的以新型制造业为基础和核心的再工业化战略，对中国制造业的发展与转型均带来巨大压力。因此，在外部与内部双重压力之下，中国政府确立以"中国制造2025"为行动纲领的规划体系，对制造业整体发展及转型进行了全面谋划，制造业绿色转型作为规划体系中的核心任务之一，已成为国内制造业由大变强的关键。

本章将首先回顾中国制造业自新中国成立以来的发展历程，之后基于制造业典型省份数据，对其制造业发展基本面特征进行定性分析，以期对中国制造业整体发展状况进行梳理，综合把握发达国家再工业化战略与国内制造业转型升级的关联。

第一节　中国制造业发展历程分析

中国制造业自新中国成立以来，从低端走向高端，梳理来看，中国制造业发展主要经历了四个阶段。

一　1949年—1978年中国制造业探索起步阶段

新中国成立以后，中国经济在"一穷二白"基础上进行经济建设，以指令为核心的计划性经济建设在此期间起到重要作用。政府以计划经济为基本经济制度，生产、分配、交换、消费等环节并不以市场规律为基础，政府指令是企业生产和居民消费的基本依据。该阶段的制造业以国有企业为主导，尽管相关企业技术较为落后，产值规模也不高，但这些企业针对性强，一方面以生产基础性工业原料为主，如生产煤炭、钢铁等，另一方面以铺建基础设施为目标，如公路、铁路、码头等基础性交通网络，由此奠定了制造业在国民经济中的基础性地位。同时，该阶段制造业以国家区位为基础，形成布局差异明显的轻重工业区。

以制造业大省山东省为例，新中国成立以后至改革开放前，限于技术水平和国家计划，山东省制造业在此期间主要完成两项任务，一是在省内规划并建设完成以公路、铁路为主的道路交通网，并配套内河、沿海及航空多种运输方式，为原材料输送、制造产品配送配备相对完善的物流网，大幅提升省内各地以及省内省外运输效率。二是在省内基本形成了完整的工业体系，国内工业大省初具规模。依托丰富的矿产资源，山东省枣庄市成为重要煤炭开采和加工基地，淄博市、东营市则成为国内铝业、石油化工基地，青岛、烟台等则重点发展纺织、印染等轻型制造业，同时，山东省多个城市建设起机械制造、化工、制药等大中型国有制造企业，各城市效仿苏联模式而形成的大而全工业格局浮出水面。

二 1978年—1997年中国制造业快速崛起阶段

1978年中国改革开放为制造业发展创造新的契机，国内外市场格局发生重大变化，国际市场全球化浪潮汹涌，国内市场由卖方市场向买方市场转变，供需结构呈现出不平衡特征，同时，中国基本经济制度由计划经济逐渐转变为社会主义市场经济。中国制造业在这一阶段呈现出快速崛起的发展势头，不仅企业数量、产值规模、从业人员等均迅速增长，而且制造业整体逐渐融入到全球产业分工体系，形成以劳动力资源禀赋为核心竞争要素的世界工厂。该阶段前半段中国制造业整体技术层次水平不高，在全球产业链分工体系中集中于低端劳动密集型，多数国内企业承担来料或来件加工的角色，但进入20世纪90年代以后，国内企业在引进和学习国外先进技术和管理经验基础上，自主创新能力快速提升，劳动密集型逐渐向资本密集型或技术密集型转型。

聚焦到制造业典型省份山东省，该阶段山东省制造业依托其工业基础和资源优势，生产和销售规模均得以迅速扩张。主要表现为：首先，山东省国有制造企业如雨后春笋般复苏和迅速成长，家用电器、五金产品、纺织品、罐装食品等生活必需品得以大量生产，如青岛冰箱厂、烟台罐头总厂、济南无线电厂等一批制造企业的建立，标志着制造业国内需求市场已逐渐成形。其次，自20世纪80年代末开始至20世纪90年代中后期，鉴于国内投资环境日益成熟以及多种要素禀赋优势的强大吸引，美日欧韩等多家外资制造企业大张旗鼓进驻山东省，不仅以合资或独资企业的形式着眼于开拓国内市场，引领省内制造业设备更新和技术升级，而且以来料加工或贴牌生产的方式返销其本国市场。再次，自改革开放以来至90年代末，一大批民营制造企业开始在省内制造业崭露头角，并在与国有企业和外资企业激烈竞争中逐渐成长为民营制造品牌，如魏桥、南山、鲁花等。山东省制造业在这一时期由大而全逐渐过渡为大而专，但由于这一时期国内经济变革频繁，资金短缺明显，小型制造企业成长较为艰难。

三 1998年—2007年中国制造业高速发展阶段

1997年亚洲金融危机爆发，导致亚洲新兴国家经济跌入低谷，立足于国内制造业的出口导向型模式遭遇挑战，经济全球化热潮变冷。但中国经济在此次危机中并没有受较大影响，反而在危机中对周边国家金融市场产生重要的维稳作用，从而被认为是替代日本引领亚洲经济的头雁。中国强大的市场吸引力、优质的要素禀赋继续对制造业发展发挥出强大的支撑作用，并通过不断扩大对外贸易的份额，在国际市场上稳步提升自己的地位。同时，中国政府注重将技术引进与技术研发有机结合，引导制造企业技术创新和升级，并加强制造业人才培养和知识产权保护，从而推动中国制造业不仅在产值规模上快速增加，而且在国内产业布局结构及全球价值链分工方面更为合理。

从制造业典型省份山东省来看，其制造业进入到新一轮迅速增长周期。首先，从山东省内制造企业发展态势来看，这一阶段中国有企业和民营企业均在品牌建设、产品质量以及营销战略方面进行了适当调整。以海尔、海信等为代表的国有企业以及以潍柴、鲁花等为代表的民营企业，不仅加强企业文化建设和整体品牌建设，而且以产品系列为单位打造多个子品牌，从而引领山东省制造业进入品牌经营时代。在产品质量方面，多家制造企业引进六西格玛质量管理标准，并主动申请ISO质量认证和环境标准认证，全面完善制造业加工生产线，提升制造产品质量。在营销战略方面，山东省制造企业在保持国内市场竞争力的同时，积极开拓国际制造产品市场，逐步提升国际竞争力。

其次，从山东省外资制造企业发展来看，这一阶段外资企业在生产方式和市场战略方面也进行了多方面调整。来料加工或来件加工型生产加返销方式减少，以全套生产线装配并瞄准中国国内市场的生产销售方式成为主流。同时，由于山东省加强对外资企业生产领域和加工区域的管控，山东省外资企业整体生产工艺和技术标准得以全面升级，由此带动省内企业和上下游产业的转型升级。

尽管这一阶段山东省制造业在产业规模、企业品牌、产品质量等方面均得以全面提升,但山东省制造业发展所依赖的仍然是初级生产要素方面的禀赋优势,核心技术缺失仍然是制约山东省制造业竞争力持续提升的关键。

四 2008年至今中国制造业转型升级阶段

世界经济格局变幻莫测,2008年金融危机导致全球金融市场濒临崩溃,并由此殃及到实体经济的发展。而为了消除金融危机所造成的影响,发达国家出台了促进国内制造业发展的再工业化战略,这使得中国整体经济受到金融危机实际因素冲击以及国际经济政策扰动的双重影响。在此背景下,中国政府适时对制造业政策进行调整,提出"中国制造2025"战略,开始探索制造业转型升级之路。政府通过加大对制造业高端技术的研发投入和财税扶持,引导制造企业从资源密集型、劳动密集型向技术密集型、智力密集型转型,推动制造业向数字化、智能化、网络化升级。但迫于发达国家再工业化和国内资源约束压力,制造业转型升级并非一朝一夕,不同省域制造业转型升级具有明显的异质性。

以典型制造业大省山东省为例,这一时期山东省制造业进入到转型升级波动发展的瓶颈期。首先,从山东省内制造企业发展态势来看,国际制造产品竞争加剧和市场空间被压缩使得制造企业出口面临巨大压力,而国内市场则同样面临销售空间压缩和国外替代产品的冲击,同时,由于核心技术缺失导致省内制造企业价格竞争惨烈,优胜劣汰加速。其次,从山东省外资制造企业来看,国际市场竞争加剧使跨国投资企业产生悲观预期,为回避不确定性风险而采取相对保守的产量减缩策略,同时,相关企业所在东道国再工业化战略提供更为优惠的财政政策和更具竞争力的技术环境和基础设施,这导致山东省内制造业外商投资呈现出较大程度的波动。

第三章　中国制造业发展历程及基本面特征分析

由此可见，这一阶段由于实际因素造成的供给冲击和国际政策变动造成的扰动，使得山东省内制造企业和外资制造企业国内外市场竞争压力加大，同时发达国家针对金融危机采取的再工业化调整战略对省内外资具有较大的吸引力，使外资回撤加速，再加上省内制造企业长期所面临的核心技术缺失问题，山东省制造业转型升级势在必行。

综合来看，中国制造业自新中国成立以来，从最初的探索，到快速崛起，再到高速发展，以及当前冷静期的转型升级，从低端向高端稳步迈进，不仅在产值规模方面已稳居世界第一，而且在全球制造业格局中日益凸显其关键性作用。但中国制造业目前面临着国内绿色转型和国外再工业化的双重压力，而且再工业化对制造业绿色转型将产生一定的影响，因此，应在明晰两者影响机制基础上进一步推进中国制造业转型升级。

第二节　典型省份制造业基本面分析

在新中国成立以来70多年的历程中，中国制造业经历了从低端不断向高端转型升级的过程，尤其是第四阶段，中国制造业在国内外压力下进入到转型升级的关键时期。但由于中国制造业具有明显的地区异质性，不同区域或省份制造业差异较大。山东省制造业，在摸索中历练，在历练中成长，由以轻工业和采矿为主逐渐建设成拥有全套制造门类和纵深产业链条的制造业大省，本书选取山东省制造业基本面特征为研究样本，从宏观、中观和微观等角度分别进行剖析。

一　整体宏观经济指标分析

宏观经济环境、中观产业环境以及微观经济环境是互相联系、互相影响的整体。山东省制造业对整体经济发展具有关键的支柱作用，而制造业发展也离不开整体宏观经济环境的支持，制造企业层面的竞争因素、技术升级、资本流动等变动均会引起制造业整体规模、增长速度、结构层次等变化，相关变化在GDP、产业结构、就业结构、进出口贸易等宏观指标中均会有所体现，而相关宏观指标的时间序列分析也可清晰反映出制造业发展的宏观环境纵向特征，为企业做出各种竞争战略又起到重要作用。因此，对山东省制造业发展现状分析需要从宏观、中观及微观层面进行综合研究。

1. 生产总值

生产总值是最为重要的宏观经济指标之一，可全面反映山东省整体经济变动趋势，图3-1是对2008—2019年山东省生产总值及增长率进行的统计。

图3-1 山东省2008—2019年生产总值及增长率汇总

数据来源：根据《山东省统计年鉴》计算得到。

由图3-1可知，山东省生产总值尽管受到2009年金融危机的冲击，但在应对政策方面比较到位，因此其GDP并未受到明显影响，自2008年以来，生产总值一直保持平稳增长。但国家整体进入经济新常态以后，山东省生产总值增长率明显放缓，2013年以前山东省生产总值增长率保持在10%左右，2014年以来下降到6%-8%区间。经济增速放缓是由于在经济进入新常态以后，山东省整体经济建设目标转变为高质量发展为核心，而制造业等支柱产业为适应新的国际国内形势，其发展目标也以产业转型升级为核心。因此，山东省生产总值整体呈现出增长态势，以整体经济高质量发展和产业转型升级为新的核心目标。

2. 山东省三次产业结构

产业结构变化是反映经济结构转型升级的特征之一，图3-2是山东省2007—2019年三次产业产值与占生产总值比重的变化趋势分析。

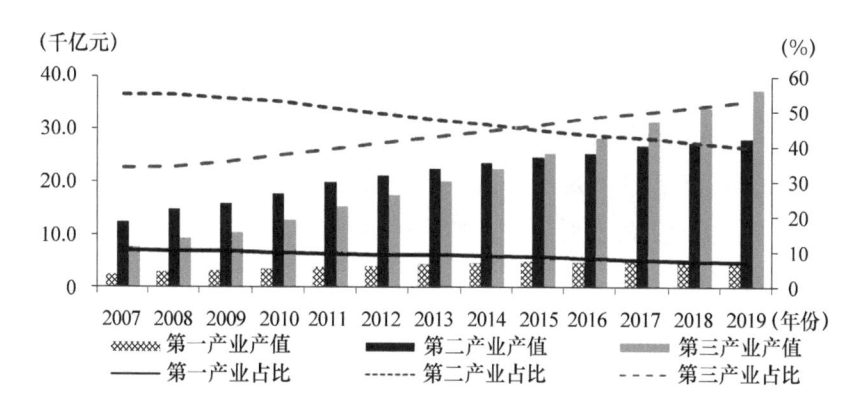

图3-2 山东省2007—2019年三次产业产值及生产总值占比

数据来源：根据《山东省统计年鉴》计算得到。

分析图3-2可以看出，山东省2007—2019年期间三次产业出现了较为明显的结构变迁与升级。从三次产业产值来看，第一产业产值整体保持平稳增长，第二产业产值自2007—2014年期间增长较快，但在2014—2019年期间增速明显放缓，而第三产业则一直保持较快增长速度，尤其是2014年之后呈现出加速增长态势，三次产业增长速度的差异是产业结构政策调整的结果，加大第三产业投入以提升第三产业速度对当前山东省整体经济发展具有重要的作用。

从三次产业占生产总值比重来看，2014年之前，第二产业是三次产业中比重最大的部门，2015年之后，第三产业占比超过第二产业占比，而且由于第三产业发展速度快于第二产业，两者比重差距越来越大，2019年第三产业占比比第二产业占比高出13.2%。由此可见，2014年是山东省产业转移的关键年份，第二产业与第三产业占比排名交替，山东省产业结构由"二三一"转变为"三二一"。

由此可见，根据库兹涅茨产业结构升级变迁理论，山东省产业结构已完成由第二产业为主向第三产业为主的转变，这种转变一方面是适应国内经济新常态产业结构转型的需要，另一方面是由于发达国家再工业化战略实施对国内第二产业带来的竞争压力。

3. 山东省进出口贸易

山东省进出口贸易在山东省整体经济中占据重要的地位，是拉动山东经济发展的发动机之一。尽管美国金融危机以及之后的欧债危机对山东省进出口贸易产生一定的冲击，但山东省贸易在经历短暂波动之后，仍保持了稳步向上的发展势头，如图3-3所示。

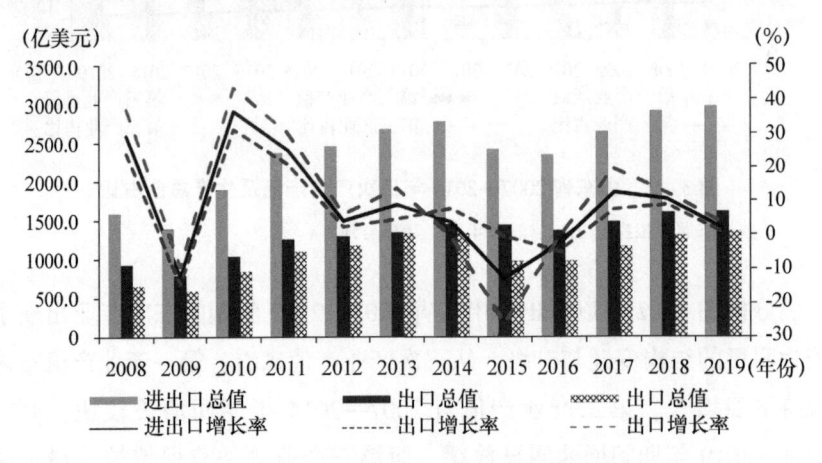

图3-3 山东省2008—2019年进出口总值及增长率

数据来源：根据《山东省统计年鉴》计算得到。

由图3-3可知，山东省进出口贸易在统计区间整体呈现出波动上升的态势，2019年进出口总值比2008年增长了一倍。但受美国金融危机、日本海啸以及欧洲债务危机等实际因素影响，山东省进出口贸易在2009年和2015年出现两次较为明显的下降，降幅均超过10%以上，2015年出口总值下降达到26.2%。针对国际市场冲击，山东省进出口政策调整及时有效，从2010年和2017年统计值来看，进出口均得到迅速恢复，甚至超过受冲击前进出口总值。

第三章 中国制造业发展历程及基本面特征分析

改革开放以来,加工贸易是山东省出口贸易的重要形式,但随着山东整体贸易产品的不断升级以及发达国家再工业化实施所引致的资本回撤,山东省加工贸易规模有了明显变化,如图3-4所示。

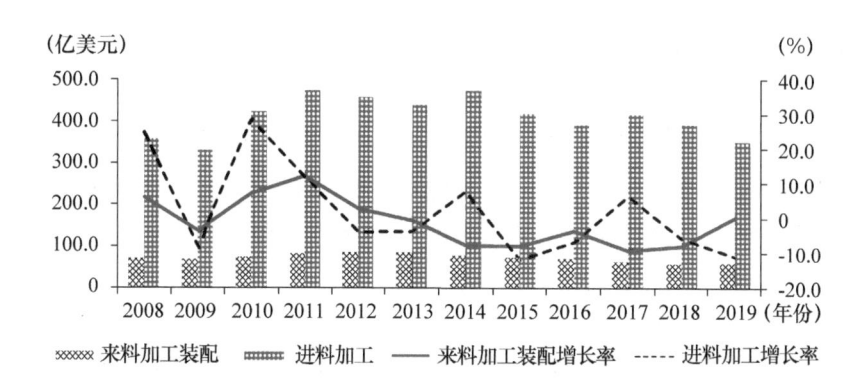

图3-4 山东省2008—2019年来料加工与进料加工贸易总值与增长率

数据来源:根据《山东省统计年鉴》计算得到。

由图3-4可知,山东省加工贸易主要包括来料加工装配与进料加工两种方式,相较而言,进料加工贸易总值是来料加工贸易总值的3倍以上。但在2010年以后,面对国内外经济形势变化,山东省调整贸易结构,来料加工与进料加工型出口贸易均呈现出波动下降的趋势,这意味着在出口贸易总值稳步上升的过程中,普通贸易方式比重在持续上升。而加工贸易与普通贸易相比,其品牌、技术以及质量控制等关键环节均控制在国外供应商手中,中方所能获取加工费占商品总利润比重极低,只能处于产业链底部,因此,加工贸易增长率下降意味着山东省加工贸易地位在持续下降,山东省整体贸易结构更加合理化。

由此可见,尽管美国金融危机、欧洲债务危机等实际因素冲击以及发达国家再工业化战略政策扰动对山东省进出口贸易造成一定影响,但山东省进出口贸易政策调整及时有效,在进出口总值下降之后可迅速反弹,同时,山东省利用这一波进出口贸易调整良机,对出口结构进行优化升级，大幅度降低附加值低的加工贸易比重，提升普通贸易的规模和占比，有效推动了山东省整体贸易结构的合理化转型升级。

4. 山东省就业结构

就业是关系到民生的关键环节。就业率高低直接影响到 GDP 高低，并决定了家庭收入和福利水平的高低。鉴于美国金融危机之后山东省产业结构发生了重要变迁，三次产业比例由"二三一"型转变为"三二一"型，山东省就业结构也会随之发生变动，劳动力在产业间转移成为金融危机后就业市场的重要特征。但劳动力转移过程中难免会出现摩擦性失业或结构性失业，导致失业率呈现出一定的波动态势，如图 3-5 所示。

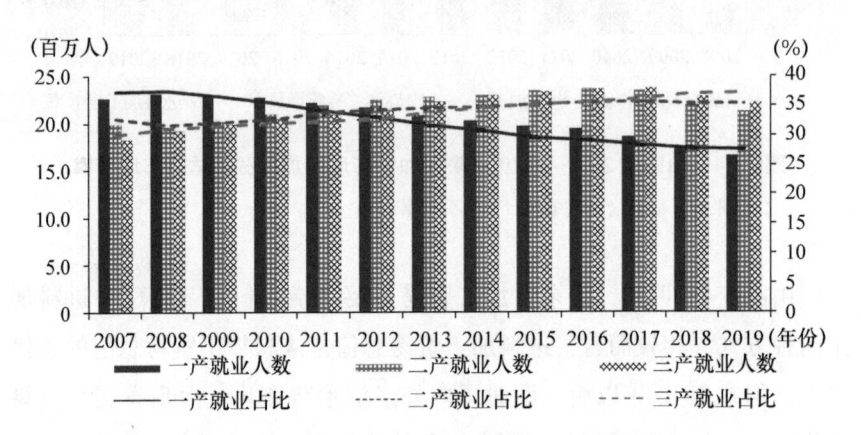

图 3-5　山东省 2007—2019 年就业人数及就业占比

数据来源：根据《山东省统计年鉴》计算得到。

由图 3-5 可知，山东省就业结构在金融危机之后发生了显著变化。从就业人数来看，第一产业就业人数呈现出持续下降的趋势，就业人数自 2007 年 2328.0 万人下降到 2019 年 1652.6 万人，第二产业与第三产业就业人数则呈现出先上升后下降的趋势，相较而言，第三产业就业人数增加更多，而下降幅度相对较小，这说明二三产业已成为劳动力就业的主要部门，但由于受国内经济增速放缓以及国外经济波动冲击，整体就业人数出现下降。

第三章　中国制造业发展历程及基本面特征分析

从就业人数占比来看,第一产业就业占比呈现出稳定下降的态势,2012年之后,第一产业就业占比低于二三产业,这与山东省2012年前后"用工荒"所引致的劳动力产业间转移相对应。2012年之后,第二三产业就业占比旗鼓相当,但在2017年之后,第三产业就业占比明显超过第二产业,成为三次产业中就业人数最多的产业,这显示出山东省产业结构转型升级过程中劳动力从第一产业向第二产业迁移,进而由第二产业又向第三产业迁移的变化过程。

由此可见,就业结构的变化是产业结构转型升级的必然结果,劳动力由第一产业向第二产业,并进而向第三产业转移与库兹涅茨所研究的发达国家劳动力迁移规律一致。山东省劳动力在2007—2019年区间的迁移是内外力共同作用的结果,国内经济进入新常态以来,整体经济增速放缓,第三产业成为经济增长的主要动力源,导致劳动力从第一产业向第三产业迁移,国外因素则是由于金融危机冲击以及发达国家产业政策调整,导致中国产业优势减弱或消失,产业结构转型升级势在必行,从而引起劳动力在产业间转移。

二　投资相关指标分析

从产业结构类型来看,制造业属于第二产业,但制造业与第一和第三产业联系紧密,制造业往往是第一产业与第三产业的桥梁,通过制造业的生产加工将第一产业原材料与第三产业深层次应用有机结合,由此形成不同产业间产业化发展态势。从第二产业整体演进过程来看,制造业发展与国内资本形成以及外国直接投资进入直接相关,这其中包括设备引进、固定资产投资、投资项目合同的签订实施等,因此,山东省固定资产投资及外国直接投资相关指标对研究分析山东制造业发展状况有重要意义。

1. 不同产业类型固定资产投资

图3-6是2007—2019年山东省三次产业固定资产投资额及所占比重的统计。

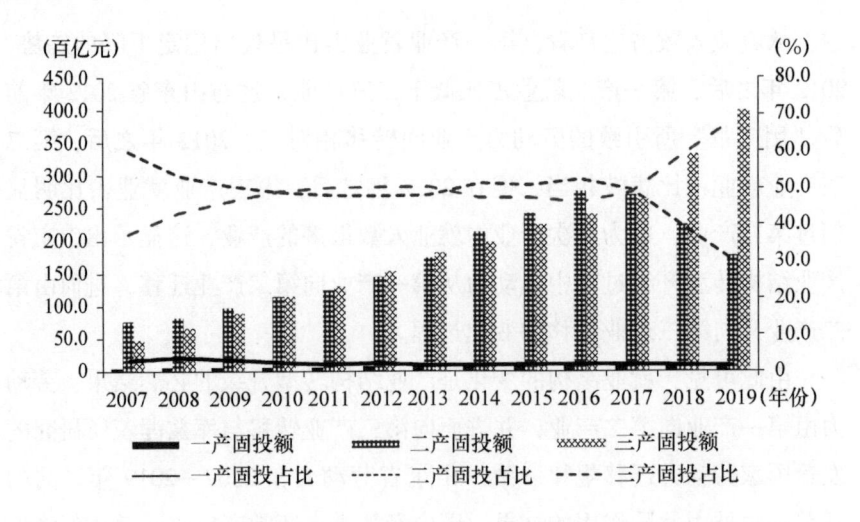

图3-6 山东省2007—2019年三次产业固定资产投资额及占比

数据来源：根据《山东省统计年鉴》计算得到。

由图3-6可知，由于2007—2019年期间国内外经济环境出现较大变化，山东省固定资产投资重心进行调整，三次产业固定资产投资额及占比均出现明显的转移。从固定资产投资额可以看出，2007年第二产业固定资产投资额是第三产业的1.6倍，但受金融危机冲击和发达国家再工业化导致外资撤资影响，第二产业投资在2009年之后增速明显放缓，第三产业固定资产投资额则由于投资政策调整得以快速增加。2018年之后，第三产业固定资产投资额进一步扩大，而第二产业固定资产投资额则出现较大幅度下降，使二三产业固定资产投资额差距进一步拉大，2019年第三产业固定资产投资额是第二产业的2.3倍。

从二三产业固定资产投资额占比来看，2010年之前第二产业占比明显高于第三产业，2010—2017年期间，第二产业与第三产业固定资产投资额占比势均力敌，两者均达到40%以上，但2017年以后第三产业固定资产投资额占比与第二产业拉开差距，而且这种差距有进一步拉大的趋势。

由此可见，为适应国内外经济环境新变化，山东调整了固定资产投

第三章 中国制造业发展历程及基本面特征分析

资产业政策,在保持第二产业固定投资持续发展的基础上,加大第三产业固定资产投资,以应对发达国家再工业化战略实施对国内制造业投资带来的竞争压力,并以第三产业发展带动整体产业结构转型升级。

2. 不同企业类型固定资产投资

企业固定资产投资主要用于购置厂房、机械设备以及用于更新改造、大修理等,可反映企业整体规模大小、技术更新快慢以及对市场环境的适应能力等。图3-7是2007—2019年山东省不同企业类型固定资产投资额及其占比情况统计。

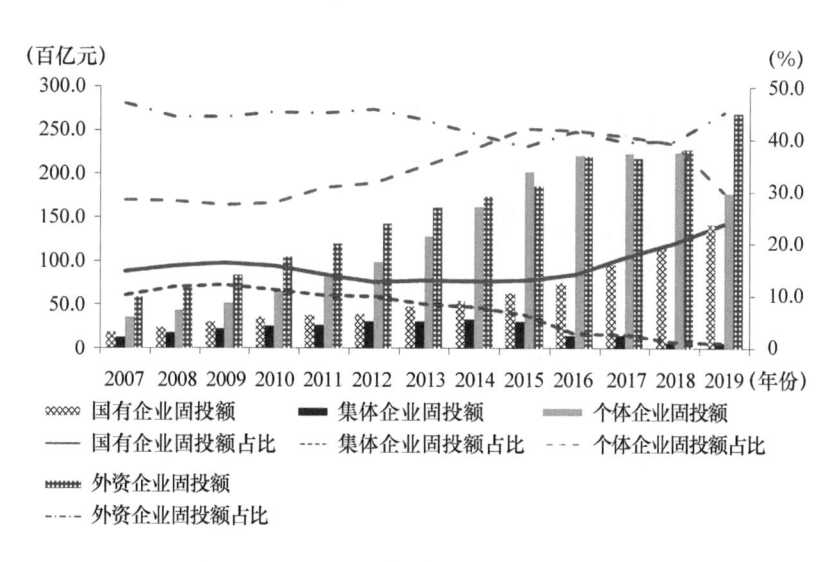

图3-7 山东省2007—2019年不同类型企业固定资产投资额及其占比

数据来源:根据《山东省统计年鉴》计算得到。

分析图3-7可知,2007—2019年期间国有企业、个体企业与外资企业表现出不同的发展态势。从各类型企业固定资产投资额来看,国有企业固定资产投资额由于受金融危机冲击,在2010年之后增长速度明显变慢,但国有企业基础相对牢固,资金与技术均具有较强的实力,因此经反复调整后在2015年之后国有企业固定资产投资额出现明显反弹,增长速度远超其他类型企业。而外资企业在金融危机后受发达国家再工业化战略实施影响，部分企业资金撤回国内，使得2009年之后山东省整体外资企业固定资产投资额增长速度趋缓。个体企业则在金融危机冲击下及时变通竞争策略，2010年之后固定资产投资额呈现出快速增长的趋势，尤其是在2015年成为固定资产投资额最多的企业类型。但个体企业发展不稳定性因素较多，2016—2019年期间个体企业固定资产投资额出现较大波动。

从各类型企业固定资产投资额占比来看，集体企业占比一直呈现出下降态势，国有企业占比则在2015年之前一直保持在15%左右，在2016之后快速增长到20%以上，个体企业在金融危机后逆势上升，并在2015年占比达到42%，一跃成为四类企业中占比最大的类型，而外资企业占比则在金融危机冲击下由2007年46.8%下降到2015年38.5%，但之后又呈现出缓慢上升态势。

由此可见，金融危机冲击以及发达国家再工业化战略扰动对不同类型企业固定资产投资产生不同的影响，国有企业因其应对策略调整较慢，受冲击较大，但其资本和技术实力保证其能迅速稳住局面，外资企业则因发达国家产业政策调整撤回其部分海外投资，导致山东省内外资企业固定资产投资增长趋缓，而个体经济则凭借其快速反应能力，在金融危机影响下反而大幅增加其固定资产投资，从而增强其国内外市场竞争力。

3. 外商直接投资与对外直接投资

直接投资根据其方向，可分为外商直接投资（FDI）和对外直接投资（OFDI），是表征山东省整体经济"引进来"和"走出去"的重要指标。金融危机冲击及发达国家再工业化战略对山东省直接投资流入和流出均产生较大程度的影响，图3-8是2007—2018年山东省外商直接投资企业个数、合同金额及实际使用金额及相关增长率的统计。

由图3-8可知，金融危机冲击以及发达国家之后实施的再工业化战略对山东省外商直接投资引进产生了较为明显的影响。从外资企业个数、合同金额及实际使用金额来看，2008—2009年山东省三项指标均出现大幅下降，实际利用外资金额跌幅高达25.5%。尽管

第三章 中国制造业发展历程及基本面特征分析

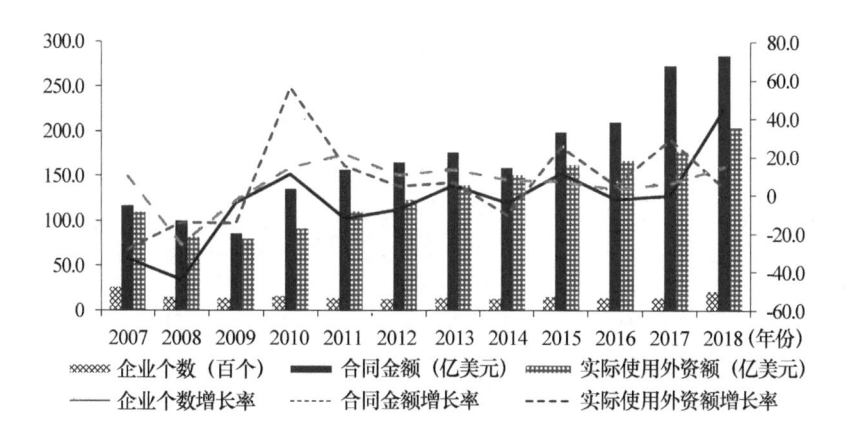

图 3-8 山东省2007—2018年外商直接投资企业个数、
合同金额与实际使用金额

数据来源：根据《山东省统计年鉴》计算得到。

2010年合同金额出现大幅反弹，但实际使用外资金额并不乐观，之后一直到2019年，外商直接投资中实际利用外资金额一直保持波动式上升，但上升速度较为缓慢。这说明发达国家再工业化战略对国外直接投资产生了较强的分流作用，尽管山东省通过出台各种招商引资政策与外国企业签署了投资合同，但真正能落地到位的项目数量并不乐观，如2017年外商直接投资合同金额高达274.1亿美元，但实际使用外资金额只有178.6亿美元，合同落地率只有65.2%。因此，山东省应切实提升省内对外资引进资源禀赋、基础设施、市场吸引力等优势因素，进一步加强外商投资合同落地履行，并尽量减少因合同无法落地产生的机会成本。

直接投资是双向流动的，直接投资引进遇到瓶颈的同时，发达国家再工业化战略实施为山东省内企业对外投资提供了更为有利的条件，图3-9是山东省企业对外直接投资、年末在外人数以及派出人数等相关指标统计。

分析图3-9可知，山东省对外直接投资（OFDI）整体处于波动上

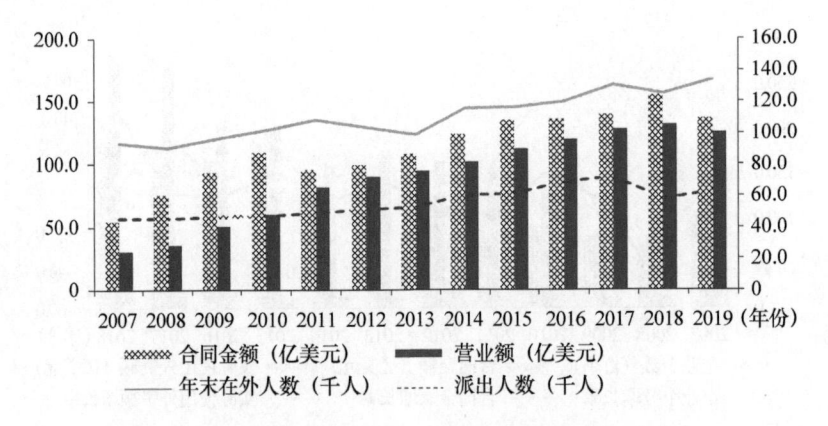

图 3-9　山东省 2007—2019 年对外直接投资合同金额、营业额、年末在外人数和派出人数

数据来源：根据《山东省统计年鉴》计算得到。

升态势。受金融危机冲击，山东省对外直接投资合同金额在2011年出现明显下降，从2010年109.3亿美元降为2011年94.8亿美元，这显示出金融危机使国际投资环境风险加大。但由于发达国家及时出台多种危机应对方案，国内经济环境得到及时调整，山东省对外直接投资相关项目营业额并没有受到明显冲击，反而因再工业化战略实施获得资金和税收方面的优惠，营业额由2010年60.2亿美元增长到82.0亿美元，增长36.2%。2011年之后，山东省OFDI合同金额快速回弹，并在2014年超过之前最高金额，而OFDI营业额也处于稳步增长态势，这主要是受到发达国家再工业化战略影响，为海外资本和其他国家资金流入创造更具吸引力的技术条件和市场基础。山东省OFDI派出人数与年末在外人数与其营业额发展态势基本一致，这进一步印证发达国家产业调整政策对海外投资的影响效果。但2019年由于出现疫情"黑天鹅"事件，对外投资因其敏感的回避风险特性而出现大幅波动。

综合山东省固定资产投资、外商直接投资以及对外直接投资发展态势可知，金融危机冲击与发达国家再工业化战略对投资活动形成双重合力，投资规模、投资主体和投资方向等在短期内均发生较大变化，但由于资本具有很强的流动性和逐利性，投资在危机后得以迅速恢复，并受政策扰动出现分流，这势必对在较大程度上依赖投资推动的山东省制造业产生重要的影响。

三 制造业相关指标分析

按照联合国产业分类目录，工业整体可以分为41大类，而制造业则包括整体工业大类中的31大类，是现代工业体系的主体。而山东省目前是全国唯一涵盖全部31个大类制造业的省份，规模以上制造业增加值占整体工业增加值的90%以上，是传统制造业大省，制造业对山东省整体经济具有重要的拉动作用。

1. 制造业增加值分析

制造业增加值可直观反映不同年份制造业总量基本特征。从影响制造业增加值的因素来看，国际因素主要包括美国金融危机及欧洲债务危机等实际因素的冲击与再工业化战略的政策扰动，国内因素则主要包括新常态下产业结构调整与新旧动能转换等政策的影响。图3-10是

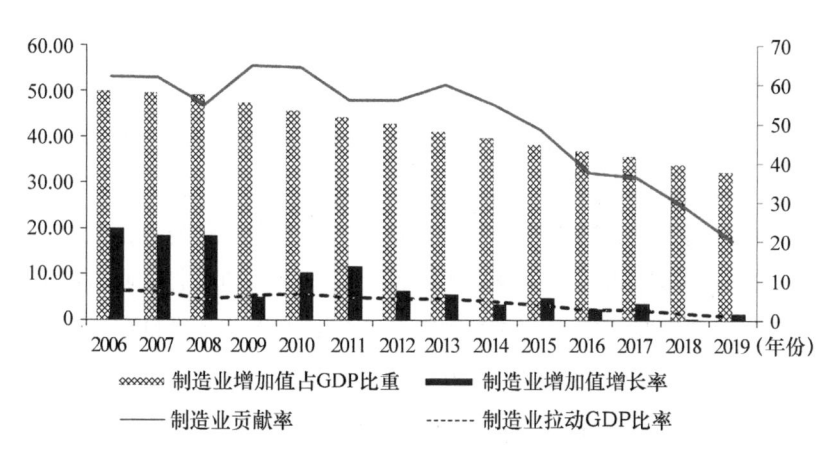

图3-10 山东省2006—2019年制造业增加值占比、增长率与制造业贡献率与拉动比率

数据来源：根据《山东省统计年鉴》计算得到。

2006—2019年山东省制造业增加值占GDP比重、增长率以及对GDP贡献率和拉动比率等指标的统计。

分析图3-10可知，从山东省制造业增加值占GDP比重来看，2009年之后呈现出稳步下降的态势，由2009年占比47.4%下降到2019年32.3%，由此可知山东省制造业整体地位有所下降。究其原因，是经济周期与山东省产业政策调整的双重作用结果。发达国家再工业化战略使山东省制造业面临资金困难和激烈市场竞争，同时山东省在十九大之后全面实施新旧动能转换战略，制造业以高质量发展取代大规模发展，新兴产业全面替代传统产业。从制造业增加值增长率来看，2009年制造业增长率跌入低谷，之后尽管出现较大程度复苏，但在2012年之后又重回低速增长轨道。这表明制造业已进入相对平稳阶段，制造业发展从之前高投入、高产出、高增长量变模式转型为集约型质变模式，低速发展期是结构转变的关键期。

从制造业对GDP贡献以及拉动GDP比率来看，山东省制造业对整体经济的贡献率大幅下降，由2006年62%下降到2019年20.1%，对GDP拉动比率也由2006年7.6%下降到2019年1.1%。这表明尽管制造业仍为山东省重要产业，但由于其处于转型阶段，制造企业投资与产品贸易均处于波动调整态势，对经济拉动作用弱于第三产业。但长期来看，制造业是各个产业的基础，仍然是山东省整体经济不容忽视的驱动因素。

2. 制造企业产值分析

山东省制造业在国内外市场具有较强的竞争力和影响力，但金融危机冲击及发达国家再工业化战略实施带来的政策扰动对制造业增加值造成较大程度的影响，并且不同类型制造业受到的影响程度也存在较大差异，表3-1是对2007—2019年山东省制造业总产值及不同类型制造业总产值基本态势的统计。

分析表3-1可以看出，山东省制造业总产值整体处于稳定上升态势，2008年金融危机对制造业总产值所造成的冲击强度和持续时间均较为有限，但2010年发达国家普遍实施再工业化战略后，山东省制造

第三章 中国制造业发展历程及基本面特征分析

表3-1 2006—2019年山东省制造总产值及各类型制造业产值与占比

制造业 年份	总产值	产值（亿元）				占总产值比重（%）			
		国有经济	集体经济	轻工业	重工业	国有经济	集体经济	轻工业	重工业
2006	43900.21	2307.84	2469.67	15638.85	28261.36	5.26	5.63	35.62	64.38
2007	54428.27	2988.11	2922.80	19011.79	35416.48	5.49	5.37	34.93	65.07
2008	62958.53	4577.21	2464.08	21315.28	41643.25	7.27	3.91	33.86	66.14
2009	71209.42	4074.70	2775.66	24195.79	47013.62	5.72	3.90	33.98	66.02
2010	83851.40	5486.12	2632.65	27161.78	56689.62	6.54	3.14	32.39	67.61
2011	99504.98	6200.76	2983.41	31019.15	68485.83	6.23	3.00	31.17	68.83
2012	114707.29	5022.12	3129.06	36682.83	78024.46	4.38	2.73	31.98	68.02
2013	129906.01	4250.08	1750.38	40763.79	89142.21	3.27	1.35	31.38	68.62
2014	141415.02	4262.15	1672.30	43837.12	97577.90	3.01	1.18	31.00	69.00
2015	145964.20	4547.07	1686.34	46775.90	99188.30	3.12	1.16	32.05	67.95
2016	150705.13	3895.70	1715.98	48228.01	102477.12	2.58	1.14	32.00	68.00
2017	137440.74	2275.98	1717.31	45219.11	92221.63	1.66	1.25	32.90	67.10
2018	144587.66	2585.51	1585.08	45445.21	99056.03	1.79	1.10	31.43	68.57
2019	146322.71	2776.84	1418.64	43309.28	95080.50	1.90	0.97	29.60	70.40
平均	109064.40	3946.44	2208.81	34900.28	70002.17	4.16	2.56	32.45	67.55

· 139 ·

业总产值涨幅出现明显波动，2016年之后出现负增长，说明政策扰动尽管有滞后性，但其影响程度较强。

从企业类型来看，国有与集体经济制造业产值呈现出明显的波动性，并在长期出现明显下降趋势，国有与集体经济产值占总产值比重从2010年之前5%以上降至2019年2%以下，集体经济产值更是降至1%以下。与此相对，民营企业与外资企业占比则不断升高，成为制造业中主力企业类型。国有经济制造业产值比重下降与国家政策调整离不开，国有企业转型与制造领域的不断放开，民营与外资企业经营范围与经营活力均得到进一步释放。

从制造业轻重程度来看，2006—2019年期间山东省制造业轻重比例一直保持在1∶2左右，即重工业为主力，轻工业为辅助的格局。机械制造、金属冶炼、石油化工等产业是改革开放以来山东省传统优势行业，金融危机之后，省内多项基础设施建设项目获得批复并开工，使得重工业比重得到进一步提升。但制造业过重的格局对山东省长期发展带来一定压力，因此，近年来新旧动能转换成为山东省制造业进一步发展所采取的重点战略，轻工业比重得到一定程度提升，但仍具有一定的波动性。

3. 规模以上制造企业基本指标

依据国家统计局规定，2007—2011年规模以上制造企业指年主营业务收入达500万元以上的工业企业，2011年之后提高到年主营业务收入达2000万元以上的工业企业。规模以上制造企业包括国有企业和私营企业，在制造业中占据主导地位，规模以上制造企业的资产流动性、业务收入、利润率及从业人数等是表征企业健康度的主要指标，也是反映山东省制造业整体健康程度的重要指标。表3-2是2006—2018年山东省规模以上制造企业总资产、流动资产、负债总额、业务收入、利润总额以及年平均从业人员数量的统计。

表3-2　　2006—2018年山东省规模以上制造企业基本指标统计

年份	规模以上制造企业					就业（万人）
	资产负债指标（亿元）					
	总资产	流动资产	负债额	主营业务收入	利润额	年均从业人数
2006	26475.4	11201.6	15294.6	38116.1	2632.6	788.1
2007	31944.9	13369.4	17885.6	49186.2	3391.2	830.5
2008	39224.5	16579.1	21576.6	62034.2	3923.6	912.7
2009	46052.7	19286.9	24676.5	70826.1	4512.7	926.6
2010	53761.3	23830.5	28969.9	83663	6108	931.5
2011	60818.8	28600.9	33847.6	99766.2	7097.7	859.8
2012	71107.7	33439.8	39241.6	118086.9	8016.4	918.5
2013	81534.8	39010.3	46142.1	132130.3	8715.4	948.2
2014	93330.9	43063.6	50842.8	143140.3	8843.9	929.7
2015	101343.5	45503.8	54979.5	145628.9	8660.5	915.1
2016	105046.3	47511.5	56837.9	150641.2	8820	869.4
2017	107932.9	51485.6	59890.8	140856.8	8128.2	811.2
2018	102275.6	52528.1	62247.1	92703.6	4872.2	696.0
平均	70834.6	32723.9	39417.9	102060.0	6440.2	872.1

由表3-2可以看出，尽管2011年改变了统计口径，但2011年山东省规模以上制造业整体保持了较为平稳的发展态势，这表明规模以上山东省制造企业占据制造业的主体地位。对比2006—218年整体发展态势可以看出，制造企业在此期间经历了三个阶段，第一阶段为2006—2012年，制造企业整体呈现出快速增长态势，第二阶段为2013—2016年，制造企业整体资产与业务指标增速变缓，第三阶段为2017年之后，制造企业资产、利润以及从业人员等均小幅下降。山东省制造企业性波动主要缘于国际经济形势与国内政策调整的双重作用。2012年党的十八大提出推进产业结构战略性调整，制造业调整是产业结构调整的重要环节，转变粗放式经营模式为集约式经营模式，转变制造为"智造"，

山东省制造业也拉开转型的大幕，但整体增速趋缓。2016年政府提出以"去产能"为目标的供给侧结构性改革，2017年政府工作报告明确提出"去产能"的目标，而"去产能"将直接影响到煤炭、钢铁、化工等重工业，相关行业在山东省制造业中占比较大，因此，在实施以"去产能"为目标的战略调整后，2017年以来山东省规模以上制造企业多项指标出现较大幅度下降。图3-11对2006—2018年山东省规模以上制造企业基本指标的增长率进行了统计。

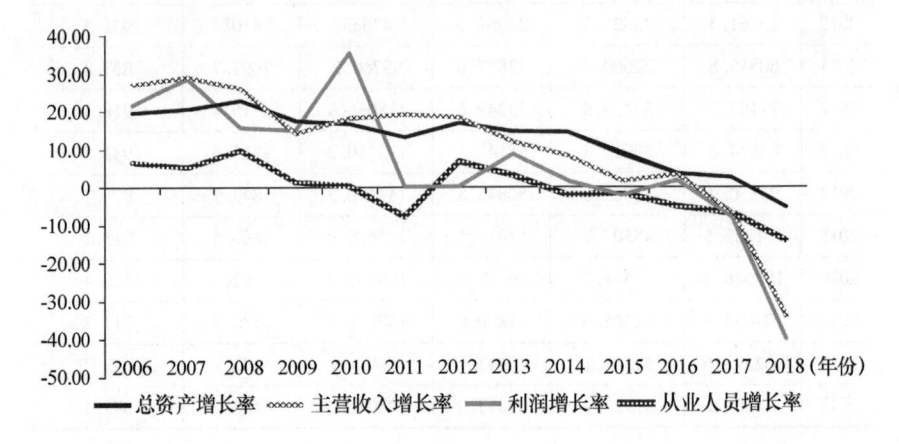

图3-11　山东省2006—2018年规模以上制造企业基本指标增长率
数据来源：根据《山东省统计年鉴》计算得到。

由图3-11可以看出，国际经济形势变化与发达国家再工业化战略调整为源头，引起国内经营环境与国际市场竞争发生较大变化，中国政府为应对国内外经济新形势，相继出台产业结构升级与供给侧结构性改革等多项政策，使得山东省制造企业2012年以后在总资产、主营收入、利润、从业人员等多个指标出现波动甚至较大幅度下降，但这种下降并不能说明山东省制造业整体实力的衰退，而是通过"去落后产能"发展新兴战略产业，从而实现结构优化和整体竞争力的提升。

4. 不同类型制造业发展态势

按照联合国产业目录分类和国家标准国民经济行业分类（GB/T

第三章 中国制造业发展历程及基本面特征分析

4754—2011），制造业包括 31 个大类，涵盖食品制造、纺织、印刷、汽车、金属冶炼等生活消费品、工业品以及大型工具等各种门类，不同类别制造业增加值、企业数量、营业额等差别较大。

根据制造业所生产产品类别差异，制造业可分为三大类，第一类是轻纺类，包括食品、烟草、纺织、皮革、家具、印刷等，对应于国家标准国民经济行业分类（GB/T 4754-2011）制造业中 13—24 类；第二类是资源加工类，包括石油加工、化学纤维、医药制造、化学纤维、橡胶、金属冶炼等，对应于国家标准国民经济行业分类（GB/T 4754-2011）制造业中 25—33 类；第三类是机械电子类，包括设备制造、汽车船舶制造、计算机、机械修理等，对应于国家标准国民经济行业分类（GB/T 4754-2011）制造业中 34—43 类。为进一步探析不同类型制造业发展态势，选取增加值占规模以上工业比重超过 3% 的制造业，对其工业增加值增长率进行比较分析，相关数据如表 3-3 所示。

由表 3-3 可知，制造业中不同类型增加值在 2016—2018 年期间保持较为稳定的比重。相比较而言，制造业第一类型呈现出一定程度的下降趋势，制造业第二类型则呈现出一定程度的上升态势，这说明中国制造业中轻纺类部门尽管在总量上保持增长态势，但其构成比重在延续下降趋势。而制造业第二类型以能源类和金属类原料生产为主，在中国经济保持新常态增长背景下，能源与原料的供给应保持稳中有升的态势。制造业第三类型比重整体呈现出稳中略降趋势，尤其是 2018 年通用设备、专用设备、电气机械等多个子行业均出现一定程度的下降，这与该类产品目前所面临的国内外竞争环境有关。发达国家再工业化战略导致成品设备制造相关资本回流，而国内设备制造业是当前技术升级和流程转型的焦点，国内外双重压力对设备制造业增加值比重带来一定的冲击。

从增加值增长率来看，制造业不同类型呈现出较大的差异。第一类型增长率整体呈现出连续下降的趋势，尤其是纺织业，2017 年增长率仅为 1.3%，而 2018 年为负增长，说明纺织业所具备的传统优势进一

表3-3 不同类别制造业增加值比重及增长率统计

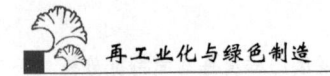

大类	制造业类别	增加值占规模以上工业比重（%） 2016年	2017年	2018年	工业增加值比上年增长（%） 2016年	2017年	2018年
增加值比重年均值超3%行业							
第Ⅰ类	农副食品加工业	7.8	7.4	6.1	5.8	8.8	4.8
	纺织业	5.7	5.4	3.6	5.2	1.3	-10.1
	石油煤炭燃料加工	4.8	6.7	10.0	26.0	8.1	11.1
	化学原料和化学制品制造	10.2	9.7	10.3	8.2	2.2	8.0
	医药制造业	3.5	3.6	4.3	8.2	11.3	10.0
第Ⅱ类	橡胶和塑料制品业	3.9	3.5	2.7	6.7	9.7	-1.8
	非金属矿物制品业	5.9	5.7	4.2	5.1	1.1	6.6
	有色金属冶炼	4.4	3.7	5.1	9.6	-0.7	6.4
	金属制品业	4.0	3.8	2.7	7.5	8.2	8.4
第Ⅲ类	通用设备制造业	6.4	6.3	4.4	8.2	12.6	8.7
	专用设备制造业	4.6	4.2	3.1	6.6	11.4	12.2
	汽车制造业	4.7	4.6	4.9	11.7	13.9	3.5
	电气机械及器材制造	3.7	3.7	3.2	3.9	10.5	9.0
	计算机等电子设备	3.9	4.2	3.8	8.1	8.0	7.1

第三章 中国制造业发展历程及基本面特征分析

步弱化,这与发达国家再工业化给纺织业带来的国外市场竞争压力相关。第二类型中,除了橡胶和塑料制品业以外,其他行业均保持稳定且较为快速的增长率,其中,能源和原料加工类制造业增加值增长率样本期内均保持在8%以上,这反映出产业链中下游的制造业对上游的需求保持在较高的水平。同时,医药制造业和金属制品业增长率从样本初期的3.5%和3.8%分别上升到样本末期的10%和8.4%,反映出其快速攀升的发展势头,这得益于国内相关行业的技术创新和升级。制造业第三类型中不同行业增加值增长率有较大的异质性。通用设备、专业设备制造及电气机械制造保持较快的增长率,尤其是专用设备制造业,从期初4.2%上升到期末的12.2%,而汽车制造业增长率则出现较大的波动,从期初4.6%上升到11.7%,之后又下降到3.5%,大幅度波动的主要原因是汽车制造当前正处于转型升级的关键期,碳排放压力导致新能源汽车使用量大幅上升,但国内新能源汽车技术研发水平参差不齐,市场销售量变化也较为悬殊。

综合以上分析可以看出,中国制造业自自新中国成立以来初步探索到改革开放快速发展,再到金融危机后转型升级,从低端到高端,从学习模仿到自主创新,在国内经济中一直处于中流砥柱地位,其产业增加值在2010年超过美国成为世界第一,在2020年中国制造业增加值相当于日本和美国制造业增加值之和。中国制造业在世界整体产业体系中举足轻重,但金融危机后发达国家所实施的再工业化战略以及中国国内产业转型升级所带来的双重压力,使得中国制造业竞争力受到挑战,不同类型制造业增加值及增长率均出现较大程度的波动。如何识别并测度发达国家再工业化战略对中国制造业转型升级产生的竞争压力,并如何使中国制造业在绿色化转型过程中应对压力,并寻求适合产业升级转型的新型路径,是中国制造业当前面对的关键课题之一。

第四章
中国制造业绿色化现状及绿色竞争力测度

中国制造业增加值在2010年超过美国,成为世界第一制造大国,并在之后的年份中继续保持强劲增长势头,2020年中国制造业增加值总额已达到美国与日本制造业增加值总和,但大而不强是中国制造业多年面临的问题,中国制造仍然被多个关键技术困扰。为突破瓶颈,中国政府适时实施《中国制造2025》战略,以摆脱传统高投入、高消耗、高排放的生产模式,建立起科技含量高、资源投入低、污染排放少的绿色化制造体系。但制造业绿色化转型是一个全面综合性工程,不仅需要制造业本身转型升级,而且要求相关产业、资源、人才等配套协助,绿色制造的发展与推进并非一朝一夕。本章将首先定性分析中国制造业绿色化进展与现状,之后构建制造业绿色竞争力评价体系,对中国制造业绿色化程度进行量化测度。

第一节 中国制造业绿色化现状分析

中国制造业绿色化进程起步较晚,德国、日本、美国、英国等国家的政府部门在20世纪90年代以后针对产品生产、消费等环节相继推出了以保护环境为目的绿色计划、绿色认证等,这些措施对制造业绿色化发展起到了重要的推动作用。

第四章 中国制造业绿色化现状及绿色竞争力测度

一 国外制造业绿色化方案借鉴

20世纪90年代初，环境问题与人类可持续发展成为各国关注的焦点之一，部分发达国家的政府部门开始制定以环境保护为目标的绿色方案，这些方案主要围绕产品的生产和消费两个环节，针对群体包括生产者和消费者两类，这些方案注重社会发展与资源环境的长期和谐，并随着时间的推移而适时调整，对国内制造业绿色化转型有一定的借鉴意义。

1. 日本"三绿"产业体系计划

日本因其国土面积有限，资源极其稀缺，在构筑其生产体系过程中特别重视减少能源和原料的消耗，并注重绿色生产技术的研发。20世纪90年代初，日本政府推出"绿色行业计划"，之后围绕该计划持续推出新的改进方案，到21世纪20年代，日本在制造业方面已基本构筑起较为完整的"三绿"产业体系。日本的"三绿"产业体系，是在全球推进低碳经济的背景下，基于制造业全链条、全环节的综合性发展体系，包括从原料和能源供给、产品制造过程以及产品使用回收环节，从而形成绿色能源、绿色制造和绿色回收的"三绿"体系，以促使资源能源配置更为优化，减少污染排放和碳排放。

从实践来看，"三绿"产业体系已具备较好的技术特性和规模优势。在绿色能源方面，日本政府引导企业增加使用对环境友好的能源，发挥煤电清洁高效生产技术优势，强化核电和氢能等可再生能源的研发利用，推动绿色能源产业快速发展。在绿色制造方面，日本企业致力于提高绿色技术研发创新，在多项制造技术方面取得较大突破，如电动马达和蓄电池技术的改进，为推动新能源汽车产业提供核心动力源；通过强化功率半导体及半导体原材料技术保持其电子产品领域的优势；通过自主开发电极触媒技术和人工光合作用技术来固定碳或分解碳以确保碳循环，相关技术的应用和推广为实现碳中和及降低碳排放提供了重要的技术基础。在绿色回收方面，日本发挥其废品材料、零部件等回收产业的传统优势，继续提高废纸、废铝罐、废玻璃瓶、废塑料等回收率，同时通过实施"家用电器循环利用法"，强化生产者家电资源的回收责任。

由此可见，日本积极发挥政府对绿色化制造的引领作用，在构建绿色化制造体系进程中已初步构筑起较为完整的产业体系，绿色能源是支撑，绿色制造是基础，绿色回收则是关键。

2. 德国绿色制造业 4.0 计划

由于德国经济在两次战争中饱受高通胀的折磨，德国在战后建立了政府监管下的市场经济。在政府强有力的推动下，德国制造业立足于可再生能源利用，为制造业绿色化制定分项目、分阶段的目标和方案。

首先，该方案强调以提高可再生能源使用比重来推动制造业绿色化，一方面通过实施能源转型战略，分阶段提升电力消费中可再生能源比重，2020 年可再生能源至少占总电力消费的 35%，2050 年该比重要达到 80% 以上；另一方面实施能源替代战略，发展风能、太阳、生物能可再生能源，并采用分布式微电网、新型智能电网等先进技术促进可再生能源推广。其次，该方案通过政府立法强化制造业绿色化进程中的执行强度。例如为促进生物燃料、地热能等可再生能源的利用，政府出台"可再生能源法"，从而在法律层面确保能源转型与替代方案对制造业绿色化的支撑作用。再次，德国政府通过实施产业政策来攻坚制造业绿色化进程中的关键技术和生产环节，例如通过税收优惠和政府补贴推动风能关键技术风力涡轮机的研发和应用以及太阳能面板的生产。最后，德国政府发挥市场基础作用，通过市场化机制引导企业增加新能源技术的研发和新能源产品的推广，并有机串联起上下游企业的利益诉求，助推制造业中形成良性绿色闭环链条。

由此可见，德国政府在制造业绿色化进程中发挥了监管作用，通过制定基本目标和实施框架、行政法规和市场机制有机结合，保证了德国绿色智能制造业 4.0 有条不紊地持续推进。

3. 美国综合化绿色制造方案

从2022年美国碳排放统计数据来看,美国碳排放总量为50亿吨,比2021年增长1.4%,其中,工业制造业碳排放占总排放量的23.5%。从制造业碳排放量和碳排放强度情况来看,不同部门存在明显的异质性。制造业各部门排放量中,化工产业碳排放比重最大,约为28%,石油和煤炭产业、钢铁产业等列二三位,分别为18%、11%;各部门碳排放强度中,水泥业单位GDP碳排放量最高,达到0.92公吨/百万美元,其次是钢铁业、石油和煤炭业等,分别为0.71和0.66。

为实现2050年净零排放目标,美国针对制造业推出了综合性的绿色化政策措施。首先,政府从法律层面颁布《清洁空气法案》,并结合联邦最高法院的相关判例,明确制造业领域的基本气候政策。该法案授权联邦环境保护署(EPA)监管制造企业各种来源的空气污染物,并围绕碳排放相关的核算、信息披露、国际合作等制订标准。同时,政府制定能源之星计划,为节能减排关键设施提供认证或技术援助,并通过《美国创新与制造法案》,确定氢氟碳化物等温室气体的生产和消费量目标。其次,在政府政策引导下,制造企业依托行业协会、联合会或研究会等共同开展低碳技术研发。例如,多家汽车公司组成美国汽车研究委员会,合作开发新能源汽车、轻量化材料、新型电池等;化学品行业协会美国化学理事会支持出台降低温室气体强度、提高回收率的化学品创新方案;代表不同行业的制造商的行业协会——全国制造商协会则大力倡导支持绿色创新、应对高碳排放风险的制造业政策。再次,美国制造企业与金融机构在绿色化转型过程中加强投融资合作,充分利用多种转型金融工具,以满足制造业绿色低碳资金需求。实践来看,美国金融机构依据贷款资本协会、银团和贸易协会等发布的绿色贷款原则和可持续发展挂钩贷款原则,自主为符合要求的企业或项目提供长周期、大规模和低成本的绿色信贷。同时,联邦政府也会为借入绿色信贷的制造企业提供多项税收激励或财政补贴,并在政府采购中制定清洁采购计划。例如,美国钢铁动力公司，该公司利用 2020 年获得的美国银行提供的 4 亿美元绿色贷款，支持其新轧钢厂使用废钢生产低碳钢；苹果公司则发行了 15 亿美元的绿色债券，将债券收益用于绿色制造项目。

由此可见，美国政府在推动绿色制造发展进程中扮演了激励者的角色，在确保市场机制基础上激活制造行业协会或制造企业的活力，并采用适当的税收和补贴措施以引导企业绿色创新。

其他发达国家在推进绿色制造进程中与日、德、美有异曲同工之处，政府在制定基本目标和框架的基础上，通过新能源政策和环境认证等制度对制造企业进行规范，并出台相应的税收优惠或财政补贴进行引导。但综合来看，日本、德国与美国所实施的绿色制造方案也存在一定的差异，这种差异主要表现在政府在其中所扮演的角色有明显不同，日本政府在绿色制造进程中起主导作用，德国政府主要起监管作用，而美国政府则更倾向于激励，这对于中国政府推进制造业绿色化转型具有诸多借鉴意义。

二 中国制造业绿色化发展现状

如前所述，制造业在新中国成立以来有明显的阶段性特征，对中国经济发展起关键性支柱作用。但美国金融危机之后，国内外经济出现了新的变化，发达国家再工业化战略实施使得国内制造业竞争压力变大，国内环境压力也迫切要求制造业转型升级，基于国内外形势的变化，中国政府于 2015 年提出并实施《中国制造 2025》，以期突破制造业发展瓶颈，构建中国特色的制造业 4.0，而绿色制造是该战略实施过程中的规划体系之一。

1. 中国制造业绿色化政策背景

如前所述，日、德、美等发达国家在制造业绿色化转型中，政府通过立法或行政指令确立了绿色制造的基本目标和框架。中国政府也出台了多项与绿色制造相关的政策，以在制度层面上保证整体绿色化工程的顺利推进。国务院于 2015 年提出《中国制造 2025》，明确提出积极构建绿色制造体系，从而将制造业绿色化提升为国家战略，在之后颁布的《中华人民共和国国民经济和社会发展第十三个五年规划纲要》中进一步提出要"实施绿色制造工程，构建绿色制造体系"。

为落实《中国制造2025》战略部署和"十三五"规划，工业和信息化部于2016年制定《工业绿色发展规划》，提出更为明确的绿色制造目标，即到2020年要基本形成工业绿色发展推进机制，绿色制造产业成为经济增长新引擎和国际竞争新优势，并使工业绿色发展整体水平显著提升。之后，工业和信息化部等四部门联合发布了《绿色制造工程实施指南》，将绿色制造工程从目标落实到实践。该指南提出要强化制造业绿色改造和升级，以法律法规为基本保障，全面建成以绿色产品、绿色工厂、绿色园区和绿色供应链等为核心环节的绿色制造体系，持续提升中国制造业的优势和制造企业的国际竞争力，以实现中国制造业高效清洁低碳循环和可持续发展。按照该指南部署，中国制造业要推进生产过程清洁化和高效低碳化，提高工业资源的利用效率和可再生能源的利用率，加强水资源的综合利用和保护，全力突破节能关键技术装备和重大环保技术装备的研发和应用，培育资源回收利用的第四产业，同时要不断健全完善绿色标准体系，创建绿色工厂和绿色工业园区，全面打造绿色供应链。

在政策试点进程中，工信部于2016年9月发布《关于开展绿色制造体系建设的通知》，在明确总体思路、建设原则和建设目标的前提下，对建设内容进一步明细化，并提出绿色工厂、绿色园区和绿色供应管理的评价要求，同时对绿色制造体系建设的保障措施也提供了具体意见。之后，国务院发布《"十三五"节能减排综合工作方案》《关于开展质量提升行动的指导意见》和《关于供应链创新与应用的指导意见》，要求推进产品全生命周期绿色管理，推行绿色制造，推广清洁高效生产工艺，并加强整体供应链上下游的绿色化改造。进入"十四五"期间，工信部于2021年12月发布《"十四五"工业绿色发展规划》，围绕绿色制造核心问题提出1个总目标、5个分目标和9项具体任务。

其中，要解决的关键问题包括：绿色低碳转型、绿色低碳技术装备、能源资源利用效率、企业绿色制造等；同时，《工业绿色发展规划》强调为达到2030年碳达峰目标，要构建绿色制造支撑体系，研发和生产绿色产品，建设绿色工厂、绿色园区和绿色供应链，并推进国内制造业从产品设计、生产工艺、新能源开发利用等环节与国际标准接轨。

疫情以来，绿色制造的推进变得更有针对性。首先，考虑到区域制造业具有明显的异质性，工信部针对黄河流域制造业发展制定了《关于深入推进黄河流域工业绿色发展的指导意见》。在黄河流域资源环境保护力度日趋提高的背景下，黄河流域制造业应改变其传统生产模式，向绿色制造方向转型。该意见明确提出到2025年黄河流域制造业绿色化程度和绿色制造水平要得到明显提升。其次，为拉动疫情后国内需求和加快推进高质量发展进程，国务院出台了《扩大内需战略规划纲要（2022—2035年）》和《质量强国建设纲要》，明确提出以科技创新推动绿色制造，全面推行绿色设计、绿色制造、绿色建造，从而拉动整体国内需求和经济高质量发展。

由此可见，中国政府针对制造业转型升级已制定了完善的制度性文件，这些文件确定了制造业绿色化的核心目标、指导方针和阶段性任务。同时，相关管理部门出台更为细致的实施方案和评价标准，并有针对性地对重点区域出台相对应的指导意见，以期对绿色制造工程从企业微观层面到行业中观层面再到区域宏观层面提供更具操作性的方案。

2. 中国绿色制造进展与现状

自国务院提出"实施绿色制造工程，构建绿色制造体系"以来，中国制造业绿色转型在有条不紊地推进中，尽管其间经历了发达国家再工业化战略和国内疫情"黑天鹅"事件的冲击，绿色制造发展水平依然保持持续提升的态势。

（1）绿色制造名单

依据绿色制造相关文件，从定义内涵来看，绿色制造是对传统制造业投入、生产、回收等各环节的转型升级，是新形势下高效率、低消耗、低排放的新型制造模式，在综合统筹能源投入、生态环境、气候变化以及生命健康等因素基础上，以绿色低碳为核心贯穿制造产品的全生命周期各环节，从而推动制造业整体绿色化，推进减排降污及低碳高质量发展协同发展。从实现路径来看，绿色制造整体工程需要制造业全方位转型、全过程改造和全链条变革，持续推进制造业能源投入低碳化、生产过程清洁化、制造工艺智能化、产品回收绿色化。

从具体形式来看，绿色制造主要体现在绿色产品、绿色工厂、绿色园区及绿色供应链先进管理企业的培育、认定和发展。根据2021年工信部发布的《"十四五"工业绿色发展规划》，绿色产品指有利于节约资源、降低污染排放并且可回收的产品，该产品生产、使用、处理等全生命周期过程均不会造成环境污染；绿色工厂是整个生产制造过程均不会产生污染物质，能够达到集约化投入、清洁化生产和无害化回收，从研发设计、生产加工到售后处理等整体过程绿色低碳环保；绿色园区是依据集聚效应和溢出效应等理论建造的区域，该区域在基础设施、生态环境规划、时空布局、产业链设计、运营管理等方面践行资源节约与绿色发展，同时，园区主要发挥其产品制造和能源供给功能，保证工业增加值的增长速度。绿色供应链是以绿色环保为核心，将产业链上中下游各类企业在采购、生产、营销和物流等各个环节有机串联在一起，通过联动效应共同提升能源资源效率，最大可能形成产品回收循环，从而减少污染排放。

为推进绿色制造工程实施，工信部基于《工业绿色发展规划》相关规定，公布绿色产品、绿色工厂、绿色园区和绿色供应链的评价和遴选标准，多次公布绿色制造企业名单，并对入选企业给予资金奖励、信贷额度或利率扶持、政府采购支持等。自2017年9月至2023年3月，工信部已陆续公布了七个批次绿色制造名单，如表4-1所示。

表4-1　　　　　　2017—2022年工信部公示绿色制造名单

批次	发布时间	绿色产品/种	绿色工厂/家	绿色园区/家	绿色供应链管理示范企业/家
第一批	2017年9月	193	201	24	15
第二批	2018年2月	53	208	22	4
第三批	2018年11月	480	391	34	21
第四批	2019年9月	371	602	39	50
第五批	2020年10月	1073	719	53	99
第六批	2022年1月	989	662	52	107
第七批	2023年3月	643	874	47	112
合计（括号内为动态移出）		3802（-72）	3657（-41）	271（-4）	408（-5）

资料来源：由工信部发布数据得到。

由表4-1可知，尽管绿色制造名单中各批次数量变化较大，但整体呈现出逐年递增的趋势，尤其是2020年第五批次，较之前批次大幅度增长，其中，绿色产品数量较之前批次增长近3倍，绿色供应链管理示范企业增长1倍，之后名单上各种类型的数量保持较为稳定的态势。这种联动式的增长变化主要是由于绿色产品、绿色工厂、绿色园区和绿色供应链管理企业内在的联动关系，绿色产品是绿色工厂运营的基础，绿色工厂聚集形成高效率的绿色园区，而供应链中上中下游绿色工厂有机串联，又形成了绿色供应链管理的基本内容。但同时，工信部对进入名单的各类企业采取动态管理，依据相关标准对各类企业保持衔接沟通和跟踪式监督，并对不符合要求的各类企业或产品进行移出。

由此可见，中国政府通过绿色制造名单对制造业绿色化进程进行总体控制和监督，既保证了绿色化水平保持上升态势，同时又对各类企业或产品进行有效监管，以促进各企业形成良性竞争和高效联动。

（2）绿色制造能源投入状况

绿色制造追求输入和输出两端的环保与可持续，在输入端要求企业集约式使用可再生能源，在输出端则要求企业降低污染排放，因此，能源生产、消耗与能源使用效率等相关指标能直观反映出绿色制造发展水平。

a. 能源消费量

能源投入是制造业的基础，也是影响制造业产能的关键，但传统化石能源对环境带来的压力较大，推进制造业绿色化势必要求对传统化石能源进行改造。一方面，传统化石能源通过深加工转变为环境友好型能源，另一方面，通过研发可再生能源以替代传统化石能源，这种转型或替代必将对能源消费结构产生影响。表4-2是2011—2020年中国能源消费总量及各种类型能源消费量相关统计。

分析表4-2可知，首先，从总能源消费量来看，2011—2020年期间从3870.4增加到4983.1百万吨标准煤，增长了30.8%，这表明研究期间中国总能源消费量呈现出连续上升的态势，这与中国经济在此期间的持续增长是相对应的。从总能源消费量各年增长幅度来看，2018—2020年同比增长分别为3.5%、3.3%和2.2%，增长幅度呈现出稳定下降的态势，这表明中国总能源消费量已进入相对稳定时期，集约式能源投入模式已初显成效。

其次，从煤炭、原油和天然气等传统化石能源消费量来看，煤炭消费仍然远超其他两种能源消费，其消费量占一次能源消费总量的50%以上，但纵向比较可以看出，煤炭消费量在2013年达到峰值以后，其后各年呈现出稳步下降的态势。原油与天然气消费量在研究期间保持平稳上升态势，这一方面与当前中国工业格局基本特点有关，另一方面是由于新生产工艺推广加剧工业能源煤炭向原油与天然气转型；同时，石油与天然气的燃烧效率和清洁程度要远远超过煤炭。因此，当前三大传统化石能源的消费量与工业转型升级是相适应的。

再次，从煤炭和原油加工品使用情况来看，焦炭、汽油、柴油等消费量研究期间态势呈现出较大的差异。焦炭作为煤炭的一种深加工产品，具有高热值和低排放的环境友好特征，其消费量自2011年420.6百万吨上升到2020年483.1百万吨，呈现出持续增加的态势。汽油消

表4-2　2011—2020年中国能源消费总量及各类型能源消费量

消费量	2011	2012	2013	2014	2015	2016	2017	2018	2019	2020
总能源（百万吨标准煤）	3870.4	4021.4	4169.1	4283.3	4341.1	4414.9	4558.3	4719.3	4874.9	4983.1
煤炭（百万吨）	3889.6	4117.3	4244.3	4136.3	3998.3	3888.2	3914.0	3974.5	4019.2	4048.6
焦炭（百万吨）	420.6	448.1	458.5	468.9	440.6	454.6	437.4	437.2	464.3	483.1
原油（百万吨）	439.7	466.8	486.5	516.0	547.9	571.3	594.0	630.0	672.7	694.8
汽油（百万吨）	76.0	81.7	93.7	97.8	113.7	118.7	123.0	130.6	136.3	127.7
柴油（百万吨）	156.4	169.7	171.5	171.7	173.6	168.4	169.2	164.1	149.2	142.8
天然气（百亿m3）	13.4	15.0	17.1	18.7	19.3	20.8	23.9	28.2	30.6	33.4

资料来源：由国家统计局发布数据整理得到。

第四章　中国制造业绿色化现状及绿色竞争力测度

费则呈现出先升后略微下降的态势，这一方面是由于受到疫情"黑天鹅"事件的冲击，另一方面是由于汽车制造中新能源车数量剧增而导致的汽车需求量下降。而柴油消费量则呈现出明显的下降态势，尤其是2015年柴油消费量达到峰值174.6百万吨，之后呈现出连续降低的特征。这主要是由于柴油相对于其他成品油污染程度相对较高，在制造业绿色化进程中新型能源使用替代了一部分柴油投入。

综上可以看出，尽管研究期间中国能源消费量在持续增长，但煤炭、石油与天然气等传统化石能源并非直线式增加，污染程度轻、燃烧效率更高的石油和天然气消费量增加幅度更为明显，同时，依据煤炭、原油等原料加工的环境友好型能源消费量增长幅度明显高于其他类型，这表明制造业整体能源投入正处于良性转型和替代进程中。

b. 能源消费结构

制造业绿色化是一个系统工程，在能源投入方面一方面要求由传统型向清洁型转型，另一方面要求由新能源替代传统化石能源。但由于我国能源投入对传统化石能源依赖严重，水能、核能、太阳能等非化石能源技术尚不够成熟，要全面替代化石能源非一朝一夕，这就要求化石能源消费结构应更为合理化，同时应尽可能提高非化石能源的比重。图4-1是对2011—2020年中国能源投入中煤炭、原油、天然气等化石能源与非化石能源所占比重进行了统计。

分析图4-1图线变化态势，首先，对传统化石能源与非化石能源结构进行分析。比较化石能源消费量与非化石能源消费量所占比重可知，非化石能源消费量比重从期初8.4%上升为期末的15.9%，增长近一倍，这表明中国非化石能源消费量在能源消费中已占据一席之地，并且其地位在不断提升，化石能源与非化石能源消费结构日趋合理化。这主要是由于非化石能源主要是太阳能、水能等清洁型可再生能源，替代传统化石能源是制造业绿色化的内在要求，但限于技术难题和开发成本，短时间内完全替代化石能源尚不具备条件。

其次，对传统化石能源中煤炭、石油与天然气等一次能源消费占比

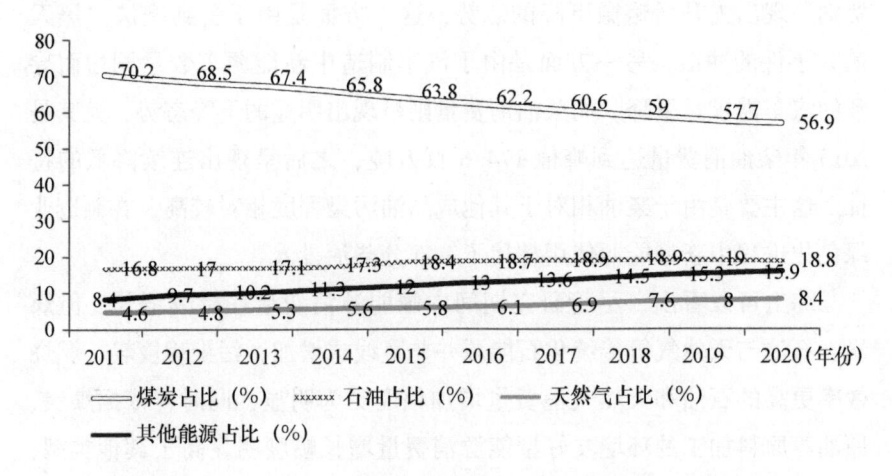

图 4-1　2011—2020 年中国化石能源与非化石能源消费结构统计

资料来源：根据国家统计局网站数据整理绘制。

进行分析。对比可知，研究期间煤炭消费占比呈明显下降趋势，从 2011 年占比 70.2% 下降到 2020 年占比 56.9%，这表明煤炭仍是中国能源消费的主力军，但因其带来的环境压力较重，其消费占比已明显被压缩。石油消费占比在研究期间呈现出缓慢增长的态势，从 2011 年占 16.8% 上升到 2020 年 18.8%，这表明石油仍是中国能源消费的稳定来源，尽管石油消费污染程度比煤炭消费要低很多，但其仍然是碳排放的重要来源，新能源的开发在一定程度上替代了石油消费。天然气消费占比在研究期间呈快速增长态势，自 2011 年占比 4.6% 上升到 2020 年占比 8.4%，增长接近一倍。与煤炭和石油等传统化石能源相比，天然气燃烧效率和清洁程度更具优势，再加上国内天然气相关基础设施愈加完善，助推天然气消费量节节攀升。

综上可知，中国能源消费结构尚存在一定的不完善之处，化石能源仍然是能源消费的主要来源，消费占比仍高达 80% 以上，但可再生清洁型非化石能源消费占比在持续提升，而化石能源中更为清洁高效的天然气消费占比也保持较快的增长速度，这表明传统能源转型与新能源替

第四章 中国制造业绿色化现状及绿色竞争力测度

代在持续完善过程中。

c. 能源加工转换效率

绿色制造不仅需要集约式能源投入模式，而且需要高效率的能源生产模式相匹配。能源加工转换效率是一种投入产出效率，衡量一定时期内投入的各种能源转换为产出的各种能源产品的效率，即能源产出量与能源投入量之比，该效率可直接反映能源生产行业工艺水平和管理能力的高低，也可反映出能源投入集约化程度的高低。相关统计如图4-2所示，该图是根据2011—2020年中国总能源及典型能源加工转换效率相关数据进行绘制。

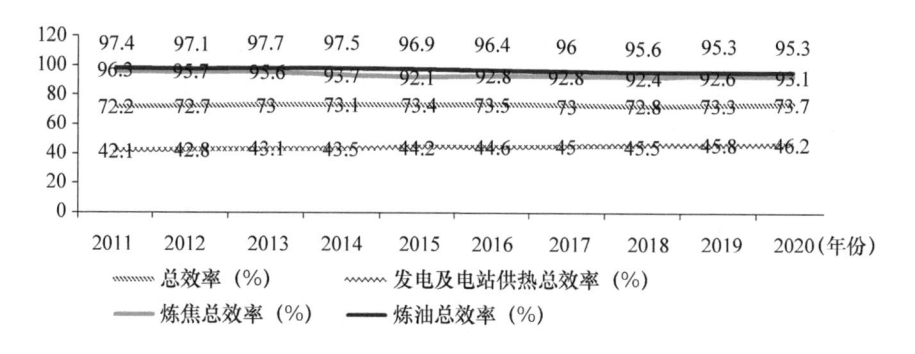

图 4-2　2011—2020 年中国能源加工转换效率统计

资料来源：根据国家统计局网站数据整理绘制。

由图4-2可知，研究期间中国能源加工转换效率整体处于较为平稳的发展态势，这也反映出能源加工转换工艺在研究期间并没有发生革命性技术更新。首先，能源加工转换总效率作为反映能源生产工艺水平和管理能力的综合指标，研究期间稳定在73%左右，与同期发达国家相比落后5%左右，这表明我国能源加工转换总效率已进入到技术突破关键瓶颈期。其次，从能源产出最为典型的电力和供热产业来看，中国发电及电站供热转换加工总效率呈缓慢上升态势，从2011年42.1%上升到2020年46.2%。这表明中国电力生产转换效率仍处于较低水平，这主要归因于当前电力生产仍主要以煤炭为原料的火力发电为主，随着电力生产技术的更新和高效率新能源的使用，电力转换加工总效率预计有较大幅度的提升。再次，从炼焦和炼油等二次能源加工转换效率来看，研究期间内两者尽管有所波动，但均保持在较高的效率水平，尤其是炼油加工转换效率持续保持在95%以上，这表明中国在对化石能源的加工利用方面已经处于世界先进水平，这也为进一步提升石油和天然气等一次能源的消费比重，进而推进能源使用效率和提高能源清洁程度奠定了基础。

由此可以看出，中国能源加工转换效率整体处于相对平稳阶段，但总体效率距离发达国家仍有一定差距，尤其是电力生产加工转换效率较低，电力生产工艺和一次能源投入应进一步改善。而以煤炭和石油为基础的炼焦和炼油生产加工效率则稳定保持在90%以上的高水平，这为制造业绿色化转型升级提供了可靠的清洁能源投入来源。

d. 单位GDP能耗与能源消费弹性系数

单位GDP能耗是指一定时期内一个国家每生产一单位GDP所消费的能源，通常是计算每万元GDP所需消费多少吨标准煤一次能源。该指标作为衡量绿色化程度与能源投入强度的关键指标，在"十四五"规划纲要中已成为经济社会发展的主要约束性指标之一。能源消费弹性系数也是反映能源消费与国民经济发展关系的指标，但该指标关注的是能源消费与国民经济增长速度的对比，即能源消费量年平均增长速度与国民经济年平均增长速度之比。两个指标均为负向指标，即值越低表明能耗程度越合理。图4-3是两个指标2011—2020年发展态势的统计。

由图4-3可知，研究期间两个指标基本态势有明显的差异。首先，单位GDP能耗在研究期间呈现出平稳下降的态势，自2011年0.86吨标准煤/万元GDP下降到2020年0.55吨标准煤/万元GDP，下降幅度达到36%，这表明尽管中国能源消费一直在持续攀升，但能源投入对GDP贡献的效率也在不断提升，整体绿色发展程度在持续合理化。但

第四章　中国制造业绿色化现状及绿色竞争力测度

图 4-3　2011—2020 年中国单位 GDP 能耗与能源消费弹性系数

资料来源：根据国家统计局网站数据整理绘制。

与发达国家相比，中国单位 GDP 能耗仍明显偏高，这说明中国在能耗降低方面仍有较大的提升空间。

其次，能源消费弹性系数在研究期间则出现较大幅度的波动，以 2015 年为拐点，从 2011 年 0.76 下降到 0.19，之后又上升到 2020 年 1。这种大幅度的波动一方面是缘于当前国内能源投入的不稳定，另一方面也由于受到新能源技术和政府能源政策的影响，2019—2020 年的大幅上升则主要是由于受到疫情冲击导致 GDP 增速大幅下降造成。对比发达国家能源与国民收入数据可知，能源消费弹性系数低于 0.5 是经济绿色低碳高质量发展的要求，这表明中国能源消费增幅与国民收入增幅还没有实现稳定合理的匹配关系。

综合对能源消费量、能源消费结构、能源加工转换效率、单位 GDP 能耗以及能源消费弹性系数等相关指标的分析，可以看出中国能源投入正处于转型轨道中，尽管与发达国家相比仍存在一定差距，但纵向来看，各指标均处于合理化的进程中，中国绿色制造正处于良性发展途径上。

（2）绿色制造废弃物排放状况

能源投入与废弃物排放是衡量制造业绿色化程度的两个晴雨表，绿

· 161 ·

色生产技术的研发和生产工艺的变革必然会促进废弃物排放下降及相关处置成本的上升。

a. 废气污染物排放

工业废气是空气中污染物的重要来源，推进绿色制造可有效降低废气污染物的排放，图 4-4 是 2011—2020 年中国废气污染物排放态势的统计情况。

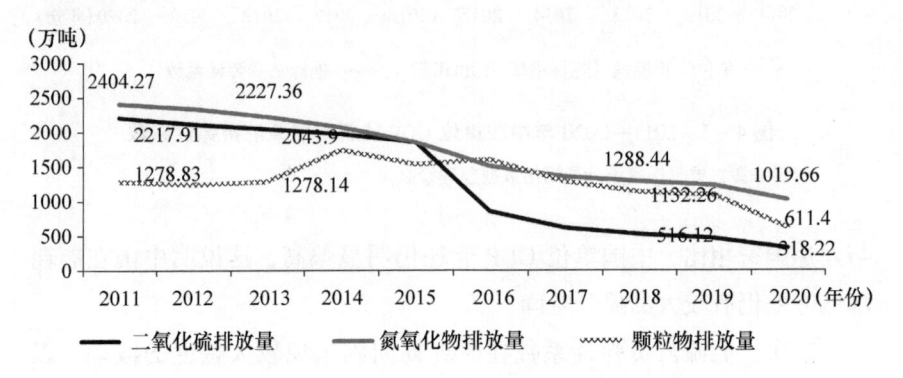

图 4-4　2011—2020 年中国主要空气污染物排放情况统计

资料来源：根据国家统计局网站数据整理绘制。

分析图 4-4 可知，研究期间中国主要空气污染物排放量均呈现出下降态势，但三种主要污染物下降态势有较大不同。其中，二氧化硫排放量以 2016 年为拐点，在 2016 年出现悬崖式下降，氮氧化物排放量则呈现出缓慢下降态势，而颗粒物排放量在 2016 年之前出现小幅上涨和波动，在此之后呈现出加速下降的态势。2016 年空气污染物下降幅度较大主要可归因于政府政策因素，新版《大气污染防治法》对各种空气污染物的排放制定了更为严苛的标准和惩罚机制，因此在该年度主要空气污染物得到了较为显著的控制。其后各年，政策实施已产生控制力，并结合市场机制加速淘汰污染严重型企业，从而使得主要空气污染物控制在下行通道上。考虑到二氧化硫、氮氧化物等空气污染物主要是由于工业炼油炼焦产生，颗粒物污染主要由工业粉尘形成，基于研究期间三种主要空气污染物排放量基本态势,可以推断出中国空气污染物水平已得到了有效控制,制造业绿色化正处于合理化进程中。

b. 工业污染治理投资

治理工业污染一方面要淘汰旧产能,另一方面要研发和建设清洁生产技术和工艺,因此,工业污染治理相关投资是制造业绿色化进程中必不可少的环节。表4-3是中国2011—2020年工业污染治理投资的统计。

表4-3 2011—2020年中国工业污染治理完成投资

完成投资 (千万元)	2011	2012	2013	2014	2015	2016	2017	2018	2019	2020
总体工业污染治理	4443.6	5004.6	8496.6	9976.5	7736.8	8190.0	6815.3	6212.7	6151.5	4542.6
治理废水项目	1577.5	1403.4	1248.8	1152.5	1184.1	1082.4	763.8	640.1	699.0	573.9
治理废气项目	2116.8	2577.1	6409.1	7893.9	5218.1	5614.7	4462.6	3931.1	3677.0	2423.7
治理固体废物项目	313.9	247.5	140.5	150.5	161.5	466.7	127.4	184.2	170.7	173.1
治理噪声项目	21.6	11.6	17.6	11.0	27.9	6.2	12.9	15.2	14.2	7.4
治理其他项目	413.8	764.9	680.6	768.6	1145.3	1020.0	1448.7	1442.1	1590.6	1364.5

资料来源:由国家统计局发布数据整理得到。

由表4-3可知,中国工业污染治理是一个系统大工程,研究期间中国政府对于废水、废气、固体废物、噪声等均进行了持续投资与治理。首先,从工业污染治理完成投资总额来看,投资额在2013—2016年达到高位区间,尤其是2014年工业污染治理投资达到峰值997.65亿元,在2017年以后工业污染治理完成投资总额保持下降态势。由于污染治理投资是一种长期行为,完成投资额表现出较为明显的阶段性。研究区间内，污染治理投资初期（2011—2015 年）投资额会因设备购置、人员招聘等迅速上升，治理中期（2016—2019 年）投资额主要集中在部分设备折旧、机器维护维修等常规项目，此时完成投资额较为稳定，治理后期完成投资额则会出现一定幅度的下降。

其次，从不同污染治理完成投资来看，废气治理仍然是当前污染治理投资的重中之重，治理废气项目完成投资额占总体污染治理完成投资额的一半以上，2014 年占比达到 79.1%。这一方面是由于空气污染对人体健康影响最大，中国政府对空气污染治理实施了更为严格的监管，另一方面也是由于传统制造业在废气排放方面疏于治理，导致废气相关治理设备较为落后，因此重新购置设备或升级换代新设备需要投入高额的新增投资。而传统三废中，废水治理和固体废物治理完成投资在研究周期内呈现出平稳下降态势，废水治理完成投资从 2011 年 157.75 亿元下降到 2020 年 57.39 亿元，固体废物治理完成投资则从 2011 年 31.39 亿元下降到 2020 年 17.31 亿元，这主要得益于废水和固体废物长期以来的持续投资。

综合来看，中国工业污染治理正处于期初投入建设到期中维护监控的平稳过渡中，污染治理投资的红利会随着绿色制造工程的推进而日益明显。从污染物类型来看，空气污染是工业污染中的主要治理对象，但随着中国政府有针对性地推进污染治理投资建设，空气污染治理已得到有效遏制，制造业主要污染排放物投资治理初显成效。

（3）绿色制造工业创新与科技状况

绿色制造工程不仅体现在能源投入的集约式转型和废弃物排放的渐进式下降，而且在清洁型生产工艺和全生态产业链管理等方面应保持创新活力，尤其是国内规模以上工业企业在绿色化革命中应通过科技创新保持一定的竞争力。

a. 工业企业研发机构概况

国家统计局在 2011 年以后将规模以上工业企业调整为年主营业务收入在 2000 万以上的独立法人，相关企业在工业企业市场份额中占据绝对的主力位置，同时也是推进制造业绿色化的核心力量。表4-4是2011—2020年中国规模以上工业企业科学研发机构基本情况的统计。

由表4-4可知，研究期间内规模以上工业企业在研发费用投入、研发机构数量、研究项目数量及研发人员数量等多个方面均呈现出平稳上升的态势，这表明相关企业在研究创新方面已形成良性循环，不仅企业内部持续享受技术研发的红利，而且在关联企业之间形成虹吸效应和溢出效应。具体来看，首先，规模以上工业企业中设有研究与试验发展活动的企业数呈现出快速增长的势头，从2011年不足4万个，增长到2020年超过14万个，年均增幅10%左右；同时，设有科研机构的企业占所有规模以上工业企业的比重也在稳步提升，从2011年占比为11.5%上升到2020年占比36.7%，这表明自主研发创新已成为企业提升竞争力的关键，企业研发活动由自发行为已演变为自觉行为。其次，从规模以上工业企业研发支出费用和研究项目数量来看，研究期间两者均呈现出快速增长的态势，尤其是研究项目数量增长了3倍以上。这表明企业所设立研究机构有较强的经费自筹能力，并且能将投入经费高效解决关键性科研技术项目。再次，从企业自主设立的研究机构数量和研发人员数量来看，研究期间两者也都呈现出快速提升的态势，尤其是企业自设的研发机构数量从2011年3.13万上升到2020年10.5万个，增加了3.4倍，这表明企业能根据自身科研需要设置研发机构和招聘科技人员，这可以使得企业自主研发活动更有可持续性。

由此可以看出，在国内政策引导和国际竞争压力下，规模以上工业企业已能够自主参加科研创新活动，并能根据其科研攻坚难关自主设置企业内研发机构和培养科研人员，因此，工业企业绿色科研创新已进入到良性循环轨道中。

b. 工业企业新产品开发

制造业绿色化要求传统工业企业推出更多环境友好、资源节约以及回收清洁的新产品，新产品开发及销售在一定程度上可反映出制造业绿色化进程的推进程度。表4-5是2011—2020年规模以上工业企业新产

表4-4　2011—2020年中国规模以上工业企业研发机构基本状况

指标	2011	2012	2013	2014	2015	2016	2017	2018	2019	2020
有研究与试验发展活动企业数（个）	37467	47204	54832	63676	73570	86891	102218	104820	129198	146691
有研究与试验发展活动企业所占比重	11.5%	13.7%	14.8%	16.9%	19.2%	23%	27.4%	28%	34.2%	36.7%
研究与试验发展经费支出（亿元）	5993.8	7200.6	8318.4	9254.3	10013.9	10944.7	12012.9	12954.8	13971.1	15271.3
研究与试验发展项目数（项）	232158	287524	322567	342507	309895	360997	445029	472299	598072	714527
办研究与试验发展机构数（个）	31320	45937	51625	57199	62954	72963	82667	83115	95459	105094
办研究与试验发展机构人员数（万人）	181.7	226.8	238.8	246.4	266.8	292.4	325.4	318.3	341.6	371.3

资料来源：由国家统计局发布数据整理得到。

品开发相关统计。

表4-5统计了2011—2020年中国规模以上工业企业新产品开发项目数量、经费支出、销售收入以及出口销售收入等相关指标,整体来看,各指标在研究期间内尽管有所波动,但都呈现出平稳上升的态势,这表明相关企业在新产品研发和销售方面已步入常态。首先,新产品开发项目数从2011年26.6万项增加到2020年78.8万项,增长2.96倍,这表明尽管新产品从开发项目到真正投入市场的失败率比较高,但相关企业仍然对新产品开发高度重视,并通过新产品开发培育企业核心竞争力以适应绿色制造革命。其次,新产品开发经费支出从2011年6845.9亿元增加到2020年18623.8亿元,增长2.72倍,而新产品销售收入从2011年100582.7亿元增加到2020年238073.7亿元,增长2.37倍。尽管两者增幅差别不大,但对比可以发现,新产品销售收入与开发经费支出的差额在不断增加,从期初93736.8亿元增加到期末219449.9亿元,增加2.34倍,这表明新产品研发投入所带来的收益是递增的,新产品红利效应作用明显。再次,新产品出口销售收入从2011年20223.1亿元增加到2020年43853.3亿元,增长2.16倍,保持稳步上升态势,这表明新产品能较好地适应国外市场新需求,在国际市场已具有较强的竞争优势。

c. 工业企业专利申请

专利申请是企业研发活动成果的集中体现,也是企业将科研成果通过许可或转让转化为资产的可靠路径。图4-5是2011—2020年中国规模以上工业企业专利申请相关统计。

由图4-5可知,整体来看,研究期间中国规模以上工业企业专利申请及有效发明专利数量均呈现出快速增长的态势,尤其是有效发明专利数量,在研究期间内增加了7.2倍,这表明工业企业对研发成果的保护意识和转化意识日益提升,同时也为推进制造业绿色化积累科研库。具体来看,首先,发明专利申请数尽管在研究期间内增加较快,但在专利申请中的占比仍有提升空间。按照国内知识产权相关规定,专利包括

表4-5 2011—2020年中国规模以上工业企业新产品开发状况统计

指标	2011	2012	2013	2014	2015	2016	2017	2018	2019	2020
新产品开发项目数（项）	266232	323448	358287	375863	326286	391872	477861	558305	671799	788125
新产品开发经费支出（亿元）	6845.9	7998.5	9246.7	10123.2	10270.8	11766.3	13497.8	14987.2	16985.7	18623.8
新产品销售收入（亿元）	100582.7	110529.8	128460.7	142895.3	150856.5	174604.2	191568.7	197094.1	212060.3	238073.7
新产品出口销售收入（亿元）	20223.1	21894.2	22853.5	26904.4	29132.7	32713.1	34944.8	36160.8	39269.3	43853.3

资料来源：由国家统计局发布数据整理得到。

第四章　中国制造业绿色化现状及绿色竞争力测度

图 4-5　2011—2020 年中国规模以上工业企业专利申请统计
资料来源：根据国家统计局网站数据整理绘制。

发明专利、外观设计专利和实用新型专利，发明专利在专利中更具创新价值和应用前景。但研究期间内发明专利占专利申请比重为 1/3 左右，在 2016 年占比达到峰值 40%，但之后呈现出下降态势，这表明工业企业研发创新程度仍有不足。其次，研究期间内有效发明专利数呈现出快速增加的态势，这一方面表明工业企业所申请的发明专利批准获得专利权成功率较高，所申请发明专利有很好的新颖性，另一方面也表明发明专利有很好的实用性，所获批发明专利权能得到很好的市场回馈。

d. 工业企业技术引进

从企业技术获取渠道来看，企业一方面可通过自主研发创新获取，另一方面也可通过技术引进获取。两种获取方式各有利弊，自主研发周期相对较长，但私密性更高，也更契合企业实际，而技术引进则可节约大量时间和人力，技术引进往往作为自主研发的补充方式，对工业企业整体技术升级或转型也具有重要的现实价值。图 4-6 是 2011—2020 年规模以上工业企业技术引进相关统计。

由图 4-6 可知，国内工业企业在技术引进渠道上可分为国外技术引进和国内技术引进两种类型，整体来看，研究期间内企业通过不同渠道引进技术支出的经费差别较大。引进国外技术支出的经费变动不大，研究期间内基本保持在 400 亿元；而购买国内技术支出的经费则出现较

图 4-6　2011—2020 年中国规模以上工业企业技术引进统计

资料来源：根据国家统计局网站数据整理绘制。

大幅度的提升，尤其是在 2019 年达到 537.41 亿元，超过引进国外技术经费支出 476.69 亿元，这表明国外技术引进一直是工业企业重视的渠道，但随着国内技术水平日益提升，国内企业之间的技术交流与引进成为企业技术提升的重要渠道，并有可能取代国外技术引进的头名位置。同时，国外技术从引进到在国内真正落地通常需要进行专门的消化吸收，图 4-6 表明引进技术消化吸收经费支出约为引进经费支出的 1/4，而国内技术引进则不需要此项开支，这也是工业企业购买国内技术经费支出快速增加的原因。

通过对国内规模以上工业企业研发机构基本状况、新产品开发、专利申请以及国内外技术引进等多个指标进行分析，可以看出国内工业企业自主科研能力、科研成果竞争力、科研保护力度以及科研输出与溢出等方面保持稳定提升态势，自主研发能力提升为绿色制造奠定了必要的科技基础和动力源泉。

第二节　中国制造业绿色竞争力测度

基于中国制造业政策背景和发展现状定性分析，可以看出中国制造业绿色化已初显成效，各项指标均已步入良性循环。为更精确描述中国制造业绿色化发展水平，本节将构建制造业绿色竞争力评价体系以量化研究期间内中国绿色制造发展态势，并为研究发达国家再工业化战略对中国绿色制造的影响奠定基础。

一 构建中国制造业绿色竞争力评价体系

自中国政府制定"中国制造2025"战略并提出相配套的一系列工程以来，绿色制造就成为学界研究的热点。梳理相关文献可知，绿色制造被认为是基于产品全生命周期设计的资源节约、环境友好、回收便利的新型工业模式。但由于中国制造业因区位差异和要素禀赋差异而导致绿色制造推进程度相差较大，如何精确衡量不同区域制造业绿色化发展水平是一个亟待解决的难题。工信部于2016年发布《关于开展绿色制造体系建设的通知》，提出在生态文明建设决策部署下，树立创新、协调、绿色、开放、共享的新发展理念，以企业为建设主体，以绿色工厂、绿色产品、绿色园区、绿色供应链为主要内容，以公开透明的第三方评价机制和标准体系为基础，推进建设高效、清洁、低碳、循环的绿色制造体系，以培育参与国际竞争的制造业领军力量。由此可以看出，中国政府推进绿色制造建设工程，其目标是在新的国内外竞争形势下打造以绿色竞争力为核心要素的制造业体系。

基于工信部对绿色制造内涵的界定，借鉴王明涛等（2020）、李志鹏等（2022）相关领域学者的研究，并通过德尔菲方法，按照科学性、全面性、典型性等原则，与相关领域多名专家进行沟通并调研以确定评价体系基本指标。在此基础上，采用层次分析法（AHP）研究思路，通过调研问卷对各指标重要性进行两两比较并打分，在此基础上构建制造业绿色竞争力评价体系，如表4-6所示。

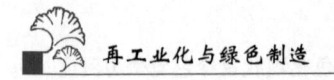

表4-6　　　　　　　　制造业绿色竞争力评价体系

一级指标	二级指标	指标单位	指标类型
能源投入（A）	单位工业增加值能耗（A_1）	吨标准煤/万元	负
	能源加工转换效率（A_2）	%	正
	工业清洁能源投资（A_3）	元	正
污染排放（B）	单位工业增加值氮氧化物排放量（B_1）	吨/万元	负
	单位工业增加值颗粒物排放量（B_2）	吨/万元	负
	单位工业增加值二氧化硫排放量（B_3）	吨/万元	负
	工业污染治理投资（B_4）	元	正
绿色科技（C）	绿色制造发明专利数量（C_1）	个	正
	绿色制造系统集成项目数量（C_2）	项	正
	绿色制造科技奖数量（C_3）	个	正
绿色质效（D）	绿色园区数量（D_1）	个	正
	绿色产品数量（D_2）	个	正
	绿色工厂数量（D_3）	个	正
	绿色供应链管理企业数量（D_4）	个	正

由表4-6可知，该评价体系是对制造业绿色竞争力的综合评价，包括4个一级指标，14个二级指标。4个一级指标分别为制造业能源投入（A）、污染排放（B）、绿色科技（C）以及绿色质效（D），能源投入与污染排放是制造业输入和输出的必要环节，推进节约型能源投入和循环型污染排放是绿色制造工程的要求，也是传统制造业向绿色制造转型的关键转型点。绿色科技则是节约型能源投入与循环型污染排放的基础，只有保证绿色技术自主研发创新才能保证绿色制造工程的可持续性。绿色质效是绿色制造工程的建设内容，绿色园区、绿色工程、绿色产品和绿色供应链管理的审批和监管是绿色制造水平的体现。

1. 绿色竞争力评价体系各指标解释

（1）能源投入

一级指标能源投入是衡量绿色制造与传统制造的重要区别，其目标是通过节能降耗提高传统能源使用效率,并适当采用新型清洁能源中包括3个二级指标,分别为单位工业增加值能耗(A1)、能源加工转换效率(A2)和工业清洁能源投资(A3)。

单位工业增加值能耗是一定时期内工业消耗能源总值与工业增加值总值之比,该指标可以在整体上反映出工业能源消耗的基本趋势,并可通过区域空间数据和时间序列数据的对比分析纵向与横向的异质性与演变趋势。该指标是一个负指标,即其值越低,说明能耗水平越低。

能源加工转换效率衡量能源生产环节的输入输出效能,是能源生产过程中产出的二次能源值与投入的一次能源值的比值。该指标是一个正指标,该值越高,表明能源生产集约化程度越高,对制造业绿色竞争力贡献越大。

清洁能源替代传统能源是一个长期的系统工程,工业清洁能源投资衡量能源生产活动中深加工清洁型能源或新型清洁能源的建设程度。该指标也是一个正指标,其值越高,说明该地区对清洁能源建设重视程度越高,其制造业整体绿色竞争力越强。

(2)污染排放

绿色制造要求制造业生产过程中及产品使用过程中一方面要使污染排放降低甚至达到零排放或循环利用,另一方面要加强污染治理或旧工艺改造。基于该目标,污染排放指标(B)筛选出四个二级指标,分别是单位工业增加值氮氧化物排放量、单位工业增加值颗粒物排放量、单位工业增加值二氧化硫排放量以及工业污染治理投资。

工业排放中污染物包括废弃固体、液体及气体等所谓工业三废,随着工业污染治理技术的发展,废弃固体和液体的治理已达到较高清洁程度,部分废弃物甚至成为循环经济中的重要原料。但气体污染物治理一直是工业排放治理的难题。由于氮氧化物、颗粒物和二氧化硫均为典型的空气污染物,因此,二级指标中单位工业增加值氮氧化物、颗粒物以及二氧化硫排放量能有效反映出工业排放中空气污染物的变化情况。这三个指标均为负指标，即单位排量，绿色竞争力越强。

工业污染治理投资则从污染者付费角度对治理污染或预防污染所采取的技术研发、设备购置等投资项目进行综合衡量。该指标是一个正指标，其值越高，表明工业污染治理投资水平越高，制造业绿色竞争力水平越高。

（3）绿色科技

科技创新是推动绿色制造的动力源，也是培育制造业绿色竞争力的关键支撑性要素。鉴于绿色科技相关数据的可得性，筛选出绿色制造发明专利数量、绿色制造系统集成项目数量和绿色制造科技奖数量三个二级指标。

根据国家知识产权局发布的《中国绿色专利统计报告》，绿色制造发明专利数量是指在产品全生命周期中使用绿色原材料、采用绿色新工艺、应用绿色回收系统等方面拥有技术优势并获取专利权保护，该指标是一个正指标，其值越高，表明制造业整体绿色化程度和绿色竞争力水平越高。

绿色制造系统集成项目是工信部依据其2016年出台的关于申报绿色制造系统集成项目的相关文件审批设立。相关项目以绿色设计平台建设、绿色关键工艺突破、绿色供应链系统构建为研究对象，对提升制造业绿色精益生产能力、绿色装备自主保障能力等有重要作用。该指标是一个正指标，其值越高，表明绿色制造在高精尖项目越有竞争力，预期可挖掘潜力越大。

绿色制造科技奖是指中国机械工程学会评选的"绿色制造科学技术进步奖"和中国节能协会评选的"节能减排科学技术进步奖"。两个奖项各有侧重，绿色制造科学技术进步奖奖励绿色制造技术与装备、制造工艺、资源循环利用等方面有突出贡献的项目，节能减排科学技术进步奖则奖励在节能减排中自主创新的研究项目。该指标为正指标，其值越高，表明相关绿色创新技术对区域制造业的支撑强度越高，研究成果转化为竞争力的驱动效应越强。

第四章 中国制造业绿色化现状及绿色竞争力测度

（4）绿色质效

绿色质效是依据工信部 2016 年所发布的《关于开展绿色制造体系建设的通知》中绿色制造体系建设的基本内容筛选得到，包括绿色园区数量、绿色产品数量、绿色工厂数量、绿色供应链管理企业数量等 4 个二级指标。

绿色园区、绿色产品、绿色工厂和绿色供应链管理企业均按照工信部相关文件申请后审批确认，并进行动态跟踪监督管理。这 4 个指标均为正指标，其值越高，表明绿色制造体系建设越有成效，制造业整体绿色竞争力越强。

综合以上可知，本书所采用的制造业绿色竞争力评价体系综合了传统制造业投入和输出两个端口，并引入支撑制造业绿色创新的科技因素以及政府政策动态管理的绿色制造名单，具有很好的科学性、典型性和全面性。

2. 数据来源及数据处理

（1）数据来源

依据制造业绿色竞争力评价体系，本书将研究期间定为 2006—2019 年，这主要是与前文所研究的发达国家再工业化战略综合指数研究期间相对应。所选取的数据为 30 个省域（不含西藏和港澳台）及全国数据，数据来源于《中国统计年鉴》《中国生态环境统计年报》《中国环境统计年鉴》《中国能源统计年鉴》《中国科技统计年鉴》《中国绿色专利统计报告》以及各省份统计年鉴、工信部所公布绿色制造名单等。

（2）数据处理

数据处理主要解决了三个问题，一是数据统计口径差异问题。鉴于数据统计口径及统计起始限制，部分数据在不同年份统计时存在一定差异，比如国家统计局 2015 年以前在空气污染物中统计"烟（粉）尘排放量"，在 2016 年以后改为统计"颗粒物排放量"，在本书中不做严格区分。二是部分统计数据缺失的问题。统计年鉴中存在部分年份数据缺失的问题，本书采用插值法或均值法进行补全。三是数据标准化问题。根据指标的正负属性，采用极差标准化法对各种数据进行标准化处理。因所采用极差标准化公式在第三章中已经阐述，故在此不赘述。

3. 评价体系各指标权重计算

各指标权重仍然采用熵权法（EWM）计算得到，因熵权法计算过程在前文已经详细论述，在此也不赘述。表4-7是计算得到的各指标权重值。

表4-7　　　　制造业绿色竞争力评价体系各指标权重

一级指标	二级指标	指标类型	指标权重
能源投入（A）	单位工业增加值能耗（A_1）	负	0.119
	能源加工转换效率（A_2）	正	0.063
	工业清洁能源投资（A_3）	正	0.057
污染排放（B）	单位工业增加值氮氧化物排放量（B_1）	负	0.047
	单位工业增加值颗粒物排放量（B_2）	负	0.051
	单位工业增加值二氧化硫排放量（B_3）	负	0.048
	工业污染治理投资（B_4）	正	0.089
绿色科技（C）	绿色制造发明专利数量（C_1）	正	0.110
	绿色制造系统集成项目数量（C_2）	正	0.042
	绿色制造科技奖数量（C_3）	正	0.037
绿色质效（D）	绿色园区数量（D_1）	正	0.074
	绿色产品数量（D_2）	正	0.110
	绿色工厂数量（D_3）	正	0.072
	绿色供应链管理企业数量（D_4）	正	0.081

对比可以看出，不同指标的权重值存在一定差别，这表明不同因素对推进绿色制造工程的重要性有所不同。比较而言，单位工业增加值能耗可在整体上把握制造业耗能的基本态势，相当于绿色制造能源投入的

晴雨表，其权重值高达 0.119，而绿色制造发明专利数量和绿色产品数量的权重都为 0.110，这是由于两个指标可表征绿色制造科技动力水平和绿色产业市场前景，而绿色制造的支撑力和市场吸引力对绿色制造发展具有关键作用。相对而言，绿色制造科技奖数量、绿色制造系统集成项目数量等权重较低，这主要是因为这两个指标影响面相对较小，而且其评比程序相对较为专业，部分成果理论性较强。

二 中国制造业绿色竞争力测度结果分析

依据制造业绿色竞争力评价体系，计算得到全国 30 个省份（不含西藏和港澳台）以及全国的绿色竞争力综合指数值和各级指标值。因篇幅所限，在此仅列举部分年份结果，如表 4-8 所示。

表 4-8 中国及 30 个省份制造业绿色竞争力评价结果（部分年份）

省份	2006 年	排名	2010 年	排名	2015 年	排名	2019 年	排名	平均值	排名
广东	0.373	4	0.511	2	0.647	1	0.712	1	0.633	1
山东	0.398	3	0.492	4	0.623	2	0.698	2	0.615	2
江苏	0.412	2	0.523	1	0.611	3	0.687	3	0.602	3
北京	0.434	1	0.503	3	0.608	4	0.683	4	0.593	4
上海	0.367	5	0.486	5	0.592	6	0.675	5	0.588	5
浙江	0.362	6	0.469	7	0.597	5	0.659	7	0.579	6
天津	0.359	7	0.477	6	0.582	7	0.668	6	0.553	7
安徽	0.303	9	0.440	9	0.557	9	0.644	8	0.538	8
河南	0.342	8	0.452	8	0.544	10	0.612	9	0.514	9
福建	0.288	13	0.432	10	0.563	8	0.591	11	0.496	10
重庆	0.298	10	0.407	13	0.521	12	0.572	13	0.487	11
陕西	0.291	12	0.416	12	0.493	14	0.597	10	0.463	12
湖北	0.278	15	0.401	14	0.532	11	0.586	12	0.448	13
湖南	0.243	19	0.381	16	0.504	13	0.531	15	0.437	14
辽宁	0.292	11	0.372	17	0.463	16	0.543	14	0.402	15

续表

省份	2006年	排名	2010年	排名	2015年	排名	2019年	排名	平均值	排名
河北	0.283	14	0.421	11	0.472	15	0.488	18	0.393	16
内蒙古	0.268	17	0.364	19	0.447	17	0.496	17	0.381	17
四川	0.226	20	0.366	18	0.418	19	0.510	16	0.378	18
山西	0.272	16	0.392	15	0.398	23	0.442	21	0.366	19
黑龙江	0.255	18	0.360	20	0.403	22	0.462	19	0.348	20
吉林	0.201	24	0.328	22	0.432	18	0.451	20	0.336	21
江西	0.218	21	0.315	23	0.412	20	0.419	25	0.330	22
广西	0.207	23	0.337	21	0.407	21	0.437	22	0.319	23
贵州	0.187	26	0.243	27	0.377	24	0.431	23	0.308	24
云南	0.194	25	0.272	26	0.365	25	0.426	24	0.302	25
新疆	0.185	27	0.302	24	0.356	26	0.391	26	0.298	26
甘肃	0.212	22	0.288	25	0.318	28	0.382	27	0.287	27
宁夏	0.172	29	0.226	28	0.322	27	0.377	28	0.281	28
青海	0.159	30	0.210	29	0.297	29	0.365	29	0.274	29
海南	0.178	28	0.201	30	0.286	30	0.344	30	0.260	30
全国	0.275	无	0.380	无	0.472	无	0.529	无	0.427	无

1. 整体分析

制造业绿色竞争力培育是一个系统工程。从全国整体来看，全国制造业绿色竞争力从2006年0.275上升到2019年0.529，表明制造业绿色竞争力呈现出平稳上升的态势，但整体增长速度较慢。同时，不同年份比较可以看出，绿色竞争力波动比较明显，以2015年为分界点，2015年之前各年增幅明显低于2016年以后各年增长水平，这主要受2016年政府多项绿色制造政策原因影响导致。

从区域角度来看，根据国家发改委的解释，各省份可依据其地理位

第四章 中国制造业绿色化现状及绿色竞争力测度

置划分为东部、中部和西部三个区域。除西藏和港澳台以外，东部包括北京、天津、河北、辽宁、上海、江苏、浙江、福建、山东、广东、海南等11个省份，中部包括山西、吉林、黑龙江、安徽、江西、河南、湖北、湖南等8个省份，西部则包括四川、重庆、贵州、云南、陕西、甘肃、青海、宁夏、新疆、广西、内蒙古等11个省份。不同区域研究期间绿色竞争力有明显的异质性，如图4-7所示。

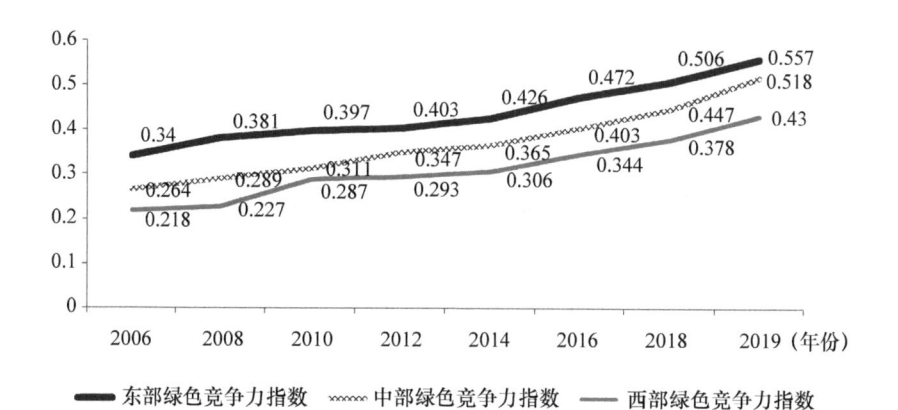

图4-7 2006—2019年东中西部地区绿色竞争力指数

资料来源：根据各省份所属区域平均得到。

由图4-7可知，整体来看，研究期间内东、中、西三个地区绿色竞争力发展态势有一定的相似性，均呈现出平稳上升的态势，但从绿色竞争力发展水平来看，东部地区＞中部地区＞西部地区。具体来看，东部地区绿色竞争力指数从期初0.34上升到期末0.557，中部地区从期初0.264上升到期末0.518，而西部地区则从期初0.218上升到期末0.430。这表明东部地区期初制造业基础条件比中部和西部相对优越，整体仍保持着更高的绿色竞争力，但中部和西部整体提升幅度超过了东部地区，增幅接近一倍，由此可见中西部地区在研究期间内尽管制造业基础设施较为薄弱，但通过势引进环境友好型设备确立后发优势，并改善资源投入和污染排放等环节，绿色竞争力整体攀升较为迅速。

综上可以看出，制造业在国家或区域层面的绿色竞争力已步入良性轨道，从初期较低水平向中等甚至高级水平稳步提升。但不同地区制造业绿色竞争力仍具有明显的异质性，东部地区在三个区域中绿色竞争力最强，但中部和西部地区通过针对性集约化能源投入改进和清洁化污染排放治理，其绿色竞争力呈现出快速增长的势头，与东部地区绿色竞争力的差距在缩小。

2. 基于省域角度分析

（1）截面分析

从截面数据来看，不同省份绿色竞争力存在明显的差别。借鉴王明涛等（2022）、杨俊峰等（2022）五分法标准，将绿色竞争力结果按照[0,0.2)、[0.2,0.4)、[0.4,0.6)、[0.6,0.8)、[0.8,1]五个区间划分为"弱""较弱""中等""较强""强"五个等级，依据2006年和2019年绿色竞争力截面数据对30个省份进行等级划分，如表4-9所示。

表4-9 不同省份制造业绿色竞争力等级划分（2006和2019年截面）

等级	绿色竞争力区间	对应省份 2006年	对应省份 2019年
强	[0.8,1]	无	无
较强	[0.6,0.8)	无	广东、山东、江苏、北京、上海、浙江、天津、安徽、河南
中等	[0.4,0.6)	江苏、北京	福建、重庆、陕西、湖北、湖南、辽宁、河北、内蒙古、四川、山西、黑龙江、吉林、江西、广西、贵州、云南

续表

等级	绿色竞争力区间	对应省份 2006年	对应省份 2019年
较弱	[0.2, 0.4)	广东、山东、上海、浙江、天津、安徽、河南、福建、重庆、陕西、湖北、湖南、辽宁、河北、内蒙古、四川、山西、黑龙江、吉林、江西、广西、甘肃	新疆、甘肃、宁夏、青海、海南
弱	[0, 0.2)	贵州、云南、新疆、宁夏、青海、海南	无

由表4-9可知，依据截面数据结果，2006年有多达22个省份在较弱绿色竞争力区间，只有2个省份在中等绿色竞争力区间，弱区间内有6个省份，而2019年则有16个省份在中等竞争力区间，9个省份在较强区间，弱区间内已没有省份，这表明研究期间内省域绿色竞争力整体提升效果明显，东部省份起到了火车头作用，注重绿色制造技术研发与创新，中部与西部省份则持续改进绿色制造工艺和应用，整体拉动绿色制造上升一个台阶。但全国各省份在研究期末均没有达到强区间范围，这表明中国制造业整体绿色竞争力仍有上升空间，绿色制造工程在科技创新等环节仍需进一步推进。

(2) 典型省份比较

鉴于国内不同区域制造业存在着明显的异质性，同时研究区间内绿色竞争力强弱也存在明显的差异，而研究样本较为庞大，故从研究样本中选取广东、河南、甘肃等3个省份，在地域上代表东部、中部、西部三个区域，按平均竞争力划分则分别代表较强、中等、较弱三个区间。将研究期间内三省份绿色竞争力相关数据进行比较，如图4-8所示。

分析图4-8可知，首先，整理来看，尽管三个省份绿色竞争力高低差别明显，但在发展态势上有一定的相似性。在2015年之前，绿色

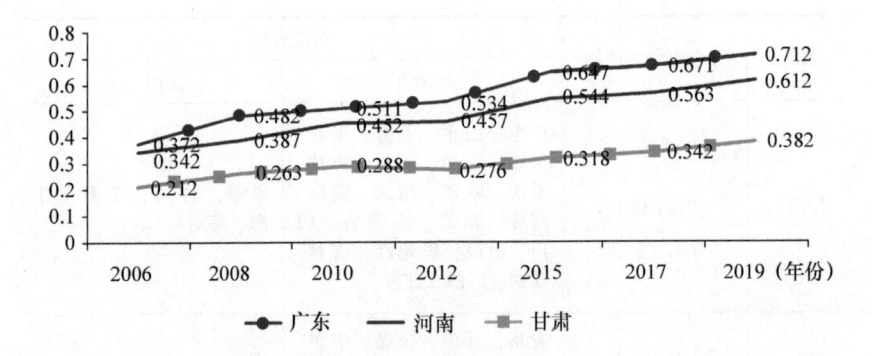

图 4-8　2006—2019 年广东、河南与甘肃绿色竞争力发展态势

资料来源：根据各省份所属区域平均得到。

竞争力提升较为平稳，而 2015 年之后，绿色竞争力增幅均开始扩大，这主要是国内绿色制造相关政策直接作用的结果。其次，具体到各个省份，广东省作为国内制造业的龙头，在研究期间内绿色竞争力得到迅速提升，从 2006 年 0.373 提升到 2019 年 0.712，从竞争力较弱区间跨越两个区间达到较强区间，表明广东省在绿色制造工程推进过程中能充分发挥其区位优势和高科技要素优势，保持稳定的发展态势。河南省作为国内传统制造业大省，2006 年绿色竞争力为 0.342，与广东省差距并不大，在研究期间前半期，河南与广东在绿色竞争力方面保持相似的增长幅度，但在 2015 以后，该省与广东绿色竞争力的差距开始增大，这主要是由于河南省在传统能源转型和替代方面入手较晚，其能源投入仍主要依赖传统化石能源，导致其二级指标能源投入得分不高。而甘肃省绿色竞争力在研究期间内尽管也呈现出上升态势，但期间出现一定的波动，2012 年甚至出现小幅下滑，但之后就进入良性上升轨道。这主要是由于甘肃制造业基础较为薄弱，在推进制造业绿色化的过程中前期开拓成本较高，且收益率较低，但之后绿色制造红利效应显现，助推甘肃整体制造业绿色竞争力快速上升。

综合以上分析可以看出，中国绿色制造尽管在 2015 年"中国制造

第四章 中国制造业绿色化现状及绿色竞争力测度

2025"战略中正式提出，但制造业绿色化在21世纪初就已经开始行动。通过构建绿色竞争力评价体系，重点对能源投入、污染排放、绿色科技和绿色质效等指标进行考核，发现不管是国家还是省域层面，制造业绿色竞争力均呈现出稳定上升的态势，但在上升过程中也浮现出一些问题，一是不同地区制造业绿色竞争力存在着明显的异质性，二是制造业绿色化竞争力整体水平仍集中在中等区间，提升幅度有较为明显的波动。这种异质性和波动一方面因区域禀赋差异造成，另一方面因国际环境压力导致，这种压力主要是缘于发达国家再工业化战略的实施。为进一步探讨再工业化战略与中国绿色制造的关系，将基于前文再工业化战略指数和制造业绿色竞争力指数基础上，构建模型进行定量分析。

第五章
再工业化战略对绿色制造影响研究

本章将基于发达国家再工业化战略指数和制造业绿色竞争力指数测度结果,首先探讨两者之间的影响机制,之后通过构建模型检验两指数之间的相关程度及影响效应。

第一节 再工业化战略对绿色制造影响机理

如前所述,再工业化战略是金融危机后发达国家对其制造业采取的一种新型战略,一方面在国内建设有利于制造业发展的基础设施,发展新型能源技术和产业,另一方面实施多项税收优惠或财政补贴以吸引国外资本回撤。再工业化战略对中国制造业将产生多重影响。从负面影响来看,再工业化战略一方面加速投入中国的外资回流,导致其国内制造业资金压力增大,另一方面将加大国际市场中制造商品的竞争压力,可能导致制造业出口份额压缩。从正面影响来看,再工业化战略推动发达国家制造业研发创新新能源技术,中国企业通过技术引进或合作方式,从而产生技术外溢效应,同时,国际市场竞争压力对国内制造业也是一种升级动力,企业通过自主创新转型或升级,在竞争中抓住市场变革机遇,从而提升自身竞争力。再工业化战略对中国制造业影响机理如图 5-1 所示。

由图 5-1 可知,基于发达国家视角,再工业化战略可通过国内基础设施建设、税收或补贴激励、产业政策引导及科技创新支持本土制造

第五章　再工业化战略对绿色制造影响研究

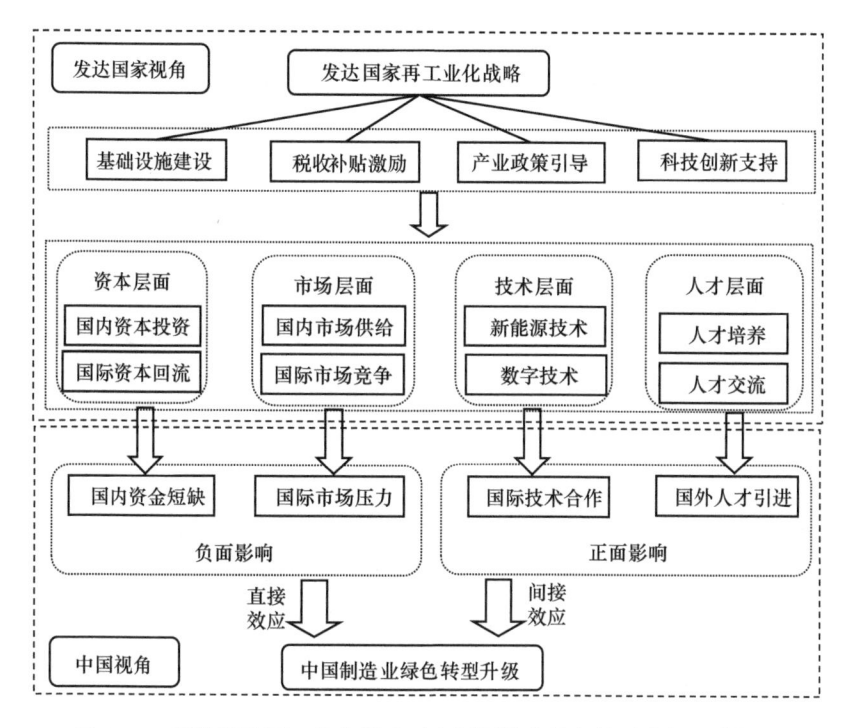

图 5-1　发达国家再工业化战略对中国制造业绿色转型升级影响机理

业重建或转型，从而在资本、市场、技术和人才等多个层面对国内外相关市场产生影响，这种影响对中国制造业绿色转型升级将产生正面和负面的双向作用，而且这种作用既有直接效应，也有通过技术引进或人才流动等变量所产生的间接效应。

因此，为进一步检验发达国家再工业化战略对中国制造业绿色转型升级的影响机理和作用效果，将分别构建直接影响和间接影响模型进行研究。

第二节　再工业化战略与绿色制造相关性与耦合度

在构建模型检验发达国家再工业化战略对绿色制造影响效应之前，

有必要对再工业化战略综合指数和制造业绿色竞争力指数之间的相关性和耦合度进行初步分析，以期对两者的综合作用效果进行预判。

一 相关性分析

1. 构造散点图

根据前文所测度发达国家再工业化战略综合指数和中国制造业绿色竞争力指数，将两者绘制为散点图，如图5-2所示，以初步判断两者的相关性。

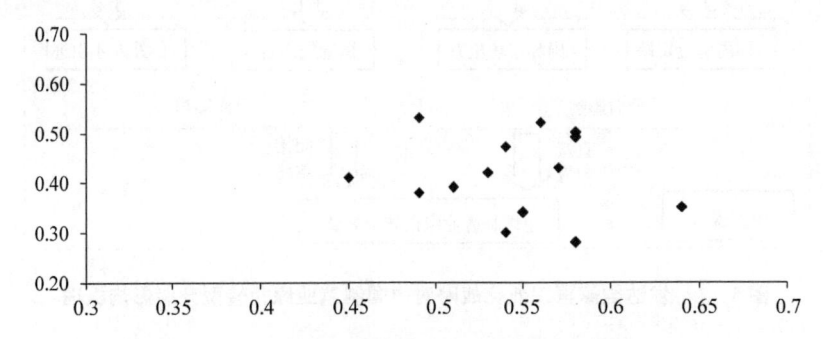

图5-2 发达国家再工业化战略综合指数与中国制造业绿色竞争力指数散点图

资料来源：根据前文测算结果绘制。

由图5-2可知，尽管研究期内各散点分布较为分散，但整体呈现出斜向下的趋势。这表明发达国家再工业化战略与中国制造业绿色竞争力有一定的负相关关系，即再工业化程度越高，中国绿色制造受到的外来冲击越强，负面影响效果越明显。这与中国制造业绿色转型实践是相一致的，但这并不能阻止中国制造业绿色化转型升级的进程，中国制造业绿色竞争力仍保持继续向上爬升的态势，因此在研究期间后期，散点继续下降，这一方面表明中国制造业绿色化程度在提升，另一方面也可能由于再工业化对中国制造业产生的正面影响在发挥作用。

2. 相关系数计算

为进一步判断发达国家再工业化战略与中国绿色制造的相关性，将两组测算结果代入相关系数计算公式，该公式如（5-1）所示。

$$r = \sum_{i=1}^{n}(x_i - \bar{x})(y_i - \bar{y}) / [\sum_{i=1}^{n}(x_i - \bar{x})^2 \sum_{i=1}^{n}(y_i - \bar{y})^2]^{1/2}$$

$$= (n\sum_{i=1}^{n}x_i y_i - \sum_{i=1}^{n}x_i \cdot \sum_{i=1}^{n}y_i) / \{[n\sum_{i=1}^{n}x_i^2 - (\sum_{i=1}^{n}x_i)^2][n\sum_{i=1}^{n}x_i^2 - (\sum_{i=1}^{n}x_i)^2]\}^{1/2}$$

（5-1）

在公式（5-1）中，r 表示相关系数，该值在 [-1, 1] 之间，r > 0，表示两变量具有正相关性，r < 0，表示两变量具有负相关性，该值越接近于 1 或 -1，说明两指数正相关程度或负相关程度越高。计算结果 r = -0.131，表明发达国家再工业化战略与中国绿色制造存在着一定的负相关性，但相关性不是很高，这与图 5-2 中的散点图表征的结果具有一致性。

综合散点图与相关系数结果，可以初步判定发达国家再工业化战略与中国制造业绿色竞争力提升存在一定的负相关关系，但由于再工业化战略对绿色制造的影响比较复杂，这种负相关关系是正负影响共同作用的结果，因此，有必要对两者之间的协调程度进行验证。

二 耦合度分析

耦合源于物理学，从系统论角度看，耦合是同一时间序列下两个关联要素作用并影响的现象。这种作用可分为两类，一类是相互协调，另一类是相互制约。从影响机理来看，发达国家再工业化战略对中国绿色制造有制约作用，但同时也可能通过技术引进或人才交流产生促进作用，而绿色制造发展到一定程度，也会对发达国家重建制造业产生影响。因此，有必要对两者之间的耦合关系进行判定。

经济学界对耦合关系已开展了广泛的研究,如廖重斌(1999)、侯增周(2011)、陈阳(2020)等在其研究中均构建模型对其研究变量的耦合度进行了测算。鉴于廖重斌所构建模型计算结果可清晰表征耦合关系中的协调与发展特点,故借鉴其耦合度模型进行测算。该模型如公式(5-2)-(5-5)所示。

$$C_v = \frac{\sigma}{\mu} = 2\sqrt{1 - \frac{X \times Y}{\left(\frac{X+Y}{2}\right)^2}} \qquad (5-2)$$

$$C = \left\{\frac{X \times Y}{[(X+Y)/2]^2}\right\}^k, k \geq 2 \qquad (5-3)$$

$$T = aX + bY, 0 < a, b < 1, a + b = 1 \qquad (5-4)$$

$$D = \sqrt{C \times T} \qquad (5-5)$$

在公式(5-2)中,X和Y分别代表发达国家再工业化综合指数和中国制造业绿色竞争力指数,σ为X和Y的标准差,μ为X和Y的平均值,Cv为两指数的离差系数。为达到两指数相互协调,两者的离差越小越好。公式(5-3)中C定义为X和Y的协调度,k为调节系数,本书中取k=2。协调度C与离差系数存在反向关系,离差系数越小,协调度C值越大。但协调度高不一定等于耦合度高,因为有可能出现低发展状态的伪协调,公式(5-4)中T则可表征其发展度,T定义为综合发展度,其值越高,表明两个系统综合发展水平越高;a、b为待定参数,分别代表X和Y的权重,本书中发达国家再工业化综合指数与中国制造业绿色竞争力指数具有同等重要的地位,因此取a=b=0.5。公式(5-5)中D定义为耦合度,可综合反映两者之间的协调发展关系,该值介于[0,1]之间,其值越大,表明耦合水平越高。

将两指数代入公式(5-2)-(5-5),结果如表5-1所示。

表 5 – 1　　发达国家再工业化战略综合指数与中国制造业
绿色竞争力耦合关系

年份	离差系数 Cv	协调度 C	综合发展度 T	耦合度 D
2006	0.698	0.771	0.430	0.576
2007	0.571	0.843	0.420	0.595
2008	0.472	0.892	0.445	0.630
2009	0.586	0.836	0.495	0.643
2010	0.253	0.968	0.435	0.649
2011	0.267	0.965	0.450	0.659
2012	0.232	0.973	0.475	0.680
2013	0.093	0.996	0.430	0.654
2014	0.280	0.961	0.500	0.693
2015	0.134	0.991	0.506	0.708
2016	0.168	0.986	0.535	0.726
2017	0.148	0.989	0.540	0.731
2018	0.074	0.997	0.540	0.734
2019	0.078	0.997	0.510	0.713

由表 5 – 1 可知，研究期间内发达国家再工业化战略综合指数与中国制造业绿色竞争力协调度、综合发展度及耦合度均呈现出稳定提升的态势，表明两者之间相互作用及影响程度在不断增强。其中，协调度以 2010 年为拐点，在 2010 年以前均低于 0.9，而 2010 年以后则上升到 0.9 以上，在研究期间后期保持在 0.99 左右，说明两指数在研究期间逐渐形成互动共振。从综合发展度来看，两指数均处于平稳发展态势，在研究期间上升幅度较小，这主要是缘于研究期内国内外制造业环境比金融危机期间更为平稳，缺乏迅速发展的基础条件。而两指数之间的耦合关系则从期初 0.576 上升到期末 0.713，上升幅度达到 23.8%，这表明两者之间已出现较大程度的相互作用，但从数值来看，由于两者缺乏相互发展的必要基础，两者之间的相互作用并没有呈现出和谐共存，而是出现一定程度的相互掣肘。

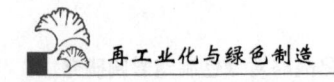

综合来看，样本期间内，发达国家再工业化战略综合指数与中国制造业绿色竞争力呈现出一定程度的耦合作用，但在相互发展促进方面面临较大的提升压力，为进一步判定再工业化战略对中国制造业绿色竞争力的作用效果，将进一步构建计量模型检验两者之间的影响效应。

第三节 再工业化战略对绿色制造直接影响效应

为探究发达国家再工业化战略对中国绿色制造的直接影响，将依据前文所测度发达国家再工业化战略综合指数（RSCI）和中国制造业绿色竞争力指数（MGCI），构建基础回归模型进行检验。

一 构建基准回归模型

基础回归模型主要依据全国30个省域（不含西藏和港澳台）再工业化战略综合指数和制造业竞争力指数面板指数，在回归检验前应先检验数据的平稳性，并对所构建模型进行检验。

1. 数据平稳性检验

李子奈等（2010）[1]指出，一些非平稳的经济时间序列数据，表现出共同的变化趋势，但其本身不一定有直接的关联，对这些数据进行回归计算，尽管有较高的拟合优度 R^2，但其结果是没有任何实际意义的，这种情况称为伪回归（spurious regression）。

为避免伪回归，确保估计结果有效性，必须对面板序列平稳性进行检验。检验数据平稳性最常用的办法就是单位根检验。考虑到数据为时间序列数据，故采用 ADF 检验。考虑到所选变量多为宏观经济变量，对每个变量都进行对数值的单位根检验和对数值一阶差分的单位根检验，检验结果发现大多数在1%显著性水平下拒绝原假设，部分数据在

---

[1] 李子奈、潘文卿：《计量经济学》（第五版），高等教育出版社2020年版，第138页。

对数值一阶差分后通过平稳性检验。

2. 基准回归模型选择与构建

为确定所构建模型类型,采用 F 检验和 Hausman 检验,结果显示应构建固定效应模型,所构建模型如公式(5-6)所示。

$$MGCI_{it} = \beta_0 + \beta_1 RSCI_t + \beta_2 X_{it} + \mu_i + \theta_t + \mu_{it} \qquad (5-6)$$

在公式(5-6)中,i、t 分别代表不同的省域与年份,$MGCI_{it}$ 代表对应省域与年份的制造业绿色竞争力指数,$RSCI_t$ 则代表对应年份发达国家再工业化战略综合指数,X_{it} 为控制变量集合,μ_i 与 θ_t 分别代表地区与时间的双固定效应,μ_{it} 为误差项。

鉴于再工业化战略对制造业绿色竞争力的传导范围相对宽泛,选取通货膨胀率水平(INFL)、基础设施便利程度(INFR)、信息化水平(INFO)、能源消费结构(ENCS)等作为控制变量。其中,通胀率以研究样本国历年通胀率平均水平计算得到,基础设施便利程度由样本国公路里程与地区生产总值相比得到,信息化水平则由样本国历年网络使用流量与地区生产总值相比得到,能源消费结构则由样本国化石能源消费量与地区生产总值相比得到。

二 基准回归模型结果分析

依据所构建双固定模型,利用 Stata17 对 2006—2019 年发达国家再工业化战略指数与中国制造业绿色竞争力指数进行回归,并且为保证回归结果的稳健性,在基准回归基础上加入控制变量进行多次检验,回归结果如表 5-2 所示。

表 5-2　　再工业化战略对制造业绿色竞争力基准回归结果

变量	MGCI				
	(1)	(2)	(3)	(4)	(5)
RSCI	-0.321***	-0.246***	-0.287***	-0.212***	-0.240***

续表

变量	MGCI				
	(1)	(2)	(3)	(4)	(5)
	(-7.94)	(-8.31)	(-8.28)	(-8.61)	(-8.93)
INFL		-0.063***	-0.092***	-0.081***	-0.072***
		(-10.38)	(-9.57)	(-8.36)	(-8.52)
INFR			0.006***	0.005***	0.005***
			(3.64)	(3.51)	(3.63)
INFO				0.247***	0.261***
				(4.31)	(4.29)
ENCS					2.361
					(2.35)
常数项	-0.438***	-0.519***	-0.541***	-0.392***	-0.311***
	(-5.26)	(-6.41)	(-6.27)	(-3.42)	(-3.30)
个体固定	YES	YES	YES	YES	YES
时间固定	YES	YES	YES	YES	YES

注：*、**、*** 分别表示通过10%、5%、1%的显著性水平检验，括号内为标准误差，下表同。

由表5-2回归结果可知，再工业化战略指数对制造业绿色竞争力的影响系数在1%水平上显著为负，这表明发达国家再工业化战略对中国制造业绿色竞争力提升具有明显的阻碍作用，再工业化战略强度每提升1%，对中国制造业绿色竞争力提升将产生24%左右的阻碍作用。如前所述，这种阻碍是由于多种压力的综合作用所致，即发达国家制造业转型升级的吸引力、东道国外资撤回的资金压力以及国际市场新型制造业产品的竞争压力，从而导致东道国制造业绿色转型升级过程中资金短缺、技术升级掣肘以及国际销路狭窄。

同时，根据表5-2第（5）列可知，在逐步加入控制变量之后，再工业化战略指数对制造业绿色竞争力的影响仍显著为负，这表明两者之间的影响效果相对稳定。通胀率水平（INFL）系数显著且为负值，这缘于通胀率对再工业化战略综合指数中的经济增长指标与制造业绿色竞争力评价体系中的投资指标影响效果的不一致，经济增长通常伴随适度的通货膨胀率，但通胀水平对投资水平则产生较为明显的负向作用。基础设施便利程度（INFR）与信息化水平（INFO）的系数均显著为正，这表明基础设施建设与信息化水平提升对中国制造业绿色竞争力提升具有重要的促进作用。而能源消费结构（ENCS）尽管系数为正，但并未通过1%水平的显著性检验，这表明能源消费结构对制造业绿色竞争力提升作用并不明确，这可能是由于能源消费结构所统计口径较为宽泛，而制造业能源消耗在绿色转型升级过程中变化并不明显。

三 基准回归模型稳健性检验

为保证基准回归模型结果的可靠性，除了逐步加入控制变量和控制双重固定效应之外，采用以下三种方法进行稳健性检验：第一，滞后一期数据检验。考虑到再工业化战略综合指数的变动可能存在时滞，故将核心解释变量滞后一期代入模型重新进行回归。第二，剔除部分样本数据检验。部分年份受国家政策影响较大，剔除2013年数据重新进行回归。第三，缩尾处理数据检验。为避免极端值对回归结果的影响，对再工业化战略指数、制造业绿色竞争力指数及控制变量均进行1%水平下的双边缩尾处理。回归结果如表5-3所示。

表5-3　　　　　　　　稳健性分析结果

变量	MGCI		
	滞后一期（1）	剔除样本（2）	缩尾处理（3）
$RSCI_{t-1}$	-0.359***		
	(-7.84)		
RSCI		-0.374***	-0.282***
		(-8.72)	(-8.29)

续表

变量	MGCI		
	滞后一期 (1)	剔除样本 (2)	缩尾处理 (3)
常数项	-0.267**	-0.393***	-0.202***
	(-2.62)	(-3.27)	(-2.17)
控制变量	是	是	是
个体固定	是	是	是
时间固定	是	是	是

注：括号内为标准误差；*、**、*** 分别表示通过10%、5%、1% 的显著性水平检验。

由表5-3可知，在将数据采用滞后一期、剔除样本和缩尾处理后，检验结果均表明再工业化战略指数对制造业绿色化竞争力具有显著的负向作用，该结果与前文基准回归结果是一致的，这表明基准回归结果具有很好的稳健性。

四 基准回归模型内生性检验

基准回归所研究的变量分别为再工业化战略指数与制造业绿色竞争力指数，由于两者在评价时分别选用了多因素综合性指标，某些指标之间有可能产生内生性问题，因此，有必要对相关变量进行内生性检验。在内生性检验过程中，将再工业化战略指数（RSCI）分别滞后一期和滞后两期作为现期的工具变量，并采用两阶段最小二乘法（IV-2SLS）重新进行检验，检验结果如表5-4所示。

表5-4　　　　　　　　内生性检验

变量	MGCI	MGCI	MGCI	MGCI
	IV_1-2SLS (1)	IV_1-2SLS (2)	IV_1-2SLS (3)	IV_2-2SLS (4)
RSCI	-0.382***	-0.271***	-0.251***	-0.231***

续表

变量	MGCI	MGCI	MGCI	MGCI
	IV₁-2SLS（1）	IV₁-2SLS（2）	IV₁-2SLS（3）	IV₂-2SLS（4）
	（-15.30）	（-11.82）	（-13.84）	（-10.12）
常数项	-0.425***	-0.217***	-0.237***	-0.192***
	（-7.37）	（-4.18）	（-6.12）	（-3.82）
控制变量	否	是	否	是
个体固定	是	是	是	是
时间固定	是	是	是	是

注：括号内为标准误差；*、**、***分别表示通过10%、5%、1%的显著性水平检验。

由表5-4可知，在分别代入滞后一期与滞后两期核心解释变量数据后，不管是不加入控制变量所得到的列（1）和列（3）结果，还是加入控制变量之后得到的列（2）和列（4）结果，再工业化战略指数对制造业绿色化竞争力仍然存在显著的负向影响，这与表5-2基准回归的结果仍保持一致，这表明核心变量尽管是综合性指标，但并不存在内生性问题。

五 区域异质性分析

制造业绿色竞争力指数（MGCI）是对全国30个省评价得到的结果，由于各个省之间在资源要素禀赋、经济发展水平、污染防控力度等多个方面存在较大的差异，不同区域的制造业绿色竞争力指数也存在明显的异质性，再工业化战略对不同区域制造业绿色竞争力产生的影响效果也可能存在较大的差异。基于此，将全国30个省域按地理区域划分为东部、中部、西部和东北部四个区域重新代入模型进行回归分析，结果如表5-5所示。

表 5-5　　　　　　　　　区域异质性检验结果

变量	MGCI			
	东部 (1)	中部 (2)	西部 (3)	东北部 (4)
RSCI	-0.492***	-0.213**	0.087	-0.179*
	(-7.42)	(-3.24)	(1.22)	(-1.63)
常数项	-2.284***	-0.192***	0.173***	-0.862***
	(-4.78)	(-2.19)	(1.73)	(-2.17)
控制变量	是	是	是	是
个体固定	是	是	是	是
时间固定	是	是	是	是

注：括号内为标准误差；*、**、*** 分别表示通过 10%、5%、1% 的显著性水平检验。

由表 5-5 可知，再工业化战略对不同区域制造业绿色化的影响效果存在异质性特征，从影响显著性来看，东部区域 > 中部区域 > 东北部区域 > 西部区域，即再工业化战略对东部区域制造业绿色化所造成的负面影响更大，而对西部区域制造业绿色化转型影响效果并不显著。究其原因，从不同区域制造业特点来看，东部区域制造业开放程度高，对国外资本和国际市场依赖程度较高，再工业化战略对资本的撤回以及对国际市场的挤压给东部区域制造业造成明显的替代效应。而西部区域制造业多依托区域资源禀赋规划建设，对本土劳动力和原材料资源依赖更强，所生产的产品也多以满足国内市场为终端，因此，再工业化战略对该区域制造业转型升级造成的压力较小，负向影响并不显著。中部区域和东北部区域恰好属于过渡性区域，再工业化战略对中部和东北部区域已经造成较为显著的负面影响，由于中部和东北部区域是国内制造业转型升级的重点区域，因此，在进一步的绿色化进程中应加强对再工业化负面效果的防御。

第四节 再工业化战略对绿色制造间接影响效应

如前所述,再工业化战略可通过东道国资本回流及国际市场竞争对东道国制造业绿色化转型升级产生直接影响,同时,再工业化战略对母国和东道国技术创新和研发以及人才培养与流动均会产生影响,因此,将构建中介效应模型,以检验国家之间技术与人才的畅通合作对制造业绿色转型升级的影响效果。

一 构建中介效应模型

参考温忠麟等(2014)[①]中介效应检验方法,构建中介效应模型。

$$MGCI_{it} = \alpha_1 + \alpha_2 RSCI_t + \alpha_3 X_{it} + \mu_i + \theta_t + \mu_{it} \quad (5-7)$$

$$M_{it} = \gamma_1 + \gamma_2 RSCI_t + \mu_i + \theta_t + \mu_{it} \quad (5-8)$$

$$MGCI_{it} = \delta_1 + \delta_2 RSCI_t + \delta_3 M_{it} + \delta_4 X_{it}\mu_i + \theta_t + \mu_{it} \quad (5-9)$$

公式(5-7)、(5-8)和(5-9)中,MGCI 与 RSCI 仍然是制造业绿色化竞争力指数与再工业化战略指数,X 仍代表各种控制变量,而 M 则代表中介变量,α_2 和 γ_2 分别代表再工业化战略对制造业绿色化竞争力与中介变量影响的估计系数,δ_3 表示控制再工业化战略影响后中介变量对制造业绿色化竞争力影响的估计系数,δ_2 则表示控制中介变量后再工业化战略对制造业绿色化竞争力直接影响的估计系数。

考虑到再工业化战略在技术层面和人才层面对制造业绿色化转型升级所产生的间接作用,因此,中介变量界定为区域技术水平(TD)和区域间人力资本流动(HCF),并选取地区专利授权数量衡量样本区域的技术水平(TD),选取区域劳务输出数量衡量区域间人力资本流动(HCF)。

二 中介效应检验结果

基于所构建中介效应模型,代入数据进行检验,检验结果如表 5 -

[①] 温忠麟、叶宝娟:《中介效应分析:方法和模型发展》,《心理科学进展》2014 年第 5 期。

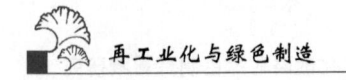

6所示。

表5-6　　　　　　　　　中介效应检验结果

变量	MGCI (1)	TD (2)	MGCI (3)	HCF (4)	MGCI (5)
		区域技术水平		区域间人力资本流动	
RSCI	-0.240***	0.371***	-0.187***	0.567*	-0.089**
	(-8.93)	(8.36)	(-4.36)	(7.17)	(-3.52)
M			-0.142***		-0.267***
			(-1.32)		(-3.28)
常数项	-0.311***	3.178***	-0.628***	-0.962***	1.205***
	(-3.30)	(5.23)	(-3.81)	(-13.23)	(3.84)
控制变量	是	是	是	是	是
个体固定	是	是	是	是	是
时间固定	是	是	是	是	是

注：括号内为标准误差；*、**、***分别表示通过10%、5%、1%的显著性水平检验。

由表5-6可知，在加入中介变量进行回归后，所得到的检验结果均显著，因此，可以通过各检验结果的系数进一步判定中介效应。从第（2）和（3）列数据可以看出，$\gamma_2\delta_3$与δ_2同号，这说明再工业化战略对制造业绿色化竞争力有直接效应的同时，技术水平在两者作用过程中存在部分中介效应。同理，根据第（4）和（5）列数据，$\gamma_2\delta_3$与δ_2也同号，说明区域间人力资本流动在再工业化战略对制造业绿色化竞争作用的过程中也存在部分中介效应。

三　稳健性检验

尽管中介效应检验结果可初步判断出技术水平与人力资本流动存在部分中介效应，但由于人力资本流动显著性水平较低，为保证中介效应

第五章 再工业化战略对绿色制造影响研究

结果的稳健性,采用自主抽样法(Bootstrap)进一步估计中介效应的作用程度。

根据温忠麟等(2022)[①]相关研究,自主抽样法(Bootstrap)将大样本作为总体,通过设定多次自主抽样以获得更精确的标准误差,从而确保中介效应模型检验结果具备更高的统计效力。基于此,采用 Bootstrap 法对所构建中介效应结果进行 400 次抽样估计,得到中介变量系数的置信区间,以进一步检验技术水平和人力资本流动在再工业化战略对制造业绿色化转型升级作用过程中的中介效应。检验结果如表 5-7 所示。

表 5-7　　　　　　　Bootstrap 中介效应检验结果

TD	系数	Bootstrap 标准误差	P 值	Bootstrap95% 置信区间 下限	Bootstrap95% 置信区间 上限	显著性
间接效应	0.0891	0.0176	0.001	0.0612	0.1095	显著
直接效应	0.1141	0.0239	0.000	0.0543	0.1563	显著
HCF	系数	Bootstrap 标准误差	P 值	Bootstrap95% 置信区间 下限	Bootstrap95% 置信区间 上限	显著性
间接效应	0.0983	0.0264	0.000	0.0591	0.1351	显著
直接效应	0.0984	0.0289	0.000	0.0378	0.1584	显著

由表 5-7 可知,以技术水平为中介变量时,再工业化战略指数对制造业绿色竞争力的间接效应系数为 0.0891,P 指小于 0.01,由此可判断技术水平在再工业化对制造业绿色化作用的过程中中介效应显著,而直接效应系数值为 0.1141,在 1% 水平下显著且符号与间接效应相同,表明技术水平在作用过程中表现为部分中介效应,与检验结果结论一致,检验结果具有稳健性。同理,以人力资本流动为中介变量时,其间接效应系数为 0.0983,在 1% 水平下中介效应显著,直接效应系数值

[①] 温忠麟、方杰、谢晋艳、欧阳劲樱:《国内中介效应的方法学研究》,《心理科学进展》2022 年第 8 期。

为0.0984，在1%水平下也显著，符号与间接效应也保持一致，表明人力资本流动也存在部分中介效应，检验结果具有稳健性。

四　中介效应结果分析

中介效应检验结果表明，技术水平与人力资本流动在再工业化战略对制造业绿色竞争力作用过程中均具有部分中介效应。

从技术水平的中介作用来看，区域技术水平的提升会促进该区域制造业绿色化转型升级，但再工业化战略对东道国技术水平的提升会产生限制作用。由于资本的稀缺性和流动性，再工业化战略引起资本回流至发达国家，一方面导致东道国制造业创新研发资金的紧缺，另一方面为宗主国制造业技术研发提供了充足的资金支持，同时，新兴技术的研发会产生显著的集聚和外溢效果，进一步提升宗主国技术水平的提升，从而使得东道国技术水平提升受到较大程度的限制。从实践来看，美国在实施一系列振兴国内实体经济的政策后，以新能源、信息产业等为核心，并辅助资金补贴与税收优惠为支持手段，在美国国内开发以太阳能、氢能等替代型能源，并不断升级芯片等硬核科技，在技术层面几乎达到全球范围的垄断控制，同时，美国再工业化战略针对在美国本土运营的外资企业实施差别化的反制措施，导致外来企业不仅难以利用美国本土企业技术进步产生的外溢效应，而且长期在美国市场面临巨大的竞争压力。因此，发达国家再工业化战略通过提升自身技术水平，并在一定程度上遏制中国等发展中国家制造业核心技术水平的提升，导致这些国家制造业绿色化转型也受到限制。基于此，发展中国家将技术研发中心转移向国内，通过鼓励与支持本土技术创新以助推国内制造业绿色升级转型，但由于硬件基础、软件配套以及人才培养的滞后，技术水平对制造业绿色转型的促进作用尚未全面体现。

从人力资本流动的中介作用来看，区域间人力资本流动可显著促进区域内制造业绿色化转型升级，但再工业化战略会对区域之间，尤其是国家间人力资本流动产生限制效果，从而制约制造业绿色化转型升级。与资本类似，人力资本同样具有显著的稀缺性和流动性，并且具有敏感的政策效应。首先，再工业化战略对本土相关产业所产生的保护性效果有利于本土资本的回笼与集聚，为本土人力资本的培养与聚集提供充足的资金保障。其次，基础设施的进一步完善以及相关行业配套设施的共建共享，为当地人力资本的挖掘与深造提供稳定的硬件环境，使得本土人力资本保持良好的可持续性。再次，再工业化战略以主导优势产业所形成的产业与企业集群，可形成显著的技术外溢空间效应，为进一步提升人力资本质量构筑了良性的群体团队。因此，资金保障、硬件环境以及技术团队的综合作用，一方面吸引国外人力资本的加速回流，另一方面有效地聚集并升级当地人力资本质量，从而导致国家之间人力资本流动数量锐减或陷于停滞。由此可见，再工业化战略一方面强化了发达国家人力资本的培育机制，另一方面又强化了发达国家对外流人力资本的吸引力与防流失，这在很大程度上对发展中国家的人力资本引进产生了阻断作用，从而在人力资本供给方面对这些国家制造业绿色化转型升级形成限制和阻碍。

第五节 再工业化战略对绿色制造因果关系探讨

如前所述，发达国家再工业化战略对中国各省域制造业绿色化转型升级已产生显著的约束效果，并可通过限制技术水平的提升与区域间人力资本的流动进一步强化该约束作用。由于国内各省制造业绿色化竞争力存在明显的异质性，再工业化战略对不同省域制造业绿色化转型的约束程度也存在较大的差异，从约束程度来看，再工业化战略对东部区域制造业绿色化转型的影响已表现出因果关系的特征，基于此，为进一步判断再工业化战略对不同省域制造业制约作用的因果特征，借鉴 Kónya (2016)[①] Bootstrap 模型进行检验。

---

① Jing Sun, Chi-Wei Su, Gui-lan Shao, "Is Carbon Dioxide Emission Convergence in the Ten Largest Economies?", *International Journal of Green Energy*, 2016, 13 (5).

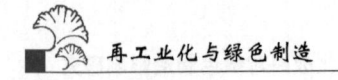

一 模型基本原理

与传统格兰杰检验等方法相比，该模型具有以下优点：一是可很好地解决内生性问题，即通过对数据进行同质性检验，排除数据之间可能存在的相关问题。二是可通过自助式重复抽样的蒙特卡洛估计方法，简化数据的单位根和协整检验过程。三是检验结果更加精细，可基于面板数据公共信息得到面板个体向量的因果关系。因此，可基于中国不同省域制造业绿色竞争力数据，判断再工业化战略所产生的因果特征。

该检验模型基于对面板数据进行 Wald 检验，并通过比较 Wald 统计值与不同显著性水平临界值以确定不同样本因果关系的特征。该模型方程如公式（5-10）和（5-11）所示。

$$\begin{cases} MGCI_{1,t} = c_{1,1} + \sum_{i=1}^{lMGCI_1} \alpha_{1,1,i} MGCI_{1,t-i} + \sum_{i=1}^{lRSCI_1} \beta_{1,1,i} RSCI_{1,t-i} + \varepsilon_{1,1,t} \\ MGCI_{2,t} = c_{1,2} + \sum_{i=1}^{lMGCI_1} \alpha_{1,2,i} MGCI_{2,t-i} + \sum_{i=1}^{lRSCI_1} \beta_{1,2,i} RSCI_{2,t-i} + \varepsilon_{1,2,t} \\ \cdots \cdots \\ MGCI_{n,t} = c_{1,n} + \sum_{i=1}^{lMGCI_1} \alpha_{1,n,i} MGCI_{n,t-i} + \sum_{i=1}^{lRSCI_1} \beta_{1,n,i} RSCI_{n,t-i} + \varepsilon_{1,n,t} \end{cases} \quad (5-10)$$

$$\begin{cases} RSCI_{1,t} = c_{2,1} + \sum_{i=1}^{lMGCI_2} \alpha_{2,1,i} MGCI_{1,t-i} + \sum_{i=1}^{lRSCI_2} \beta_{2,1,i} RSCI_{1,t-i} + \varepsilon_{2,1,t} \\ RSCI_{2,t} = c_{2,2} + \sum_{i=1}^{lMGCI_2} \alpha_{2,2,i} MGCI_{2,t-i} + \sum_{i=1}^{lRSCI_2} \beta_{2,2,i} RSCI_{2,t-i} + \varepsilon_{2,2,t} \\ \cdots \cdots \\ RSCI_{n,t} = c_{2,n} + \sum_{i=1}^{lMGCI_2} \alpha_{2,n,i} MGCI_{N,t-i} + \sum_{i=1}^{lRSCI_2} \beta_{2,n,i} RSCI_{n,t-i} + \varepsilon_{2,n,t} \end{cases} \quad (5-11)$$

公式（5-10）和（5-11）中，MGCI 与 RSCI 分别代表制造业绿色化竞争力指数与再工业化战略指数，lMGCI 与 lRSCI 分别代表两指数的滞后阶数。在进行检验时,$\beta_{1,i}$ 与 $\alpha_{2,i}$ 两组系数取值可判断 MGCI 与 RSCI 的因果关系,两组系数会构成四种取值组合,即:$\beta_{1,i}$ 有非零取值,$\alpha_{2,i}$ 均取值为零;$\alpha_{2,i}$ 有非零取值,$\beta_{1,i}$ 均取值为零;$\alpha_{2,i}$、$\beta_{1,i}$ 均取值为零;$\alpha_{2,i}$、$\beta_{1,i}$ 均有非零取值,四种组合分别对应 RSCI 对 MGCI 单向因果、MGCI 对 RSCI 单向因果、双向因果及不存在因果关系。

二 数据相依性与异质性检验

该模型尽管不需要对数据进行单位根检验和协整检验,但为排除数据截面或个体间可能存在的相关问题,需要对数据进行相依性和同质性检验。

由于样本数量为全国 30 个省份,该截面个数大于样本期间长度,而 TSP-Givewin 软件 Bootstrap 模型检验要求样本期间长度应明显大于截面个数,考虑到样本周期为 2006—2019 年,因此,依据样本地区异质性特征,分别从东部、中部、西部和东北部四个地区选取两个省份,以组成截面个数为 8、时间长度为 14 的数据面板。在进行 Bootstrap 检验之前,首先使用 Gauss 和 Eviews 对该面板数据进行相依性和同质性检验,检验结果如表 5-8 所示。

表 5-8　　　　　　　　数据相依性与同质性检验

检验目的	检验	Test Stat.	p-value
相依性(Cross-sectional Dependency)	Breusch and Pagan (1980)	503.471***	0.0000
	Pesaran (2004) CDlm	27.423***	0.0000
	Pesaran (2004) CD	23.482***	0.0000
同质性(Slope Homogeneity)	Pesaran and Yamagata (2008)	32.1982***	0.0039
	Swamy (1970)	46.8246***	0.0001

由表 5-8 可知,不同地区 8 个省份 2006—2019 年期间所组成的面板数据相依性和同质性检验结果中 P 值均小于 0.1,即在 1% 的置信水

平下拒绝原假设，因此，样本数据不存在界面相依和斜率同质问题，可以进行 Bootstrap 因果检验。

三 检验结果及分析

利用 TSP-Givewin 软件，首先检验再工业化战略指数（RSCI）对不同地区省份制造业绿色化竞争力指数（MGCI）的因果关系，检验结果如表 5-9 所示。

表 5-9 RSCI 对不同地区典型省份 MGCI 因果关系检验结果

地区	城市	Wald Stat.	Bootstrap 临界值		
			1%	5%	10%
中国东部	广东	46.8591***	27.8341	13.6731	7.6917
	山东	31.7327***	29.7192	16.8514	9.1892
中国中部	河南	21.7392**	31.7253	17.9241	11.9351
	山西	23.7439**	34.8452	19.8023	13.8472
中国西部	四川	13.3792*	27.4982	18.0672	11.3672
	内蒙古	6.3782	29.8372	16.8467	9.7392
中国东北部	辽宁	12.0365*	29.2367	15.3923	9.1534
	黑龙江	7.8354	32.7423	17.4278	13.2678

说明：Bootstrap 临界值是重复 10000 次计算得到。

由表 5-9 检验结果可知，再工业化战略对不同地区制造业绿色化转型升级所产生的因果效应存在明显的异质性。再工业化战略对东部地区制造业绿色化转型已产生显著的因果效应，即发达国家再工业化战略实施已成为制约东部地区制造业绿色化转型升级的主要原因之一。相对于东部地区，再工业化战略对中部地区制造业绿色化转型尽管也产生了因果效应，但该效应显著程度低于东部地区，这表明再工业化战略对中部地区制造业绿色化转型尚未构成主要的阻碍因素。而中国西部和东北部省份制造业绿色化转型尽管也受到再工业化战略的影响，但从因果关系判断，再工业化战略尚未成为阻碍西部和东北部制造业绿色转型升级的原因。因此，再工业化战略对不同地区制造业所产生的因果效应存在着明显的异质性，这对于后期对策制定有较为重要的甄别意义。

其次，进一步对不同地区典型省份制造业绿色化转型所可能产生的反向倒逼效果进行检验，检验结果如表5-10所示。

表5-10　　不同地区典型省份 MGCI 对 RSCI 因果关系检验结果

地区	城市	Wald Stat.	Bootstrap 临界值		
			1%	5%	10%
中国东部	广东	21.5892**	31.1789	16.1892	12.1023
	山东	14.2789*	35.1892	17.1027	10.1928
中国中部	河南	17.0244*	31.1925	18.1465	12.3789
	山西	6.1892	33.1902	16.1923	11.1367
中国西部	四川	3.1923	37.7821	18.7823	12.3561
	内蒙古	5.1934	34.9234	16.8345	11.1902
中国东北部	辽宁	4.7892	33.3902	17.4678	11.8345
	黑龙江	3.8934	32.1934	16.1923	12.1678

说明：Bootstrap 临界值是重复10000次计算得到。

由表5-10可知，中国不同地区部分省份制造业绿色化转型对发达国家再工业化战略已形成一定程度的反向因果效应。东部地区中典型省份广东和山东制造业绿色化转型通过国内市场与国际市场的传导，对发达国家再工业化战略的实施强度已产生一定的反向影响，但从显著性来看，制造业绿色化转型尚未成为影响再工业化战略的主要因素。除东部地区外，中部、西部及东北部地区制造业绿色化转型对发达国家再工业化战略实施并未产生显著的反向影响效应，这主要是缘于中部、西部及东北部地区制造业绿色化转型起步较晚，尽管在国内市场已具备技术和规模层面的竞争力优势，但在国际市场竞争中尚处于探索阶段。

综合再工业化战略（RSCI）与不同地区典型省份制造业绿色化转

型（MGCI）双向因果效应的检验结果，其因果关系特征汇总如表5-11所示。

表5-11 RSCI与不同地区典型省份MGCI双向因果效应汇总

地区	城市	RSCI对MGCI因果效应	MGCI对RSCI因果效应
中国东部	广东	→***	**←
	山东	→***	*←
中国中部	河南	→**	*←
	山西	→**	
中国西部	四川	→*	
	内蒙古		
中国东北部	辽宁	→*	
	黑龙江		

由表5-11可知，再工业化战略实施与中国东部典型省份制造业绿色化转型已产生双向因果效应，尤其是再工业化战略已成为制约东部地区省份制造业绿色化转型升级的主要因素，而东部地区制造业绿色化转型得益于国内技术自主创新与国内市场容量的拉动，不仅在新能源、电子信息等新兴产业有所突破，而且通过国际市场对发达国家相关产业产生直接竞争压力，从而使得母国政府进一步加强再工业化战略的强度和延长再工业化战略的持续时间。从因果效应显著性来看，再工业化战略通过资本回流、产业扶持等对中国中部、西部和东北部制造业绿色化已产生显著的阻碍作用，但这些地区制造业绿色化转型升级所产生的倒逼效应并不明显，因此，再工业化战略与不同地区制造业绿色化转型之间的因果效应存在着异质性，这对于政策制定具有重要的甄别价值。

第六章 对策建议

实体经济是财富之源，制造业是立国之本，推动制造业高质量绿色化发展是中国制造业由大变强的必经之路。但如前所述，金融危机以来，发达国家以重新振兴国内基础工业和新兴制造业为目标，在产业激励、融资借贷、税收补贴、技术创新等各方面实施了一系列"再工业化"战略。从该战略影响效应来看，该战略已成为发达国家常态化的保护性发展战略，不仅对发达国家重新稳固其基础产业有着积极作用，而且通过外资回撤、市场竞争等对发展中国家制造业发展及转型升级产生了显著的限制影响，甚至已成为阻碍部分地区制造业绿色化转型升级的主要因素。

为顺利推进中国制造高质量绿色化发展，政府管理部门应全面统筹宏观区域、中观产业以及微观企业等不同层面主体，综合权衡信息流、物质流、能量流等输入输出流程，甄别再工业化战略对不同层面、不同流程所产生的异质性影响特征，发挥政府引流导向功能，激励各级主体主动积极性，以自主创新为核心，规避再工业化战略所产生的资金、技术、市场竞争压力。

第一节 政府层面：高屋建瓴，甄别机遇

制造业是一国立国之本，制造业管理事项分门别类，往往是多部门

协作分工，共同推进。中国国家发改委着眼于制造业整体发展战略和中长期规划，并组织拟定高新技术、智能装备、绿色制造等重大问题的统筹协调。工信部则拟定并组织实施制造业行业规划、产业政策和标准，并监测制造业日常运行，指导制造业技术创新与技术进步，组织实施国家科技重大专项，推进科研成果产业化等。市场监督管理局则主要从市场竞争和企业运营角度，对制造业产品质量及企业运营规范性等进行监督监管。同时，财政部、科学技术部、生态环境部以及相关行业的管理部门相互联合，统筹规划并出台针对性的管理文件。鉴于再工业化战略实施对中国制造业绿色化转型升级所产生的影响长效且全面，因此，应从战略规划到行业规范再到企业运营，综合制定出针对性的发展对策。

一 全面甄别评估再工业化战略长短期影响效应

知己知彼，方能百战百胜。自金融危机以来，发达国家再工业化战略保护范围不断加大，保护力度不断增强，保护期限不断延长，并且不同国家所瞄准的行业目标有较强的针对性，因此，应首先对各国再工业化战略实施进程中相关的文件进行解读，并对各文件所产生的长短期效应进行评估。

从美国再工业化战略实施进程来看，自奥巴马政府颁布《制造业促进法》开启了"再工业化1.0"，到特朗普政府主打"美国制造"的"再工业化2.0"升级版，再到拜登政府推出罗斯福新政以来最大的公共投资计划的"再工业化3.0"，再工业化战略已成为美国政府常态化发展战略。以拜登政府"再工业化3.0"为例，拜登政府先后出台了《美国救援计划》（ARP）、《基础设施投资与就业法案》（IIJA）、《芯片与科学法案》（CHIPS）以及《通胀削减法案》（IRA），计划在未来5—10年内投资约1.2万亿美元，以强化美国基建及产业链安全。"再工业化3.0"传承了奥巴马"1.0"的目标，且已成为民主党和共和党的共识，从实施效果来看，美国制造业就业率提升明显，已超过新冠疫情前就业率水平，制造业增加值占GDP比重提高，产业结构进一步优化，基建、电子、电气等行业投资大幅度提升，上市企业资本开支大幅度提升，美国制造业所吸引 FDI 呈加速流入态势。

拜登政府"再工业化3.0"比之前奥巴马和特朗普政府再工业化战略实施效果更具成效，这一方面是由于再工业化战略持续实施所产生的积淀效果，另一方面也得益于拜登政府所面临的新环境。首先，美国制造业与基础设施建设正处于新一轮上升期，这有效强化了再工业化投资政策的效果。其次，美国及全球市场对新能源车、半导体芯片等高端制造业产品需求迅速扩大，为美国高新技术制造业创造出更广阔的发展空间。再次，拜登政府更注重美国不同地区的要素禀赋特征，财政政策与产业政策相结合，使得地方制造业发展更具科学性和独创性。最后，再工业化战略1.0和2.0在人才培养与集聚、能源安全与替代等方面的积淀，使得拜登政府再工业化3.0在新一轮绿色化和智能化竞争中优势凸显。

但由于国内外形势的变化，再工业化3.0也面临着奥巴马和特朗普政府所未曾面临的新挑战。首先，人工智能发展日新月异，美国高端制造业受新兴市场吸引，再工业化战略难以避免美国高端技术和人才的外流。其次，美国政体风云变幻，政府政策受政府换届影响较大，再工业化3.0政策进一步落实存在变数。再次，以中国为代表的新兴经济体持续推进制造业的绿色化和智能化转型，加剧了制造业国际市场的竞争格局，在一定程度上减缓拜登政府再工业化进程。最后，美元持续强势，削弱了美国制造业出口的竞争优势。

由此可见，再工业化战略经历1.0至3.0迭代升级，在国内已形成以基建为基础、以新能源产业为核心、以高新技术产业为驱动的制造业体系，并通过资本回流、产品输出等方式对世界市场及新兴国家不断施加压力。但同时可以看出，再工业化战略也面临着技术更替、美元升值、政体变幻等多重因素的影响冲击。中国制造业管理部门可首先综合分析再工业化战略迭代升级对发达国家所产生的成效，并重点关注再工业化对制造业不同行业强化之后的优劣势，其次可全面把握再工业化战略实施进程中面临的机会与挑战，规避其投资上升期所带来的资金与人才回流压力，利用其政界变幻和美元升值等对再工业化推进产生的不稳定因素，有机结合经济周期规律和反周期特性，制定以本国制造业升级转型为核心的制造业发展战略。

二　统筹协调制定细分行业类绿色化升级规划

制造业本身是一个综合性行业，涉及领域非常广泛，而中国制造业在各国中门类最为齐全。按照国家"国民经济行业分类"标准，制造业包括31个行业分类，包括轻纺工业、资源加工、机械电子制造等传统制造业与现代制造业。在31个行业分类基础上，相关部门根据不同行业的共性进行聚合，形成集中程度相对更高的行业分类，如高新技术制造业，指研发（R&D）经费支出占主营业务收入比重较高的制造行业，通常包括：医药制造，航空、航天器及设备制造，电子及通信设备制造，计算机及办公设备制造，医疗仪器设备及仪器仪表制造，信息化学品制造等；装备制造业，指为经济各部门进行简单生产和扩大再生产提供装备的各类制造业，通常包括：金属制品业，通用设备制造业，专用设备制造业，汽车制造业，铁路、船舶、航空航天和其他运输设备制造业，电气机械和器材制造业，计算机、通信和其他电子设备制造业，仪器仪表制造业等行业中的重工业类型。由此可见，为应对再工业化战略影响，管理部门应统筹协调，针对不同类型制造业细分行业受影响程度，制定绿色化升级转型规划方案。

以航空制造业为例，该行业属于高新技术制造业和装备制造业分类中的核心行业。该行业对基础装备、高新技术、资本投入、人才培养等要求严苛，部分技术依赖国外企业合作与输入，因此，航空制造业受发达国家再工业化战略冲击明显。同时，航空制造业发展不仅需要投入巨量资源、能源，而且制造过程中污染排放较为严重，航空制造业绿色化转型升级势在必行。首先，基于开放融合视角，制定航空绿色制造审核标准和监管体系。在关注并参考发达国家再工业化战略航空制造业相关标准基础上，以国内航空制造业生产、运营、保障等全产业链为核心，制定绿色安全高效的监督监管规定及认证标准。其次，协调财政部、科学技术部等，出台关键性绿色航空技术奖励性、鼓励性补贴或税收政策，引导信息技术、人工智能技术等推动航空制造业绿色化转型。绿色关键技术的突破，既可以有效规避发达国家再工业化战略中技术输出限制所带来的约束效果，也是实现国内航空制造真正变强的关键途径。再次，以航空市场需求为驱动，强化航空制造业与配套工业或相关制造业的跨行业合作，构建完整、先进、安全的航空制造综合性体系。民用航空市场是航空制造业竞争最为激烈的领域，绿色航空制造立足于降低资源与能源投入，减少航空温室气体排放和噪声污染，并逐步以氢能等可持续燃料替代传统能源，以智能化无人机技术等降低民用航空成本等。

由此可见，各管理部门之间通过协调分工，针对制造业细分行业特点，立足于国内制造业技术创新，以绿色化升级转型为目标，降低能耗，推行低碳生产工艺和循环经济流程，规避再工业化战略负面影响的同时推进制造业各行业有序绿色化升级。

三 基于地区禀赋推进制造业绿色化园区与供应链布局

制造业绿色化升级是一个系统工程，要突破发达国家再工业化战略的约束效果，要解决的核心问题是在国内构建绿色产品研发生产、绿色工厂高效协作、绿色园区与供应链合理布局的体系。立足于政府管理层面，基于区域禀赋合理规划绿色园区与绿色供应链是首当其冲的任务。

在现有绿色园区和制造业供应链基础上，可考虑以线带面，全面绘制制造业绿色化蓝图。首先，以传统能源和资源禀赋区域为核心区，构建能源与资源绿色优化研发基地，联合新能源研发机构，加速推进氢能、太阳能等替代型清洁能源的研发和生产。其次，综合考量中国东部、中部、西部和东北部地区制造业受再工业化战略影响的异质性特征，以遍布全国并快速发展的高铁线为串联关键，辅之以高速公路、空运、海运等运输方式，沿主要运输线路布局制造业上中下游绿色化园区，逐步推进以运输网络为轴线的园区网和供应链。再次，以人工智能和信息共享为升级契机，重新审视传统制造业供应链环节，进一步解析无污染高附加值环节的价值空间，整合高污染高消耗环节的闭环内循环。

以汽车产业绿色化升级为例，首先，明确不同类型车企在汽车制造业绿色化升级过程中的角色地位。以新一代民营车企为汽车制造业绿色化升级先锋，以国有车企为绿色化升级主力，以外资车企为绿色化升级合伙人，共同推进汽车材料制造、能源替代、旧车回收等多个层面的升级转型。其次，基于汽车整车构造，构建不同生产模块的集群园区，通过降低资源投入与减少不可再生材料使用为手段，在保持信息流和产品流流畅互联基础上，形成多模块联动的绿色生产体系。再次，鉴于发达国家再工业化战略对新能源汽车技术的扶持，加强与国外科研机构在新能源汽车技术开发与应用方面的合作，注重新能源汽车专业领域人才的引进与交流，细化不同园区与供应链在技术创新与人才培育方面的激励机制。

总之，中国制造业绿色化转型升级面临着发达国家再工业化战略的冲击，相关管理部门应充分发挥"看得见的手"的主导作用，以国内技术创新为动力，以区域禀赋优势为基础，辅之以制造业绿色园区专业化及绿色供应链联动，推动制造业绿色化向纵深方向转型。

第二节　行业层面：纵横交织，搭建平台

如前所述，制造业包括31个行业分类，不同行业之间基于纵向合作、横向竞争等关系又可以交织为具有共同特征的行业群。为保证行业内或行业群竞争有序性，政府通过出台相关法律法规进行规制，但这种管理主要起到一种他律效果，行业若保持长期发展，应在行业层面成立多个自律性组织，一方面通过深入研究行业与市场发展趋势为行业发展提供引导和服务，另一方面通过搭建多种类型交流与合作平台以串联起

政府与企业。

一 基于行业发展规律动态制定引导性规范与标准

制造业所包括的行业门类众多，各行业发展规律与竞争特点大相径庭。以新型智能制造行业为例，该行业尽管起步较晚，但在2015年以来呈现出加速发展的趋势，不仅行业内技术创新日新月异，而且行业内部竞争激烈，技术迭代与企业淘汰已成为行业常态。各行业协会组织应根植于行业特色，密切跟踪行业新动态，适时出台或及时修订行业基本规范和参考标准。

从传统制造业来看，钢铁、石化、家电等行业对标国际绿色技术标准，在行业内建设国家级计量测试中心，共谋统建绿色低碳关键研发基地，推进行业绿色技术平台和数据平台建设，并谋求行业间开环共享和闭环循环，以逐步实现传统制造业行业内和行业间碳中和目标。从新能源类制造业来看，该领域受发达国家再工业化战略外部冲击，在技术层面和市场方面均面临严苛挑战，首先应充分发挥国内电力优势，以电力为核心进一步推动轨道交通、新型汽车、重型机械等标志性产品的生产与升级，进一步推广风力、光伏、水力等绿色发电类型在有条件区域的应用。其次，从行业层面推进传统能源替代以及绿色能源的研发，在行业内以技术论坛、产品展示、人才流动等方式促进技术迭代与共享。再次，在行业内构建鼓励技术创新的奖励机制，培育行业内领军团队和精英企业，在行业范围发挥技术溢出效果和精英领军作用。

由此可见，由于制造业各行业发展规律迥异，行业内部形成自创新和自适应的奖惩机制，并制定和推广根植于行业发展规律的技术规范和标准，可有效规避再工业化战略对制造业行业发展的冲击，推动行业绿色化转型升级。

二 针对制造业行业绿色升级瓶颈共建行业自律性组织

发达国家再工业化战略已成为中国制造业绿色转型升级的常态化外

部冲击因素，这种冲击对中国制造业新兴行业影响尤为明显。例如在智能制造行业方面，发达国家再工业化战略不断强化其资本和技术优势，并限制关键技术和核心人才的输出和流动，导致发展中国家受制于智能制造业中的核心技术难题而踟蹰不前，随着发达国家智能技术的不断迭代，发展中国家与发达国家在智能制造领域中的差距日趋鸿沟化。

为应对再工业化战略对中国智能制造业行业产生的冲击，逐步缩小与发达国家智能制造之间的技术差距，中国智能制造业在行业内互联共建，成立多家功能性自律组织，如：中国机器视觉产业联盟、中国智能制造系统解决方案供应商联盟、中国机械工业联合会、中国自动化学会等。这些自律性组织有的是企业技术同盟，有的则是企业与研究机构的产学研联合体。从中国机械工业联合会（CMIF）相关职能来看，该联合会是由机械工业全国性协会、地区性协会、具有重要影响的企事业单位、科研院所和大中专院校等自愿组成的综合性行业协会组织，该联合会以服务行业为宗旨，通过调查研究机械行业经济运行和企业发展状况，分析和发布与行业相关的技术与经济信息，进行市场预测预报，组织制定修订行业规划、行业标准和技术规范等，参与行业质量认证和监督管理，推进产业结构绿色化转型和产品优胜劣汰，并通过组织开展国内外行业技术经济协作与交流，加强与国外对口行业合作交往。中国自动化学会作为国内集科研、教学、开发、生产和应用于一体的行业组织，在成立以来的60多年时间里保持与时俱进的学习精神，在当前新时期将自动化与智能科技密切结合，为制造业绿色化转型升级注入科技新动力。具体来看，自动化学会通过组织开展国内外学术交流，开展自动化科学技术和产业发展战略的研究，挖掘影响制造业绿色化升级转型的国内外因素，基于研究成果出版发行学术刊物、科技书籍等，为政府相关管理部门提供咨询建议；经政府批准或委托，承担或参与制造业自动化领域的科技论证、评估、成果鉴定、标准制定等；基于国际再工业化战略压力和国内制造业绿色升级需求，采用科技评奖、学术论坛等多种形式，为自动化制造业发掘、培养和引进人才。

由此可见，行业内各种类型自律性组织可为制造业应对国际再工业化战略外部冲击和推进国内制造业绿色化转型升级提供技术、人才、制度等多层面的支持，积极推进各自律性组织健康发展和互联合作具有关键性作用。

三 基于行业间联动构建跨行业发展联盟和互利平台

制造业各行业之间并不是完全独立，尤其是在大数据与人工智能与实体制造业深度融合过程中，跨行业合作已成为业界新常态。以制造业绿色化转型升级为核心目标，跨行业合作集中于完善基础设施、丰富融合应用、培育产业生态、健全安全体系、共创互利互助平台等方面。

在基础设施方面，重点聚焦于广覆盖5G基站建设，高端装备和新能源汽车内外网络建设，并开展制造业互联网领域未来网络试验试点。在丰富融合应用方面，以智能电网、节能环保、新材料等行业为重点，推进建设国际级或国家级制造业互联网平台，推动行业内高新技术交流和生产设备共享式云服务。在培育产业生态方面，加快数据挖掘和集成分析等技术研发和产业化，重点突破工业互联网关键共性难题，以互联网新生态拉动制造业绿色化升级新常态。在健全安全体系方面，以大数据集成分析为依据，构建行业间完备可靠且自主可控的制造业互联网安全保障体系，并形成以工业互联网为基础带动绿色化升级的安全解决方案，提升行业间综合保障能力和安全态势感知能力。在共创互利互助平台方面，以绿色循环闭环为思路，行业间共同构建以信息流为先导、以物质流为主体、以能量流为保障的联动式行业链，并推进建设解决行业间共性难题的数据平台。

由此可见，在大数据和人工智能与实体经济深度融合背景下，制造业行业间合作已成为业界内发展新常态，以绿色化升级为目标，借助于互联网技术创新和数据平台建设，应对制造业各行业所面临国际再工业化战略冲击。

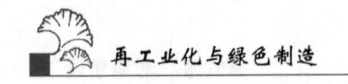

第三节　企业层面：卧薪尝胆，开源节流

制造业是国民经济的支柱产业，改革开放以来，我国制造业保持持续快速发展，整体规模大幅增加，并已建成全球门类最全的工业体系，但制造业整体仍处于由大变强的升级进程中，再加上发达国家再工业化战略在国际市场和新冠疫情在国内市场中所产生的冲击，中国制造业升级道路艰难险阻，尤其是企业层面，在关键技术、核心装备、产品研发等方面受发达国家企业钳制。面对发达国家再工业化战略冲击和国内后疫情时代衰退双重压力，制造业企业应坚持关键技术自主创新，并积极共建国内外利益共同体。

一　审慎研判国内外冲击因素，持续增强企业核心竞争力

发达国家再工业化战略与后新冠疫情给各制造企业带来多重不安定因素，能否对当前复杂形势作出正确研判是影响企业中长期发展的核心问题。鉴于不同企业在发展历程、产品研发、市场定位、营销策略等多个方面存在较大差异，基于外部机会与威胁分析研判出自身优势与劣势，并进而在发掘长期积淀基础上进一步塑造和培育企业核心竞争力是在新时期竞争中脱颖而出的关键环节。

以新能源汽车制造企业为例，一方面，新能源汽车是汽车制造绿色化技术创新升级最为集中的体现，另一方面，新能源汽车也是当前汽车制造业市场竞争最为激烈的领域。中国在2009年成为世界汽车产销第一大国，之后尽管受发达国家再工业化战略和新冠疫情等因素冲击，中国汽车产销依然保持快速增长态势，2023年，中国汽车产销均突破3000万辆，其中，新能源汽车产销分别完成958.7万辆和949.5万辆，同比分别增长35.8%和37.9%，新能源汽车占汽车总体市场比例达到31.6%。中国新能源汽车产销和市场占比的快速增长引来了新能源汽车企业的百花齐放，既有传统合资车企，如上汽通用五菱、一汽大众等，

也有民营车企，如比亚迪、理想、蔚来等，同时还有独资企业，如特斯拉中国，新能源汽车市场竞争日趋白热化。

新能源汽车的推广使用对实现我国碳中和目标具有重要的作用，政府对新能源车企的监管不仅注重车辆质量与安全性，更对其绿色化升级转型进行严格监控，因此，新能源车企在绿色电力供给、蓄电池绿色管理等方面的技术创新成为塑造和培育其核心竞争力的关键。在绿色电力供给方面，应聚焦于绿色充电设施建设和替代煤电的新型电力研发等关键问题。为实现新能源汽车零碳目标，推进建设"光储充放"一体化电站，即"光伏+储能+汽车充放电"，通过光伏发电和储能，自由调节和调度电力需求，这既可以提升电力系统的安全性与稳定性，也可为新能源汽车车主提供新的盈利方式，将动力电池作为移动储能参与电网运行的灵活性资源，实现电动汽车与电网间的能量流、信息流双向互动，助力构建新型电力系统并提升我国电力灵活性资源的配置效率。在蓄电池绿色管理方面，首先推进动力电池拆解重组，部分可转入对电池能量密度要求不高的领域进行梯次利用，其余则可提炼出高价值金属材料以循环利用；其次，严防退役电池绿色回收过程中的二次污染，加强回收利用的监督管理体系建设；再次，着力布局蓄电池溯源管理系统，以确保退役动力电池原材料闭环回收。

由此可见，制造业企业核心竞争力的塑造和培育是应对再工业化战略冲击的护盾，也是企业在制造业绿色化升级转型浪潮中奋勇争先的利器。

二 以制造业绿色化升级为机遇推进企业技术创新与设备迭代

在日趋复杂的国际工业布局和不断加剧的工业品竞争中，制造业绿色化升级转型既是对所有制造企业的一次大考，也是为制造企业提供的一次机遇。面对风险与机遇并存的复杂局面，不同规模的制造企业应以内驱为核心，打造符合自身发展规律的创新和迭代之路。

规模以上制造企业在生产产值与吸纳就业方面均具有举足轻重的作

用，在绿色化转型升级过程中应承担起技术攻坚的责任。首先，规模以上制造企业应加速老旧设备折旧，尤其是对重消耗与重污染型设备的替换与迭代，同时，在新设备引进和建设过程中，应确保从原料投入到成品生产再到废品回收整体流程的零碳循环。其次，规模以上制造企业在绿色化转型升级过程中应积极实现数字化、网络化与智能化等目标，理顺绿色化与数字化、网络化、智能化之间的脉络关系，使各目标有机融合、相互支撑并共同升级。再次，规模以上制造企业，尤其是独角兽企业，应着眼于所处行业整体目标来勾画中长期发展蓝图，使其技术创新和设备迭代产生显著的外溢效果，并通过产业园区的规模效应进一步扩散其技术辐射效应和设备迭代红利。

中小制造企业以其灵活的生产方式、敏锐的应变能力和多样的纠偏技巧等特点来应对市场竞争和转型升级压力。中小制造企业应首先对其行业内现有生产方式进行全面摸查，深入分析不同类型生产方式的优缺点，结合企业自身远期目标、发展规模、优势与短板等多方面对其生产方式进行适度改进或全面升级，在充分利用行业技术升级溢出红利的同时确保其常态化竞争优势。其次，中小企业应关注产品市场动态，密切追踪行业内技术变革信息，在甄别市场和技术变化基础上对企业制造产品和生产技术进行适度及时的微调，从而在常态化竞争中与时俱进。再次，中小企业应重点发挥控制职能，盯住行业内龙头企业以确立自身产品质量、用户反馈、市场销量等控制标准，及时纠偏。

由此可见，不同规模企业在绿色化转型升级过程中应担当不同的角色，结合自身特点发挥其企业优势，在竞争中及时纠偏。

三　共享政策与人才红利，共建企业绿色化升级利益共同体

进入新时期以来，中国制造业相关管理部门已出台多项政策来引导和支持各制造企业创新发展，并鼓励制造业不同行业与企业间的人才交流和联合培养，使制造企业共享政策红利和技术溢出效应。

从政策梳理可以看出，制造企业绿色化转型升级应深入剖析再工业

化战略在资本、技术和市场竞争等方面所产生的外部冲击。首先,制造企业应全面解读政府围绕制造业绿色化转型升级所制定的税收与补贴政策,并积极吸纳金融市场各种民间资本,从而可开源节流获取更多资金支持,降低外资回流与国内资本活力不足所产生的资本压力。其次,制造企业应积极申报由政府牵头的各项技术自主创新项目,并积极参与项目分工与合作,共同攻克行业内难题,以对抗国外竞争对手在技术方面的压制。再次,制造企业应进一步发掘国内新型要素禀赋,减少对传统廉价劳动力要素的依赖,以数字化、智能化推动绿色化产品的研发和生产,在稳定国内市场的同时积极参与国际市场竞争。

同时,国内各制造企业应积极举办企业家论坛、产品展销、技术研讨等多种形式的交流活动,寻求在技术创新、产品供应链、人才培养等多方面的合作,构建共赢互惠的多种形式的利益共同体,以共同对抗再工业化战略外部压力,提升整体制造业绿色化水平。

第七章
结论与展望

再工业化战略已成为发达国家振兴国内经济与对抗国际市场竞争的常态化战略，该战略在长期实践中已取得显著成效，一方面使国内实体经济实力得到持续提升，并且在新能源、人工智能等领域保持国际领先水平，另一方面对发展中国家制造业在国际市场和关键技术方面形成持续压制。中国制造业正处于绿色化转型升级的关键时期，定量评估再工业化战略对中国制造业绿色化转型升级的影响效应具有重要的理论意义和实践价值。

计量结果发现：从直接影响效应来看，发达国家再工业化战略不仅对中国整体制造业绿色化转型升级已产生显著的负向影响，而且对中国不同地区制造业绿色化均产生负向影响，但不同地区制造业绿色化受影响程度存在明显的异质性。从间接影响效应来看，中国不同地区技术水平差异和地区间人力资源流动会进一步加剧再工业化战略所产生的负面影响效果。进一步分析发现，再工业化战略与部分地区制造业绿色化转型升级已形成双向影响关系。基于此，中国制造业在政府层面应高屋建瓴甄别机遇，在行业层面应积极谋求合作，共建行业内和行业间绿色化平台，在企业层面应积极开源节流，以自身创新应对国际冲击。

在未来较长一段时间内，发达国家再工业化战略将会进一步扩大其作用范围和提升其作用强度，必然会持续对中国制造业绿色化转型升级产生显著冲击，中国制造业在绿色化转型升级过程中应积极融合智能化与数字化等新质生产力要素，全面推进以绿色制造工业园为面、以绿色产品为线、以绿色工厂为点的绿色化转型升级工程。

参考文献

Bradford Jr C. I. , "US Adjustment to the Global Industrial Challenge", *Reindustrialization: implications for US industrial policy*, 1984, 46.

Miller J. C. , Walton T. F. , Kovacic W. E. , et al. , "Industrial policy: Reindustrialization through competition or coordinated action", *Yale J. on Reg.* , 1984, 2 (2).

Peet R. , "The Deindustrialization of America", *Antipode*, 1982, 14 (7).

Rothwell R. , Zegveld W. , *Reindustrialization and technology*, New York: ME Sharpe, 1985.

彭再德、黄宝平:《美国产业结构调整动因、方向及借鉴》,《上海综合经济》1998年第5期。

佟福全:《美国的"再工业化"战略》,《世界经济》1982年第7期。

章嘉琳:《美国工业的"空心化"及其后果》,《人民日报》1987年10月29日第7版。

Brandes F. , "The future of manufacturing in Europe: A survey of the literature and a modeling approach", *The European Foresight Monitoring Network (EFMN): Brussels*, 2008, 13.

Kalugina, Nefedkin, Fadeeva. The Drivers of and Barriers to Rural Reindustrialization. *Problems of Economic Transition*, 2018, 60 (4).

Pollin R. , Baker D. , "Reindustrializing America: A Proposal for Reviving US Manufacturing and Creating Millions of Good Jobs", *New Labor Forum*,

2010, 19 (2).

Tikhomirova Olga, The Systems Approach in a Global Perspective: The New Economy and Reindustrialization. *Journal of Organisational Transformation & Social Change*, 2016, 13 (2).

蔡敏、李长胜:《美国重振制造业完全依靠自由市场吗?——论重振过程中的美国产业政策》,《政治经济学评论》2020年第5期。

侯芙蓉:《美国"再工业化"战略分析》,硕士学位论文,吉林大学,2013年。

金碚、刘戒骄:《美国"再工业化"的动向》,《中国经贸导刊》2009年第22期。

刘戒骄:《美国再工业化及其思考》,《中共中央党校学报》2011年第2期。

刘煜辉:《弱美元再平衡下的中国抉择》,《南风窗》2010年第4期。

罗凯、刘金伟:《解读美国再工业化战略,浅谈我国产业结构调整对策》,《中国产业》2010年第5期。

乔·瑞恩、西摩·梅尔曼、周晔彬:《美国产业空洞化和金融崩溃》,《商务周刊》2009年第11期。

芮明杰:《发达国家"再工业化"的启示》,《时事报告》(大学生版)2012年第1期。

苏立君:《逆全球化与美国"再工业化"的不可能性研究》,《经济学家》2017年第6期。

杨仕文:《美国非工业化研究》,江西人民出版社2009年版。

张晨、冯志轩:《再工业化,还是再金融化?——危机后美国经济复苏的实质与前景》,《政治经济学评论》2016年第6期。

Friedman Yu A, Rechko G. N., Loginova E. Yu. "Transformation of the Development Model for Kemerovo Oblast as a Resource Territory", *Regional Research of Russia*, 2020, 10 (4).

Kornev A., "How the Russian Economy Can Grow Based on Its Reindustrialization", *Problems of Economic Transition*, 2019, 61 (6).

McCormack R., "The plight of American manufacturing: since 2001, the US has lost 42, 400 factories—and its technical edge", *American Prospect*, 2009, 21 (2).

Rüdiger Wink, Laura Kirchner, Florian Koch, Daniel Speda, "There are Many Roads to Reindustrialization and Resilience: Place-based Approaches in Three German Urban Regions", *European Planning Studies*, 2016, 24 (3).

戴玲、张卫:《基于熊彼特创新视角的再工业化作用机制研究》,《科技管理研究》2016 年第 2 期。

黄建安:《美国"再工业化"政策举措、战略特点以及对中国的影响》,《浙江学刊》2014 年第 6 期。

金碚、刘戒骄:《美国"再工业化"观察》,《决策》2010 年第 Z1 期。

孟祺:《美国再工业化对中国的启示》,《现代经济探讨》2012 年第 9 期。

王展祥:《制造业还是经济增长的发动机吗》,《江西财经大学学报》2018 年第 6 期。

姚海琳:《西方国家"再工业化"浪潮:解读与启示》,《经济问题探索》2012 年第 8 期。

余珮:《美国再工业化背景下中美制造业嵌入全球价值链的比较研究》,《经济学家》2017 年第 11 期。

赵刚:《美国再工业化之于我国高端装备制造业的启示》,《中国科技财富》2011 年第 17 期。

周院花:《美国去工业化与再工业化问题研究——对中国工业发展的一些启示》,硕士学位论文,江西财经大学,2010 年。

Destek Mehmet Akif, "Deindustrialization, reindustrialization and environmental degradation: Evidence from ecological footprint of Turkey", *Journal of Cleaner Production*, 2021, 296.

Kalugina, Nefedkin, Fadeeva, "The Drivers of and Barriers to Rural Reindustrialization", *Problems of Economic Transition*, 2018, 60 (4).

Kucera D., Milberg W., "Deindustrialization and changes in manufacturing trade: Factor content calculations for 1978–1995", *Review of World Economics*, 2003, 139 (4).

Seliverstov, "Development of the Program for Reindustrialization of the Economy of the Novosibirsk Oblast", *Problems of Economic Transition*, 2017, 59 (5).

Tregenna F., "Characterising deindustrialisation: An analysis of changes in manufacturing employment and output internationally", *Cambridge Journal of Economics*, 2009, 33 (3).

陈宝明:《发达国家再工业化政策影响及我国的对策建议》,《中国产业》2010年第2期。

陈万灵、任培强:《经济危机下贸易保护主义新趋势及其对策》,《对外经贸实务》2009年第6期。

李滨、张雨:《评估奥巴马的"再工业化"战略》,《国际观察》2014年第6期。

孙丽:《日本的"去工业化"和"再工业化"政策研究》,《日本学刊》2018年第6期。

孙彦红、吕成达:《欧盟离"再工业化"还有多远?——欧盟"再工业化"战略进展与成效评估》,《经济社会体制比较》2020年第4期。

唐志良、刘建江:《美国再工业化对我国制造业发展的负面影响研究》,《国际商务》(对外经济贸易大学学报)2012年第2期。

王丽丽、赵勇:《理解美国再工业化战略——内涵、成效及动因》,《政治经济学评论》2015年第6期。

杨长湧:《美国重振制造业战略对我国可能的影响及我国的对策研究》,《国际贸易》2011年第2期。

杨建文:《发达国家"再工业化"能走多远?》,《社会观察》2012年第

6 期。

张彬、桑百川:《美国人力资本结构与再工业化的需求矛盾》,《经济与管理研究》2015 年第 5 期。

赵彦云、秦旭、王杰彪:《"再工业化"背景下的中美制造业竞争力比较》,《经济理论与经济管理》2012 年第 2 期。

Abdulla Rashid Abdulla, Hongzhong Zhao, "Technology Sophistication and Industrial Diversification are the Key for Global Manufacturing Competitiveness", *Applied Mechanics and Materials*, 2013, 2279.

A. K. Kornev, S. I. Maksimtsova, "On Increasing the Competitiveness of Existing Manufacturing Industries", *Studies on Russian Economic Development*, 2019, 30 (6).

Baba Md Deros, Nizaroyani Saibani, Bahrim Yunos, Mohd Nizam Ab. Rahman, Jaharah A. Ghani, "Evaluation of Training Effectiveness on Advanced Quality Management Practices", *Procedia-Social and Behavioral Sciences*, 2012, 56.

Bertram V., Weiss H., "Evaluation of competitiveness in shipbuilding", *Hansa*, 1997, 13 (6).

Christian Bellak, "Adjustment strategies of multinational enterprises to changing national competitiveness", *International Journal of the Economics of Business*, 2005, 12 (1).

Claudine Soosay, Breno Nunes, David John Bennett, Amrik Sohal, Juhaini Jabar, Mats Winroth, "Strategies for sustaining manufacturing competitiveness", *Journal of Manufacturing Technology Management*, 2016, 27 (1).

Deepika Joshi, Bimal Nepal, Ajay Pal Singh Rathore, Dipti Sharma, "On supply chain competitiveness of Indian automotive component manufacturing industry", *International Journal of Production Economics*, 2013, 143 (1).

Dou Zixin, Wu BeiBei, Sun Yanming, Wang Tao, "The Competitiveness of

Manufacturing and Its Driving Factors: A Case Study of G20 Participating Countries", *Sustainability*, 2021, 13 (3).

Ferraz J. C., "Determinants and consequences of rapid growth in the Brazilian shipbuilding industry", *Maritime Policy & Management*, 1986, 13 (4).

Gustavo Franco Barbosa, Rafael Vidal Aroca, "Advances of Industry 4.0 Concepts on Aircraft Construction: An Overview of Trends", *Journal of Steel Structures & Construction*, 2017, 3 (1).

Hulya Dagdeviren, Hatim A. Mahran, "A tale of industrial stagnation from Africa", *International Review of Applied Economics*, 2010, 24 (4).

James M. Bloodgood, William H. Turnley, Alan Bauerschmidt, "Intra-industry shared cognitions and organizational competitiveness", *Strategic Change*, 2007, 16 (6).

Jasminka Sohinger, Darko Horvatin, "Foreign direct investment and competitiveness in transition economies: the case of Croatia", *Int. J. of Entrepreneurship and Small Business*, 2005, 2 (3)

Kuroiwa Satoshi, "Competitiveness Enhancement of Manufacturing Industry by Using IT", *Journal of The Society of Instrument and Control Engineers*, 2003, 42 (7).

Lamb T., Hellesoy A., "A shipbuilding productivity predictor", *Journal of ship production*, 2002, 18 (2).

Neil Barlow, Peter Chatterton, "Improving the Competitiveness of Companies in the UK Automotive Sector", *Industry and Higher Education*, 2002, 16 (5).

Nicolas Gardan, Yvon Gardan, "Improving the Competitiveness of the SME's using Trade Knowledge and Simulation Based Design", *British Journal of Economics, Management & Trade*, 2015, 6 (3).

Ravi Kiran, Manpreet Kaur, "Global competitiveness and Total Factor Productivity in Indian manufacturing", *Int. J. of Indian Culture and Business Management*, 2008, 1 (4).

Samuel Leung, W. B. Lee, "Strategic manufacturing capability pursuance: a conceptual framework", *Benchmarking: An International Journal*, 2004, 11 (2).

Sander Lass, Norbert Gronau, "A factory operating system for extending existing factories to Industry 4.0", *Computers in Industry*, 2020, 115.

Steven McGuire, "No more euro-champions? The interaction of EU industrial and trade policies", *Journal of European Public Policy*, 2006, 13 (6).

Suvalee T. Tangboonritruthai, William Oxenham, Nancy L, Cassill, Erin D, Parrish, Joanne Yip, "The Integration of Technology and Management in the Competitiveness of the United States Short Staple Yarn Manufacturing Industry", *Journal of Textiles*, 2014, 2014.

Tugrul U. Daim, Dundar F. Kocaoglu, "Exploring the role of technology evaluation in the competitiveness of US electronics manufacturing companies", *Int. J. of Technology Management*, 2009, 48 (1).

曹乾、何建敏:《中国造船业国际竞争优势的培育路径——波特竞争优势理论和模型在造船业中的应用》,《船舶工程》2005年第1期。

陈红儿、陈刚:《区域产业竞争力评价模型与案例分析》,《中国经济问题》2001年第5期。

崔艳娟、孙晓程、王杰:《辽宁装备制造业产业竞争力评价》,《工业技术经济》2010年第4期。

崔艳娟、王杰、裴雪峰:《区域装备制造业产业竞争力评价体系研究》,《科技管理研究》2009年第12期。

龚奇峰、彭炜、于英川:《工业竞争力评价方法及其应用》,《中国软科学》2001年第9期。

韩海燕、任保平:《黄河流域高质量发展中制造业发展及竞争力评价研究》,《经济问题》2020年第8期。

黄顺春、张书齐：《中国制造业高质量发展评价指标体系研究综述》，《统计与决策》2021年第2期。

江心英、周媛媛：《基于循环经济背景下的制造业企业竞争力评价指标体系的构建》，《科技管理研究》2012年第15期。

李梦觉：《基于ICOP法的工业竞争力评价研究》，《统计与决策》2009年第1期。

梁运文、芮明杰：《垂直专业化、利润创造与中国制造业发展困境战略突破》，《产业经济研究》2013年第4期。

林俊兑：《中国和韩国造船产业竞争力对比分析》，硕士学位论文，对外经济贸易大学，2007年。

刘晋飞：《制造业跨境电商企业竞争力的指标体系构建与评估》，《改革》2018年第5期。

马道明、黄贤金：《江苏省高资源消耗型产业甄别与竞争力评价研究》，《中国人口·资源与环境》2007年第5期。

门贵斌：《大连装备制造业竞争力评价的实证分析》，《企业经济》2008年第5期。

明娟、王子成、张建武：《广东制造业产业竞争力评价与分析》，《经济地理》2007年第4期。

穆荣平、蔡长塔：《中国医药制造业国际竞争力评价》，《科研管理》2001年第2期。

穆荣平：《中国通信设备制造业国际竞争力评价》，《科学学研究》2000年第3期。

邵一明、钱敏、张星：《造船行业竞争力评价模型及实证分析》，《科学学与科学技术管理》2003年第9期。

苏红键、李季鹏、朱爱琴：《中国地区制造业竞争力评价研究》，《中国科技论坛》2017年第9期。

苏颖宏：《新加坡制造业贸易竞争力发展评价分析——基于比较优势和竞争优势的动态均衡》，《南洋问题研究》2014年第3期。

孙薇、侯煜菲、周彩红：《制造业绿色竞争力评价与预测——以江苏省为例》，《中国科技论坛》2019年第4期。

谭宏：《中国造船企业国际竞争力研究》，博士学位论文，南京航空航天大学，2007年。

唐德才、李廉水、徐斌：《制造业竞争力理论研究述评》，《东南大学学报》（哲学社会科学版）2007年第3期。

陶俪佳、张光明：《基于钻石模型的中国船舶工业国际竞争力研究》，《船舶物资与市场》2007年第2期。

游达明、赖流滨：《我国汽车制造区域竞争力综合评价体系研究》，《统计与决策》2006年第2期。

袁红英：《GPA背景下山东省制造业国际竞争力分析与评价》，《山东社会科学》2012年第5期。

张曦、赵国浩：《我国35个工业行业的科技竞争力比较研究》，《工业技术经济》2013年第5期。

赵丹琪、陈为：《长江中游城市群高技术产业竞争力评价及比较优势分析》，《科技管理研究》2017年第16期。

John Gordon, Amrik S. Sohal, "Assessing manufacturing plant competitiveness-An empirical field study", *International Journal of Operations & Production Management*, 2001, 21 (1/2).

Pretorius, I. M., Visser, S. S., Bibbey, F. J., "Contemporary management accounting for the sustainable competitiveness of the South African motor manufacturing industry", *Meditari: Research Journal of the School of Accounting Sciences*, 2003, 11.

Thorsten Blecker, Gunter Graf, "Assuring the Competitiveness of European Manufacturer through Changeability in Manufacturing", *Zagreb International Review of Economics and Business*, 2004 (1).

Godfrey Yeung, Vincent Mok, "What are the impacts of implementing ISOs on the competitiveness of manufacturing industry in China?", *Journal of*

World Business, 2005, 40 (2).

Victoria Hanna, "Exploiting complementary competencies via inter-firm cooperation", *Int. J. of Technology Management*, 2007, 37 (3/4).

Luciano Boggio, "Long-run effects of low-wage countries growing competitiveness and exports of manufactures", *Structural Change and Economic Dynamics*, 2008, 20 (1).

Andrea M., Bassi, Joel S. Yudken, Matthias Ruth, "Climate policy impacts on the competitiveness of energy-intensive manufacturing sectors", *Energy Policy*, 2009, 37 (8).

Harry Bloch, "Technological Change in Australian Manufacturing", *Australian Economic Review*, 2010, 43 (1).

Ali Hussein Zolait, Abdul Razak Ibrahim, V. G. R. Chandran, Veera Pandiyan Kaliani Sundram, "Supply chain integration: an empirical study on manufacturing industry in Malaysia", *Journal of Systems and Information Technology*, 2010, 12 (3).

Han Minjeong, Kim Youngduk, "Competitiveness of Energy Intensive Manufacturing Industries on Greenhouse Gas Mitigation Policies: Using Price Setting Power Model", *Environmental and Resource Economics Review*, 2011, 20 (3).

Daniela Schettini, Carlos R., Azzoni, Antonio Paez, "Neighborhood and Efficiency in Manufacturing in Brazilian Regions", *International Regional Science Review*, 2011, 34 (4).

Veera Pandiyan Kaliani Sundram, Abdul Razak Ibrahim, V. G. R. Chandran Govindaraju, "Supply chain management practices in the electronics industry in Malaysia", *Benchmarking: An International Journal*, 2011, 18 (6).

Maria Grzelak, "Innovation Activity and Competitiveness of Manufacturing Divisions in Poland", *Comparative Economic Research*, 2011, 14 (1).

Son Soo Hyun, Seo Shin Won, Lee Hyoung Wook, Bae Sung Min, "Connecting Productivity Index to Shop-Floor Manageable Indices to Enhance Competitiveness of Manufacturing Industry", *Advanced Science Letters*, 2012, 13 (1).

Irene Fafaliou, Michael L., Polemis, "Competitiveness of the Euro Zone Manufacturing: A Panel Data Analysis", *International Advances in Economic Research*, 2013, 19 (1).

Sam Fankhauser, Alex Bowen, Raphael Calel, Antoine Dechezleprêtre, David Grover, James Rydge, Misato Sato, "Who will win the green race? In search of environmental competitiveness and innovation", *Global Environmental Change*, 2013, 23 (5).

Nezal Aghajari, Aslan Amat Senin, "Strategic orientation, innovative operation strategies, and competitiveness of small firms in face of uncertainty: evidence from the Malaysian manufacturing firms", *Int. J. of Business Competition and Growth*, 2014, 3 (3).

Aleksandra Kordalska, Magdalena Olczyk, "Impact Of The Manufacturing Sector On The Export Competitiveness Of European Countries-A Spatial Panel Analysis", *Comparative Economic Research*, 2015, 17 (4).

Daniela Livia Trascajméno, Mirela Aceleanu, "Assessing the Competitiveness of Romanian Manufacturing Industry", *Procedia Economics and Finance*, 2015, 30.

Ionica Oncioiu, "Eco-Innovation in European SMEs: between Limitation and Possibilities", *EIRP Proceedings*, 2015, 10 (1).

Johannes Linn, "Creating a Competitive and Innovative Manufacturing and Service Economy", *Global Journal of Emerging Market Economies*, 2016, 8 (2).

V. V. Krivorotov, A. V. Kalina, V. D., Tretyakov, "Research and assessment of competitiveness of large engineering complexes", *SHS Web of Conferences, 2017, 35.

Manoj Kumar Singh, Harish Kumar, M. P. Gupta, Jitendra Madaan, "Competitiveness of Electronics manufacturing industry in India: an ISM-fuzzy MICMAC and AHP approach", *Measuring Business Excellence*, 2018, 22 (1).

Lukmandono, Minto Basuki, Jaka Purnama, "Identification of Competitiveness Variable for Manufacturing Industries with SEM Model Approach", *Industrial Engineering & Management*, 2018, 7 (2).

Mehdi Raissi, Volodymyr Tulin, "Price and income elasticity of Indian exports—The role of supply-side bottlenecks", *Quarterly Review of Economics and Finance*, 2018, 68.

Thanh Ngo, Tu Le, Son H. Tran, Anh Nguyen, Canh Nguyen, "Sources of the performance of manufacturing firms: evidence from Vietnam", *Post-Communist Economies*, 2019, 31 (6).

Cho Yong Won, Im Eun Tack, Gim Gwang Yong, "A Study on the Factors Affecting Usage Intention of Digital Twin Technology in Product Design", *Journal of Information Technology Services*, 2019, 18 (3).

Jaleh Farzaneh Hassanzadeh, "Competitiveness development model of manufacturing firms from dynamic capabilities perspectives", *Global Business and Economics Review*, 2020, 24 (1).

Gareth Earle Gates, Olufemi Adetunji, "Repositioning a country for global manufacturing competitiveness: a case of South Africa", *Competitiveness Review: An International Business Journal*, 2020, 30 (2).

宾建成:《新国际分工体系下中国制造业发展方向与对策》,《亚太经济》2013年第1期。

陈汉林、朱行:《美国"再工业化"对中国制造业发展的挑战及对策》,《经济学家》2016年第12期。

陈宏:《河南省工业竞争力研究——基于因子分析方法》,《河南社会科

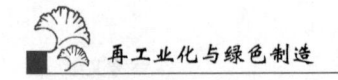

学》2010年第2期。

陈卫东：《美国再工业化战略的影响》，《中国金融》2015年第8期。

陈新辉：《北京高技术制造业竞争力评价与趋势分析——基于面板数据的因子分析》，《科技管理研究》2009年第10期。

程华、董丽丽、胡征月：《技术创新效率与产业竞争力的协调性研究——基于浙江省制造业的研究》，《科技与经济》2012年第5期。

崔日明、张婷玉：《美国"再工业化"战略与中国制造业转型研究》，《经济社会体制比较》2013年第6期。

戴兰、李伟娟、赵长在、赵婷婷：《基于主成分分析的黄三角高效生态经济区产业竞争力的评价研究》，《生态经济》2016年第5期。

戴磊、孙慧、任巍、欧娜：《基于主成分和聚类分析的新疆36个产业部门竞争力研究》，《新疆大学学报》（哲学·人文社会科学版）2012年第3期。

丁平：《美国再工业化的动因、成效及对中国的影响》，《国际经济合作》2014年第4期。

冯碧梅：《发达国家的制造业回流与福建省供给侧改革研究》，《福建论坛》（人文社会科学版）2017年第2期。

高敬峰、王彬、宋玉洁：《美国制造业回流对中国国内价值链质量的影响研究》，《世界经济研究》2020年第10期。

郭晖、彭晖、李忠斌：《西部地区工业竞争力的实证研究》，《黑龙江民族丛刊》2008年第1期。

郭进、杨建文：《美国再工业化战略对中国产业发展的影响及对策》，《经济问题探索》2014年第4期。

郭晓蓓：《欧美"再工业化"战略进展及对我国产业升级的启示》，《当代经济管理》2018年第3期。

韩笑：《我国船舶产业国际竞争力评价研究》，硕士学位论文，哈尔滨工程大学，2011年。

韩永彩：《美国再工业化对中国制造业国际竞争力的影响》，《国际经贸探索》2016 年第 4 期。

胡璇、张宏远、纪延光：《江苏省战略性新兴产业竞争力研究——基于因子分析视角》，《科技管理研究》2019 年第 7 期。

黄金莹：《山东省船舶制造业竞争力研究》，硕士学位论文，长春工业大学，2011 年。

黄永春、郑江淮、杨以文、祝吕静：《中国"去工业化"与美国"再工业化"冲突之谜解析——来自服务业与制造业交互外部性的分析》，《中国工业经济》2013 年第 3 期。

贾根良、楚珊珊：《制造业对创新的重要性：美国再工业化的新解读》，《江西社会科学》2019 年第 6 期。

蒋卓晔：《制造业回流美国背景下我国产业面临的压力及其应对》，《社会科学家》2018 年第 9 期。

金成：《我国产业应对制造业回流美国的压力研究》，《山东社会科学》2019 年第 3 期。

敬莉、郑广坤：《基于偏离—份额分析法的新疆制造业产业竞争力评价》，《新疆大学学报》（哲学·人文社会科学版)》2013 年第 1 期。

柯王俊：《我国船舶工业国际竞争力评价和竞争风险研究》，博士学位论文，哈尔滨工程大学，2006 年。

李俊、胡峰：《欧美再工业化五年后中国制造业比较优势现状、原因及对策——基于 2010—2014 年贸易数据的对比分析》，《经济问题探索》2016 年第 6 期。

李俊江、孟勐：《基于创新驱动的美国"再工业化"与中国制造业转型》，《科技进步与对策》2016 年第 5 期。

李子奈、潘文卿：《计量经济学》（第五版），高等教育出版社 2020 年版。

梁树广、马中东、张延辉、李绍东：《基于钻石模型的区域制造业质量竞争力评价》，《统计与决策》2020 年第 23 期。

刘家国、吴冲、赵金楼：《基于技术与成本曲面积分的船舶工业国际竞争力模型研究》,《哈尔滨工程大学学报》2009年第5期。

刘俏:《中国经济有没有可能再创造一个奇迹?》,《北京大学学报》(哲学社会科学版)2020年第2期。

明星、胡立君、王亦民:《基于聚类分析的区域装备制造业竞争力评价研究》,《宏观经济研究》2020年第6期。

齐阳、王英:《基于空间布局的中国装备制造业产业竞争力评价研究》,《经济问题探索》2014年第8期。

邵桂兰、孙婧、张然:《再工业化对中国制造业国际竞争力影响研究》,《东岳论丛》2014年第7期。

沈岚:《我国船舶制造企业核心竞争力研究》,硕士学位论文,上海社会科学院,2006年。

盛垒、洪娜:《美国"再工业化"进展及对中国的影响》,《世界经济研究》2014年第7期。

孙黎、李俊江:《美国"再工业化"战略的实施及其对中国企业赴美投资的启示》,《理论探讨》2015年第5期。

孙婷、余东华、李捷:《基于FRIT框架的制造业国际竞争力评价研究——兼析环境规制的非线性效应》,《经济问题探索》2017年第9期。

王芳、胡峰、王晓萍:《美国"再工业化"对中国制造业的影响与对策》,《科技管理研究》2014年第14期。

王以恒:《中国船舶制造业国际竞争力的结构分析》,《经营管理者》2010年第1期。

王颖:《美国再工业化对我国出口贸易与利用外资的影响》,《国际商务》(对外经济贸易大学学报)2016年第6期。

王钰:《应用AHP方法对产业国际竞争力评价的研究——1995—2010年中国制造业低碳经济的验证》,《经济学家》2013年第3期。

王展祥、李擎:《美国"再工业化"对中国经济结构转型升级的影响及对策研究》,《江西师范大学学报》(哲学社会科学版)2018年第

2 期。

王章豹、李垒：《我国制造业技术创新能力与产业竞争力的灰色关联分析》，《科学学与科学技术管理》2007 年第 7 期。

韦福雷、胡彩梅：《基于 Fuzzy-AHP 的黑龙江省装备制造企业竞争力评价方法研究》，《科技管理研究》2009 年第 5 期。

温忠麟、方杰、谢晋艳、欧阳劲樱：《国内中介效应的方法学研究》，《心理科学进展》2022 年第 8 期。

温忠麟、叶宝娟：《中介效应分析：方法和模型发展》，《心理科学进展》2014 年第 5 期。

夏楠楠、徐晟、刘军航：《中西部地区汽车制造业竞争力的多层次灰色评价》，《统计与决策》2010 年第 2 期。

邢华彬、庞志：《美国再工业化战略浅析——兼论我国的对策》，《现代管理科学》2013 年第 12 期。

徐晓菊：《河南工业竞争力评价——基于偏离—份额分析》，《河南社会科学》2009 年第 6 期。

杨成玉：《中欧高端制造业国际竞争力比较研究——基于上市公司层面的实证分析》，《欧洲研究》2018 年第 3 期。

杨春蕾：《全球"再工业化"背景下中国制造业发展对策研究》，《苏州大学学报》（哲学社会科学版）2013 年第 6 期。

姚晓芳、张仁华、侯瑞武：《基于主成分分析的合肥市装备制造业竞争力评价和对策研究》，《中国科技论坛》2010 年第 9 期。

余东华：《新工业革命时代全球制造业发展新趋势及对中国的影响》，《天津社会科学》2019 年第 2 期。

余功德、黄建安：《美国"再工业化"的国家安全含义及其对中国的影响》，《浙江大学学报》（人文社会科学版）2017 年第 3 期。

张建平：《欧盟"再工业化"战略对我国制造业发展的启示》，《河北经贸大学学报》2016 年第 2 期。

张玉行、王英：《中国装备制造业竞争力评价——基于动态 DEA 与灰关联度方法》,《科技管理研究》2016 年第 24 期。

赵金楼、邓忆瑞:《我国船舶制造企业核心竞争力评价模型研究》,《科技管理研究》2007 年第 9 期。

赵金楼、徐小峰、邓忆瑞:《网络环境下船舶行业创新能力评价体系研究》,《科学管理研究》2008 年第 1 期。

赵彦云、秦旭、王杰彪:《"再工业化"背景下的中美制造业竞争力比较》,《经济理论与经济管理》2012 年第 2 期。

赵振全、王朝晖:《沿海城市制造业竞争力比较研究》,《未来与发展》2007 年第 3 期。

郑学党:《中国制造业价值竞争力评价及空间差异研究》,《经济经纬》2017 年第 3 期。

郑志来:《欧美高端制造业发展战略对我国的影响与应对》,《经济纵横》2015 年第 4 期。

周海蓉:《美国"再工业化"战略最新进展及对上海的启示》,《上海经济研究》2016 年第 4 期。

周五七:《长三角城市制造业竞争力动态评价研究》,《经济问题探索》2018 年第 4 期。

Jing Sun, Chi-Wei Su, Gui-lan Shao, "Is Carbon Dioxide Emission Convergence in the Ten Largest Economies?", *International Journal of Green Energy*, 2016, 13 (5).

后　记

本书是本研究团队在参阅国内外众多研究文献的基础上，对之前长期研究成果的深入总结，在此向本书写作中参阅文献的所有作者表示衷心感谢。

本书出版得到青岛大学学术专著出版基金资助，在申请基金过程中根据多名评阅专家的意见和建议对写作内容进行了补充完善，在此向青岛大学及各位同行专家表达诚挚谢意。

本书顺利出版得益于中国社会科学出版社的大力支持，感谢郭鹏编辑的细心指导和辛苦付出，特别感谢天津财经大学金融学院周宇舟，为本书的修改提出了多条有价值的建议。当然，本书内容可能的疏漏或不当之处，均由作者承担。

张　然
2024 年 3 月于青岛